L'ŒIL DE WASHINGTON

Fabrizio Calvi
Thierry Pfister

L'ŒIL DE WASHINGTON

Albin Michel

22, rue Huyghens, 75014 Paris

ISBN 2-226-09310-9

« Je regrette que l'aigle au crâne dénudé ait été choisi pour symbole de notre pays. C'est un oiseau sans moralité et semblable aux hommes qui vivent de filouteries et de vols, il est généralement pauvre et souvent plein de puces. »

Benjamin Franklin,
Lettre du 26 janvier 1784
à Sarah Bache

Introduction

Dans ses éditions du 21 octobre 1991, le *New York Times* a publié un article d'Elliot L. Richardson intitulé « Un Watergate high-tech ». L'auteur ne se réfère pas par simple conformisme à l'espionnage du siège du parti démocrate par la Maison-Blanche. Il sait de quoi il parle. Elliot Richardson est en effet l'ancien ministre de la Justice de Nixon qui a préféré se retirer plutôt que de couvrir le scandale de l'immeuble Watergate.

Redevenu avocat, Richardson a été amené, par hasard, à s'impliquer dans un conflit entre l'administration qu'il avait naguère dirigée et une société d'informatique nommée Inslaw. Le différend porte sur la propriété industrielle d'un logiciel baptisé Promis. Rien, *a priori*, qui mérite d'alerter l'opinion par une référence aussi grandiloquente à une affaire d'écoutes illégales mettant en cause la loyauté des autorités fédérales américaines.

Seulement, voici que le dossier Inslaw s'enlise et s'envenime. Derrière une captation, jugée illicite, du logiciel par l'administration se profilent l'ombre des services secrets et ce qui aura probablement été la plus gigantesque opération d'espionnage de cette fin de siècle.

Le cri d'Elliot L. Richardson n'a guère été relayé.

Depuis une quinzaine d'années, le dossier Inslaw demeure comme en déshérence, parfois évoqué mais jamais réellement pris en charge par les grands médias américains. Sécurité nationale oblige.

Lorsqu'un romancier comme Nick Tosches l'évoque au détour d'un roman [1], c'est à travers les réflexions d'un agent de la DEA [2], la police antidrogue américaine : « Ce n'est pas une affaire dont nous sommes fiers. Si la vérité était jamais rendue publique, on serait sans doute tout de suite aussi bien vus que le Président qui nous a créés. »

Nous avons tenté de rechercher cette vérité qu'il convient de ne pas rendre publique. Tous les faits que nous rapportons sont authentiques, les personnages réels, et présentés sous leur véritable identité. Seuls certains dialogues ont été reconstitués à partir des témoignages des divers protagonistes. S'ils sont justes dans l'esprit, nous ne pouvons les garantir à la lettre.

---

1. Nick Tosches, *Trinities*, Doubleday, 1994 (traduction française, Gallimard, 1996).

2. La Drug Enforcement Agency a été créée en 1974 par Richard Nixon.

Prologue

La « surprise d'octobre »

Janvier 1980 – Aux Etats-Unis la campagne des primaires bat son plein en perspective de l'élection présidentielle de novembre. Le démocrate Jimmy Carter, qui sollicite un second mandat à la Maison-Blanche, aimerait se débarrasser le plus vite possible de l'épine que représentent les cinquante-deux otages retenus depuis deux mois dans l'ambassade américaine de Téhéran. L'opinion s'impatiente et la cote de popularité du Président en souffre.

En Iran, l'élection de Bani Sadr à la tête de l'Etat complique encore les équilibres politiques d'un pays qui, depuis la chute du shah en janvier 1979, s'est doté d'une Constitution assurant la suprématie du clergé chiite. Certes, le nouveau Président est un bon musulman, mais il souhaite séparer le politique du religieux. Dès lors, dans l'affrontement entre le Parti républicain islamique (PRI), soutenu par les ayatollahs, et Bani Sadr, les otages américains détenus par les « étudiants islamistes » deviennent un enjeu majeur de la politique intérieure iranienne. C'est sur l'attitude à leur égard que le PRI entend établir le clivage entre « anti-impérialistes révolutionnaires » et « contre-révolutionnaires pro-Occidentaux ».

Obnubilé par ses propres échéances et croyant pouvoir exploiter aux yeux des musulmans d'Iran l'intervention de l'Union soviétique en Afghanistan, Jimmy Carter joue sans nuances la carte Bani Sadr, en qui il veut voir un modéré. Il sursoit donc à sa proposition de sanctions économiques contre l'Iran.

Dans le même temps, deux Américains arrivent discrètement à Téhéran par un vol en provenance d'Europe, munis de laissez-passer fournis par la représentation iranienne à Ottawa. Ils sont envoyés par l'un des principaux rivaux de Jimmy Carter, l'ancien gouverneur de Californie, Ronald Reagan. Le premier se nomme Robert McFarlane ; il est l'assistant du tout-puissant sénateur républicain du Texas John Tower. Le second est Earl W. Brian ; médecin de formation, il a pris part entre 1968 et 1970 aux opérations militaires menées au Sud-Viêtnam par la CIA sous le nom de code « Phoenix » qui firent environ quarante mille morts dans la population. Proche de Reagan, ce riche homme d'affaires a surtout l'avantage, parlant un peu le persan, d'avoir participé dans les années 70 à une réflexion critique sur le système de santé iranien à l'occasion de laquelle il s'est lié avec Bazargan, devenu Premier ministre. Eux aussi souhaitent discuter du sort des otages et de l'avenir des relations entre les deux pays.

A leur retour, les deux discrets Américains informent de leurs contacts Rafi Eitan, le numéro un d'un des services secrets israéliens.

Mobilisés au Moyen-Orient, les Américains n'oublient pas pour autant de surveiller leur « arrière-cour ». La situation insurrectionnelle qui tend à s'instaurer au Salvador, la plus petite mais la plus densément peuplée des six républiques d'Amérique centrale, les inquiète. La démocratie chrétienne salvadorienne, qui partage le pouvoir avec l'armée, s'engage dans une répression sanglante contre des organisations révolutionnaires bien implantées au sein de la population. Le 22 janvier 1980, un appel à la grève générale est lancé mais, dans la capitale, une manifestation tourne à la tragédie : soixante-dix personnes sont tuées, fort probablement par des milices d'extrême droite, les « escadrons de la mort ». Le pays bascule dans une guerre civile qui va faire, durant l'année, quelque dix mille morts.

Février 1980 – Des négociations secrètes s'engagent à Madrid entre un émissaire iranien, Karrubi, et McFarlane, le représentant du futur candidat républicain qui travaille en liaison avec une faction de la CIA. Parmi les problèmes que rencontrent les Iraniens, se trouve le fait que leur armée est, pour l'essentiel, équipée de matériels américains mais que l'inventaire des pièces détachées, stocké sur ordinateur, a été saboté par des militaires demeurés fidèles au shah, rendant pratiquement inutilisables les équipements.

McFarlane se fait fort de résoudre cette difficulté. De fait, un informaticien hors norme, Michael J. Riconosciuto, va effectuer plusieurs voyages à Téhéran pour bricoler les disques durs et reconstituer le système détruit. Une rencontre préparatoire se déroule dans un hôtel de Silver Spring, dans la banlieue de Washington, entre des techniciens militaires iraniens et Riconosciuto, afin de lui expliquer comment le sabotage a été effectué. Michael Riconosciuto, directeur des recherches à la Wackenhut Corporation – une multinationale de la sécurité et du gardiennage liée à la CIA –, a été mobilisé par William Casey, un ancien de l'OSS[1] devenu directeur de campagne de Ronald Reagan. Pour convaincre Riconosciuto, Casey lui a expliqué que cette diplomatie clandestine s'inscrivait dans la lutte contre l'Union soviétique qui serait derrière la prise d'otages, alors que les Etats-Unis auraient appuyé secrètement les imams iraniens contre le shah.

De fait, la politique américaine en Iran a souvent relevé du double jeu. Au lendemain de la crise pétrolière de 1973, George Bush, à l'époque directeur de la CIA, avait cautionné des opérations tendant à déstabiliser la dynastie pahlavie au profit du Front national de Chapour Bakhtiar et Mehdi Bazargan. Earl Brian participait à ces manœuvres que l'élection de Jimmy Carter à la Maison-Blanche avait interrompues, George Bush étant remplacé à la tête de la CIA par l'amiral Stansfield Turner.

Mars 1980 – Accompagné par Earl Brian, Michael Riconosciuto embarque à l'aéroport d'Ontario (Californie) dans un 747 privé qui se pose en Europe d'où un jet les conduit, ainsi que neuf autres personnes dont Roy Furmark, un homme de confiance de Bill Casey, à Téhéran. Dans la délégation se trouvent des militaires, des hommes de la Wackenhut Corporation et des membres des services de renseignements. Riconosciuto a, en théo-

1. Office of Strategic Services. Ancêtre des services secrets américains durant la Seconde Guerre mondiale.

rie, trouvé le moyen de récupérer les données effacées par les hommes du shah.

A leur arrivée dans la capitale iranienne, les Américains sont pris en charge par des militaires et installés à l'hôtel Commodor où ils bénéficient du statut d'hôtes du gouvernement. Une fois sur place, Michael Riconosciuto est confronté à des problèmes inattendus. Il ne dispose pas toujours des éléments qui lui avaient été promis mais, à l'issue de quelques allers et retours aux Etats-Unis, il parvient à recalibrer le système informatique.

Pendant ce temps, au Salvador, l'équipe dirigeante tente de reprendre le contrôle de la situation en proclamant, d'une part, l'état de siège et, d'autre part, sous la pression de l'administration Carter, une réforme agraire, mais aussi la nationalisation des banques et du commerce extérieur. La mise en œuvre de cette réforme agraire s'accompagne de multiples exactions vivement dénoncées par l'archevêque de San Salvador, Mgr Romero. Le 24 mars, le prélat est assassiné et, lors de ses obsèques, de nouvelles violences se produisent qui font trente-cinq morts.

Avril 1980 – Ayant enfin compris que la réalité du pouvoir à Téhéran se trouve entre les mains du parti des religieux, Jimmy Carter passe de la carotte au bâton, rompt les relations diplomatiques avec l'Iran, applique les mesures d'embargo commercial et évoque l'éventualité d'une « action militaire ». Ce raidissement brutal des Etats-Unis tourne à la confusion du Président Carter lorsque, dans la nuit du 24 au 25 avril, l'opération de commando lancée pour libérer les otages échoue piteusement dans le désert de Tabas. Alors qu'ils se replient à la suite de défaillances techniques de trois de leurs hélicoptères, les militaires américains provoquent une collision avec l'un de leurs avions de transport, qui entraîne la mort de huit d'entre eux.

Si Jimmy Carter assume l'entière responsabilité de cette « mission humanitaire », son secrétaire d'Etat, Cyrus Vance, donne sa démission en signe de protestation et les Iraniens dispersent les cinquante-deux otages dans plusieurs villes.

Mai 1980 – Les élections législatives organisées en Iran voient la victoire du PRI qui devient majoritaire au Parlement. Dans la plus totale discrétion, un second round de négociations s'est engagé à l'hôtel Ritz de Madrid entre McFarlane et Earl Brian, accompagnés de Robert Gates, assistant du directeur de la CIA Stansfield Turner, pour les Américains, et Karrubi, Sayeed Mehdi Kashani, Ahmed Omshei et Khosro Fakrieh pour les Iraniens. Les Israéliens, s'ils ne participent pas directement aux discussions, sont tenus informés par l'intermédiaire d'un de leurs agents, Ari Ben-Menashe.

Au Salvador, l'armée engage une vaste offensive contre la guérilla, mais de nombreux ecclésiastiques l'accusent de massacrer les populations paysannes.

Juin 1980 – L'imam Khomeiny prône sa « révolution culturelle islamique » qui se traduit notamment par une épuration parmi les officiers supérieurs, une fraction de l'armée étant soupçonnée d'avoir préparé le renversement du régime en liaison avec l'opération héliportée américaine de Tabas.

Au Salvador, la gauche et l'extrême gauche, regroupées dans un front Farabundo Marti de libération nationale, lancent leur cinquième mot d'ordre de grève générale depuis le début de l'année. En face, l'extrême droite et une fraction de l'armée secrète anticommuniste (ESA) préparent des camps pour la « solution finale ».

Juillet 1980 – La convention républicaine, réunie à Detroit du 14 au 17, accorde, sans surprise, son investiture à Ronald Reagan que les sondages donnent vainqueur face à Carter. Bien qu'ayant souhaité prendre comme colistier l'ancien président Gerald Ford, un accord ne peut être trouvé et Reagan doit s'associer à George Bush, ex-directeur de la CIA, qui l'avait vivement combattu au début des primaires.

Septembre 1980 – Alors que la guerre entre l'Iran et l'Irak ne cesse de prendre de l'ampleur, depuis la résiliation par Saddam Hussein de l'accord de réconciliation signé entre les deux pays en 1975, les négociations secrètes entre les amis de Ronald Reagan et les Iraniens se poursuivent, mais indirectement. Les Israéliens ont pris le relais des Américains et discutent, à Amsterdam, le montant de la somme exigée. Les envoyés de Téhéran veulent 52 millions en dollars et en armements pour expédier leurs otages au Pakistan.

Le général Somoza, ancien dictateur du Nicaragua, chassé en juillet 1979 par les sandinistes, est assassiné le

17 septembre dans la capitale du Paraguay où il avait trouvé refuge. Si la joie s'exprime dans les rues de Managua, des tensions se font jour au sein de cette République d'Amérique centrale prise en main par la gauche.

Octobre 1980 – Dans un hôtel de Washington, L'Enfant Plazza, McFarlane et James Baker, le futur secrétaire d'Etat de Reagan, rencontrent le 2 octobre l'agent israélien Ari Ben-Menashe et l'Iranien Omshei. Les bases d'une réunion à Paris, entre George Bush et Karrubi, sont explorées. Du fait de leur conflit meurtrier avec l'Irak, les Iraniens ont un besoin urgent de pièces détachées pour leurs équipements militaires et de munitions ; or, tous ces produits sont sous embargo.

A la mi-octobre, tout Washington bruisse de rumeurs concernant la libération imminente des otages. Le 17 octobre, dans une salle de conférences du Ritz, à Paris, Bush, Casey et Karrubi s'enferment trois jours afin de discuter les termes d'un accord possible. Le SDECE, la DST et les RG français [1] sont sur les dents, de même que les négociateurs israéliens, David Kimche et Shmuel Morieh qui logent, eux aussi, au Ritz. Les représentants des services secrets israéliens, Rafi Eitan et Ari Ben-Menashe, sont, en revanche, basés au Hilton-Suffren, près de la tour Eiffel. Earl Brian assure la liaison avec eux.

Le 26 octobre, alors qu'une majorité de parlementaires iraniens paraissent acquis à la libération des otages

1. Service de documentation extérieure et de contre-espionnage (devenu la DGSE, Direction générale de la sécurité extérieure), Direction de la sécurité du territoire et Renseignements généraux.

américains, la décision d'élargissement est reportée, à l'étonnement général. C'est la « surprise d'octobre ».

Novembre 1980 – Le 2, le Majlis, le Parlement iranien, définit enfin les quatre conditions qui doivent permettre la libération des otages américains et la restitution de l'ambassade occupée depuis un an par les « étudiants islamistes ».

Le 4 novembre, Ronald Reagan l'emporte très largement sur Jimmy Carter (51 % contre 41 %) et deviendra donc, le 20 janvier 1981, le quarantième président des Etats-Unis.

Le 20 novembre, le secrétaire d'Etat américain Edmund Muskie accepte, en principe, la garantie de non-ingérence, le déblocage des avoirs iraniens gelés aux Etats-Unis, la restitution à l'Etat iranien de la fortune du shah et l'abandon des plaintes judiciaires déposées par des sociétés américaines contre l'Iran, c'est-à-dire les revendications formulées par Téhéran pour libérer les otages.

Le 27 novembre, au Salvador, six dirigeants du front Farabundo Marti, dont son président, sont assassinés dans la capitale.

Décembre 1980 – Après l'assassinat de quatre religieuses américaines et alors que de graves soupçons pèsent à ce propos sur les autorités gouvernementales, l'aide des Etats-Unis au Salvador est suspendue par l'administration Carter sur le départ. Ronald Reagan n'a pas caché, durant sa campagne électorale, qu'il ferait du soutien au régime du Salvador l'une de ses priorités.

14 janvier 1981 – Alors que les guérilleros du front Farabundo Marti lancent une offensive générale dans l'espoir de créer une « situation irréversible » avant l'entrée de Ronald Reagan à la Maison-Blanche, les Etats-Unis annoncent que l'aide militaire au Salvador, interrompue après l'assassinat, un mois plus tôt, des quatre religieuses, va non seulement être reprise, mais doublée.

20 janvier 1981 – Les cinquante-deux otages américains sont libérés à la suite de pourparlers officiels engagés entre les deux pays par l'intermédiaire de l'Algérie. Ils quittent discrètement l'aéroport de Téhéran quelques instants avant l'entrée en fonction de Ronald Reagan, privant ainsi Jimmy Carter du plaisir de pouvoir les accueillir à la Maison-Blanche. Le Président sortant se rend malgré tout à Wiesbaden, en Allemagne, où les anciens otages ont été regroupés dans un hôpital militaire américain pour y subir des examens.

23 janvier 1981 – Les Etats-Unis suspendent leur aide économique au Nicaragua.

27 janvier 1981 – Les anciens otages de l'ambassade américaine à Téhéran sont accueillis en héros à la Maison-Blanche par Ronald Reagan, après avoir été acclamés sur leur parcours par près de cinq cent mille personnes en délire.

Conclusions partielles

La révélation des négociations secrètes et parallèles menées par les émissaires de Ronald Reagan et la date si particulière choisie pour la libération des otages font naître des soupçons et alimenteront le scandale de l'Irangate. Interrogé dans le cadre d'une commission d'enquête du Sénat, le 28 juillet 1992, Earl W. Brian nie s'être trouvé à Paris en octobre 1980. Il remet des passeports dépourvus de tampons français, ce qui, à vrai dire, ne constitue guère une preuve, de fausses identités ayant pu être utilisées pour l'occasion. Au demeurant, un homme d'affaires canadien, Janos Pasztor, vice-président de la banque Nesbitt, Thomson & Bongard Inc., témoigne devant les tribunaux qu'Earl Brian lui a dit être à Paris le 17 octobre 1980 pour négocier un contrat avec l'Institut Pasteur. Deux autres hommes d'affaires canadiens, Harry Scully et John Belton, confirment, sous serment, avoir entendu les mêmes propos de la bouche d'Earl Brian.

En réponse, l'ancien collaborateur de Ronald Reagan explique que les Canadiens confondent les dates. Il ne s'est rendu à Paris qu'en avril 1980.

De leur côté, l'agent israélien Ari Ben-Menashe et l'informaticien Michael Riconosciuto confirment la présence d'Earl Brian lors des négociations parisiennes. Le premier se trouvait sur les lieux comme observateur, le second affirme avoir recueilli cette confidence d'Earl Brian lui-même.

Dans le cadre des négociations secrètes menées avec

les Iraniens durant l'année 1980 par des personnalités proches de Reagan, force est de relever que, selon son témoignage, les talents d'informaticien de Michael J. Riconosciuto n'ont pas été utilisés seulement sur les disques durs des ordinateurs iraniens. Il a aussi été chargé de pianoter sur ses chers claviers afin d'effectuer d'importants transferts de fonds – plus de 40 millions de dollars ! – au profit d'un certain nombre d'Iraniens.

I

Les Cabazons

Mai 1981 – Comme des éléphants de mer sur une grève, les deux hommes roulent bord sur bord dans leur rocking-chair, une bière fraîche à portée de main. Même en ce début de saison, la température est accablante au cœur du désert de la vallée de Coachella, à quelques encablures des Rocheuses dont la silhouette disparaît dans les brumes de chaleur. Etrange assemblage au demeurant que ces deux corpulences. D'un côté, Fred Alvarez, l'Indien aux longs cheveux noirs ; avec sa barbiche et ses yeux bridés, il se donne des allures de Hell's Angels, ces gangs de motards qui sillonnent les routes californiennes. De l'autre, Michael Riconosciuto, aux cheveux non moins longs mais gras, archétype des Freaks[1] mais aussi de ce que peuvent produire des heures de travail devant des terminaux d'ordinateur à se gaver de frites et de hamburgers. A l'évidence, leur discussion est houleuse. Fred Alvarez est nerveux, irrité, il interrompt fréquemment Riconosciuto :

« Je ne vous laisserai pas nous transformer en cobayes !

– Je cours plus de risques que la tribu. C'est quand

1. Excentriques.

même moi le directeur des recherches. Je suis donc amené à m'y rendre, dans les labos. »

Cela fait deux bonnes années que Michael J. Riconosciuto vient régulièrement sur le territoire des Indiens Cabazons. A l'époque, la réserve n'était encore qu'un bout de désert traversé par une route flanquée d'un petit casino. Il devait se loger à la ville voisine, Indio, dans un hôtel de troisième ordre. Fred et lui ont sympathisé peu à peu. Alvarez était alors l'un des hommes de confiance de l'administrateur de la réserve, John Philip Nichols, et il avait en charge les questions de sécurité. Seulement, entre Nichols et Alvarez, le climat a viré à l'orage, en dépit des efforts de Riconosciuto pour calmer le jeu.

Déjà, il y a quelques mois, l'Indien s'était alarmé en voyant du matériel pour snipers[1] provenir de bases militaires et transiter par la réserve avant d'être réexpédié en Amérique centrale. Certes, les Cabazons disposent d'une licence d'exportation ; en revanche, les end users certificates[2] sont falsifiés, a constaté Alvarez. Il s'en est ouvert à Riconosciuto, qui est amené à travailler sur la réserve depuis que Nichols a signé, en 1980, un joint-venture avec la Wackenhut Services Incorporated, une filiale de la Wackenhut Corporation, sorte de super-société de gardiennage spécialisée aussi bien dans la surveillance de sites sensibles ou stratégiques[3] que dans la gestion de prisons privées ou les enquêtes discrètes pour le compte de sociétés ou de particuliers. Pour les seuls

1. Francs tireurs.

2. Certificats de destination finale signés par les gouvernements censés recevoir les armes. Les trafiquants utilisent des faux.

3. Base d'essais nucléaires du Nevada, centre spatial du cap Canaveral, centrales nucléaires, mais aussi locaux du *Washington Post*, etc.

Etats-Unis, la Wackenhut emploie plus de trente-neuf mille salariés.

Pour calmer l'Indien, Riconosciuto a levé une partie du voile en révélant que John Philip Nichols est utilisé par la CIA pour des opérations concernant la sécurité nationale. Il s'agit souvent d'un travail pas très net qui, dans le vocabulaire de l'Agence, est baptisé « Missionary Work ». Dans le passé, Nichols a, par exemple, lutté contre les gauchistes du syndicat des camionneurs de Jimmy Hoffa.

Si ce début d'explication a désarmé, dans un premier temps, Fred Alvarez, il a aussi attisé sa curiosité. En dépit des conseils de prudence et des mises en garde de Riconosciuto, l'Indien s'est lancé dans une véritable enquête, non seulement sur l'administrateur de la réserve mais encore sur le rôle exact de la Wackenhut. Par ses frères d'une autre tribu, il a découvert que la firme de gardiennage avait déjà cherché, dans les années 70, à s'associer avec les Pima implantés en Arizona et au Nouveau-Mexique. Toutefois, l'expérience avait tourné court. Près de Gallup, au Nouveau-Mexique, la réserve Pima, administrée de fait par la Wackenhut, a été le théâtre d'une série de drames. Des Indiens ont été assassinés ; l'un d'eux a été retrouvé noyé dans la piscine municipale, en état d'ivresse a conclu l'enquête. Il n'empêche que, parmi les Indiens, des rumeurs circulent.

Michael Riconosciuto ne peut guère aider son ami. A quoi bon lui raconter ce qu'il n'a pas à connaître ? Il y a des années déjà que Riconosciuto a appris à jouer double jeu, à paraître appuyer les uns pour mieux les trahir, à se mouvoir dans les zones peu reluisantes du renseignement et de la manipulation. Ce père de cinq enfants dissimule en effet, derrière une allure de bon gros tranquille, une vie tumultueuse. Dès sa plus tendre enfance, il a témoigné d'un véritable génie du bricolage scientifique. A dix ans, alors qu'il habitait Tacoma, dans l'Etat de Washington, il monte un circuit privé de téléphone pour relier les maisons de ses copains. A quinze ans, il débarque dans la baie de San Francisco et trouve un job d'été chez Technical Computing Services, une division de Morrison Newtson. Il parvient à modifier un logiciel prévu pour tourner sur des IBM 360 afin de l'utiliser sur une génération antérieure d'ordinateurs. Cet exploit, jugé irréalisable, lui vaut son heure de gloire. Son père l'inscrit à l'université de Stanford où il intègre le laboratoire du professeur Schawlow, l'un des pères du laser et futur prix Nobel de physique. Michael Riconosciuto entreprend, dès lors, de s'attaquer aux sonars et aux lasers. Il rafle les récompenses de tous les concours auxquels il se présente. Une brillante carrière universitaire semble amorcée.

Seulement, en cette seconde moitié des années 60 la mode est aux enfants-fleurs, à la culture hippie qui s'épanouit sur le rivage californien. Tout se passe sur les campus et Michael Riconosciuto est au cœur du mouvement. Avec un groupe d'amis, il a repris le théâtre du quartier Haight-Asbury à San Francisco. Ils en ont fait l'un des pôles de la nouvelle culture. Riconosciuto met ses talents au service de la communauté en bricolant la sono des groupes de rock ou en réglant des éclairages psychédéliques. Il travaille avec la troupe du Bread and Puppet et gagne bien sa vie.

D'autant qu'à son goût pour la physique et l'électronique, Riconosciuto ajoute un talent de chimiste. Il fabrique du LSD. Si le père de Michael ignore tout de ce versant des activités de son rejeton, il n'en va pas de même d'un ami de la famille : George Wackenhut, ancien du FBI et fondateur de la multinationale de gardiennage. George est comme un oncle pour Michael et il n'a pas tardé à soupçonner une dérive. Ses amis du FBI ont donc placé le jeune Riconosciuto sous surveillance. L'enquête n'est pas bien longue. Quatre mois suffisent pour mettre Michael face à un choix simple : assumer les conséquences pénales de ses activités ou travailler pour la police.

C'est ainsi que Michael Riconosciuto a commencé à renseigner Robert Frye, du bureau du FBI de Saint Louis, chargé de la coordination de l'opération Cointel Pro New Left. Il s'agissait de contrôler le Peace and Freedom Party, le mouvement pacifiste opposé à la guerre du Viêtnam soupçonné d'être manipulé par une puissance étrangère et de vouloir s'en prendre aux transports de troupes et de munitions. Ensuite, son officier traitant du FBI oriente Riconosciuto vers le Weather Underground, un mouvement terroriste d'extrême gauche. Le théâtre du Haight-Asbury sert, lorsque la nécessité s'en fait sentir, de couverture aux agents fédéraux engagés dans des opérations « pro-actives », c'est-à-dire d'infiltration. Seulement, dès 1969, le double jeu de Riconosciuto est percé à jour et il lui faut quitter la Californie.

Il retourne dans son Etat d'origine et s'installe à Seattle, où il travaille comme consultant pour diverses sociétés, souvent liées à la Wackenhut de « l'oncle George », tout en continuant à collaborer avec la police. Ce qui explique sans doute que Riconosciuto ait pu, sans trop de dommages, poursuivre pendant le même temps ses activités de chimiste amateur. En effet, il est arrêté en septembre 1972 pour production et trafic de LSD et relâché sous caution. Un mois plus tard, il est à nouveau arrêté, cette fois sous l'accusation de cambriolage de l'appartement d'un de ses fournisseurs. Condamné à quinze ans de prison, sa peine est immédiatement suspendue. Riconosciuto est, plus que jamais, pieds et poings liés entre les mains du FBI.

Pourquoi irait-il raconter tout ceci à Fred Alvarez ? Pour que l'Indien s'étonne de voir Robert Frye, l'ancien agent traitant de Riconosciuto, reconverti au sein de la Wackenhut après avoir quitté le FBI ? Frye, en effet, a été embauché par « oncle George ». Il est devenu vice-président de la Wackenhut, chargé des opérations spéciales et des contrats gouvernementaux ; à ce titre, il supervise les relations avec les Cabazons. Une manière aussi de continuer à tenir Michael à l'œil.

Tout a basculé depuis que Fred Alvarez a découvert le projet d'installation, sur la réserve, d'une usine de niveau quatre, c'est-à-dire autorisée à des manipulations biologiques et chimiques particulièrement dangereuses. Il s'agit, dans le cadre du joint-venture entre la tribu et la Wackenhut, de construire un centre de recherche de sécurité maximum comme il n'en existe qu'une demi-douzaine dans le monde dont trois aux Etats-Unis. Le centre, implanté chez les Cabazons, travaillera sur la guerre chimique et bactériologique. Alvarez a crié au scandale. Il a écrit à Ronald Reagan, déjà engagé dans la course décisive à la Maison-Blanche, ainsi qu'à son directeur de campagne, Bill Casey, le futur patron de la CIA. Là encore, ce n'est pas de dire la vérité qui calmerait Alvarez. Si la Wackenhut a choisi le territoire des Cabazons pour cette implantation, c'est parce que les travaux de biochimie qu'elle compte mener ne peuvent plus être conduits à Hercules, en pleine zone résidentielle californienne.

Dans la seconde moitié des années 70, le père de Riconosciuto et George Wackenhut avaient racheté à Hercules un important établissement de nitrates et d'engrais, le Valley Hydrogen Plants. C'est là qu'ils ont implanté le laboratoire de Michael, car les deux hommes sont convaincus qu'il doit être possible de rentabiliser ses talents. De fait, une soixantaine de brevets sont déposés, allant des transferts de chaleur à des sujets biomédicaux, sans oublier le guidage des missiles par laser. Outre Michael, tout fier, à trente ans, de diriger l'équipe, d'autres scientifiques ont été embauchés, à commencer par un amiral à la retraite, chargé naguère d'organiser la première explosion d'une bombe H dans le Pacifique. Des scientifiques du Lawrence Livermore Laboratory travaillent également avec la nouvelle entité, tandis qu'une partie des locaux a été sous-louée à la Bio-Read Corporation, une société contrôlée par Earl W. Brian, dont Ronald Reagan, alors gouverneur, avait fait, entre 1970 et 1974, le responsable de la Santé pour l'Etat de Californie. Earl Brian a également monté Biotech, une société d'investissements dans le secteur des industries médicales et biologiques.

En plus de son intérêt naturel pour la médecine et ses dérivés, Earl W. Brian a également un faible pour les médias. Il va racheter l'une des premières agences de presse mondiales, United Press International (UPI), et une chaîne de télévision câblée, Financial News Network (FNN), reçue dans vingt-huit millions de foyers.

Il est de bon ton alors de comparer Hercules à la Silicon Valley. Seulement, la population d'Hercules ne tarde pas à regarder avec suspicion la reconversion d'un établissement qui employait mille deux cents personnes et n'en utilise plus que cent cinquante, et dont les locaux sont gardés, en permanence, par les vigiles de la Wackenhut. Pour pousser les recherches sur les armes biologiques et bactériologiques et compte tenu des risques toxiques, il a été décidé de se replier sur la réserve des Cabazons. Michael J. Riconosciuto partage son temps entre les deux sites et collabore, en même temps, avec un autre laboratoire, le Wackenhut Applied Technology, situé à Silver Spring, dans la banlieue de Washington. Chaque mois, au siège de la Wackenhut à Coral Gables (Floride), il présente l'avancée des recherches au collège des directeurs. C'est Robert Chason, ancien haut fonctionnaire des douanes, qui supervise le travail de Riconosciuto et lui indique les projets prioritaires.

Michael Riconosciuto, songeur, sirote sa bière en laissant Fred Alvarez exhaler sa rancœur. Qu'est-ce que l'Indien pourrait bien comprendre à cet univers complexe dont il n'a pas même idée ?

Juin 1981 – John Philip Nichols, l'administrateur de la réserve Cabazon, se méfie de Fred Alvarez. Pour lui avoir naguère confié la sécurité de la tribu, il sait que le gros bonhomme aux cheveux de jais est plus fin qu'il n'y paraît. Aussi cherche-t-il désormais le moindre prétexte pour l'éloigner de la vallée de Coachella en le transformant en une sorte d'ambassadeur itinérant des Cabazons. Il n'est pas une conférence où les Indiens sont représentés à laquelle Fred Alvarez ne soit délégué par Nichols. Aux frais de la tribu, bien sûr.

Voilà pourquoi Alvarez se retrouve à Denver, au Colorado, en ce début de juin. En marge de la réunion à laquelle il participe, un inconnu l'aborde. De fil en aiguille il lui propose, moyennant une coquette somme, de convoyer un paquet. Méfiant, Fred Alvarez refuse. Tout ceci lui paraît puer la combine. Il décide de regagner sans plus attendre sa tribu.

Or, voici qu'à sa descente d'avion, un groupe de policiers se rue sur lui. Plaqué au mur, jambes écartées, l'Indien assiste, non sans anxiété, à la fouille minutieuse de ses bagages. Par chance, rien n'y a été glissé. Il l'a échappé belle.

Cet épisode ne fait que confirmer les soupçons de Fred Alvarez. Seuls John Philip Nichols et ses proches savaient qu'il se rendait à Denver. En rapportant la mésaventure à sa mère, il conclut : « Je suis sûr que Nichols va tenter de se débarrasser de moi pour de bon. » Quelques jours plus tard, Fred Alvarez déclare à des journalistes de l'*Indio Daily News* : « Ma vie est en danger, dans la réserve, il y a des gens qui veulent me tuer. »

29 juin 1981 – John Philip Nichols, flanqué de Robert Frye, représentant la Wackenhut, et de Peter Zokosky, président de la fabrique de munitions Armtech et, qui plus est, époux d'une élue municipale d'Indio, se sont envolés pour le Québec. Zokosky a accepté de mobiliser ses compétences pour développer le joint-venture réunissant la Wackenhut et les Cabazons, et ce n'est pas la première fois que les trois hommes voyagent ensemble pour affaires.

Déjà le mois dernier, ils se sont rendus dans le New Jersey, à Dover, pour visiter un laboratoire de l'armée, le US Armament Research and Development Command's Charge Caliber Weapons Systems Laboratory. Outre l'achat de trois cents jumelles à vision nocturne, les visiteurs se sont entretenus avec Harry D. Fair, le responsable de la propulsion, car ils souhaitent mettre en fabrication, sur la réserve Cabazon, des obus de 120 mm pour chars. Harry Fair demeurera l'un des interlocuteurs de Nichols même après avoir quitté le laboratoire de Dover pour venir en Californie, comme directeur adjoint de la Defense Advance Research Project Agency (DARPA), puisque l'administrateur de la réserve lui écrira à propos de la construction du centre de recherche de sécurité maximum.

Ce nouveau déplacement, au Québec, est justifié par l'éventuel rachat de la Valley Field Chemical Corporation, une entreprise spécialisée dans les explosifs militaires et les carburants pour missiles. La reprise de cette firme par la branche Cabazon de la Wackenhut est soutenue par un sénateur canadien mais se heurte à l'hostilité du gouvernement fédéral. Les autorités d'Ottawa tiennent en effet à ce que la direction de l'usine demeure canadienne.

Bien que les négociations aient tourné court, le trio traîne quelques jours encore au Québec, ce qui a le don d'exaspérer Zokosky. Il ne comprend pas ce qui les empêche de regagner la Californie. Au demeurant, il commence à en avoir par-dessus la tête de John Philip Nichols et de ses fréquentations douteuses. Depuis qu'il travaille avec l'administrateur de la réserve, Peter Zokosky a l'impression d'être pris dans une nasse. « Je me suis retrouvé, explique-t-il, au milieu de trafiquants de drogue, de guérilleros anticommunistes et de tueurs à gages. » Abandonnant ses compagnons, Peter Zokosky regagne donc, seul, Indio.

1er juillet 1981 – D'un coup d'œil en coin, Joe Benitez surprend le regard gourmand que l'avocat, qui a pris place à son côté, promène sur les luxueuses propriétés entraperçues depuis la route. Rancho Mirage porte bien son nom, l'oasis n'est qu'une suite de pelouses et de palmeraies. Sous les buissons secs que le vent roule dans la poussière, les hommes ont découvert et mis en valeur d'abondantes sources thermales. La fortune de Palm Springs était faite. Rancho Mirage est un paradis vert au sein de ce paradis vert. Ni les principaux dirigeants politiques américains – Gerald Ford, Spiro Agnew –, ni les grands chefs mafieux – Tony Marson –, ni les stars qui virevoltent des uns aux autres – Frank Sinatra – ne s'y sont trompés. Tous ont acquis de somptueuses propriétés dans ce comté de Riverside en Californie.

Le ranch vers lequel roulent les deux hommes n'est certes pas aussi luxueux que les demeures dissimulées dans la végétation ; il n'abrite qu'un Indien : Fred Alvarez. Au volant, Joe Benitez, l'ancien chef de la tribu Cabazon, s'amuse des mimiques de l'homme de loi qu'il est allé chercher pour le conduire chez Alvarez. Les deux Indiens ont pris rendez-vous pour chercher avec lui les moyens d'éliminer, par des voies légales, John Philip Nichols. Dans cet âpre combat, Fred Alvarez a pris le risque de monter aux avant-postes. Comme lui, Joe Benitez fut d'abord un intime de l'administrateur avant de vouloir l'écarter, coûte que coûte.

Le rapport des forces est bien inégal. Les Cabazons sont loin de représenter une marée humaine. Ils constituent même la plus petite des nations indiennes des Etats-Unis avec... vingt-deux âmes : seize adultes et six enfants ! Néanmoins, en 1876, le Président Grant leur avait accordé 1 700 acres de désert à une cinquantaine de kilomètres de l'océan Pacifique au nord de la mer de Salton. A l'époque, les Cabazons étaient environ huit cents, vivant de chasse et de cueillette. En 1914, décimés par les maladies et privés de points d'eau par l'extension de la Southern Pacific Railroad, les effectifs de la tribu étaient tombés à soixante-cinq. Depuis, coincés sur leurs trois parcelles entre la route interstates 10 et le chemin de fer, les Cabazons s'éteignent doucement dans l'indifférence générale.

Lorsque John Philip Nichols fait irruption, en 1978, dans la vie de la tribu, Fred Alvarez vient d'avoir trente ans. Les Cabazons sont au bord de l'indigence, privés d'eau courante et d'électricité. L'échec d'une tentative de production de jujube a ruiné leurs derniers espoirs. Ils ne savent plus ni à qui ni à quoi se raccrocher. Un terrain idéal pour les marchands d'illusions. Le « docteur Nichols », ne reculant devant aucun titre, se présente à eux comme fils d'un ouvrier métallurgiste mais issu de l'aristocratie américaine puisque descendant en ligne directe des passagers du *Mayflower*. Il se dit expert en « développement économique et planification sociale de la santé ». Son curriculum vitae couvre une dizaine de feuillets et décline de mirifiques opérations réalisées depuis un quart de siècle aux Etats-Unis comme en Amérique latine, pour la firme Coca-Cola notamment, mais aussi à travers Pro Plan International – une société dont Nichols est actionnaire. Non seulement il se targue de titres universitaires ronflants mais il affirme avoir été ordonné pasteur de l'église épiscopalienne libre de London (Ontario). Bref, un cursus caricatural comme on n'en rencontre que chez les escrocs ou les membres de services spéciaux, deux univers qui ne sont pas inconnus de l'administrateur.

A l'appui de ce document flatteur, John Philip Nichols produit des dizaines de lettres de recommandation signées par des universitaires, des parlementaires et même un ambassadeur des Etats-Unis en Pologne et un prêtre chilien. Joe Benitez, à l'époque chef d'une tribu à la dérive, pouvait-il éviter de se laisser éblouir par un homme ayant ses entrées à Washington, que ce soit à la CIA ou au ministère de la Justice, et proche du sénateur démocrate du Dakota du Sud, James Abourzek ? Un homme capable d'entrer en contact aussi bien avec des militaires taiwanais qu'avec des responsables du sulfureux syndicat américain des camionneurs ? D'autant que le plumage de John Philip Nichols se rapporte à son ramage : bavard impénitent, il parle haut de lieux exotiques et d'aventures mystérieuses. Toujours vêtu de chemises de soie et paré de bijoux, il roule dans des voitures de luxe et aime caresser sa petite moustache cirée et son bouc Second Empire qui, sous sa crinière immaculée, lui donnent un faux air de Buffalo Bill du troisième âge. A soixante-six ans, il a suffisamment roulé sa bosse pour ne faire qu'une bouchée du chef Joe Benitez, vieil Indien usé par une vie misérable, cahotant de petit boulot en petit boulot.

Les deux hommes ont lié connaissance parce que Nichols administrait la protection sociale d'une squelettique tribu voisine, les Morongos. Un travail de courte durée car les Morongos ne tardent guère à chasser Nichols, accusé de ne pas tenir ses promesses. En dépit de cet échec, les Cabazons lui offrent une seconde chance. Joe Benitez présente Nichols et fait avaliser par le conseil des sages son embauche comme consultant, chargé du développement économique de la tribu.

Les temps sont idylliques. Le bon docteur Nichols tire les sonnettes et fait pleuvoir les subventions. N'est-il pas l'auteur d'un ouvrage sur l'art de collecter les dons, préfacé par un ancien speaker à la Chambre des représentants ? Le Bureau des affaires indiennes octroie 10 000 dollars aux Cabazons afin de lancer les opérations et de... rémunérer leur nouveau consultant ! Les Indiens se reprennent à espérer. Jamais autant d'argent ne leur avait été alloué. Déjà ils voient fleurir le désert. Art Welmas, un ancien barbier au goût prononcé pour la bouteille, qui a succédé à Joe Benitez à la tête des Cabazons, décide de nommer Nichols administrateur de la réserve bien qu'en principe ce poste soit réservé à un membre de la tribu. Il explique à ses pairs : « Quand vous n'avez rien et que vous n'êtes même pas capable de recueillir des fonds, vous êtes le dernier du totem. » L'argument fait mouche. Et, de fait, comme le confiera ultérieurement Charles Bunch, responsable de la protection sociale des tribus indiennes au ministère de la Santé : « Nichols avait le pouvoir d'obtenir des millions de dollars de prêts gouvernementaux sans jamais rien réaliser en échange. »

Etourdis de promesses, emportés dans un rêve de prospérité, les Cabazons attendent l'ouverture de magasins détaxés, les jeux Olympiques indiens et le Téléthon que Nichols leur a promis. Ils comptent aussi voir prochainement s'élever dans leur réserve une usine pharmaceutique, une unité de traitement de charbon et un établissement de commerce de l'or. Ils signent sans barguigner le contrat qu'en échange l'administrateur leur soumet. Pendant dix ans, Nichols s'adjuge non seulement la moitié des bénéfices dégagés par les entreprises s'installant dans la réserve mais aussi un traitement annuel de 90 000 dollars.

Tout le discours de John Philip Nichols est fondé sur la particularité juridique qui, depuis l'Indian Reorganization Act en 1934, assimile les tribus à des nations distinctes. Elles sont donc autorisées à constituer leur propre gouvernement et échappent ainsi à diverses lois – contre la pollution par exemple – ainsi qu'aux taxes fédérales. Cette franchise doit servir à appâter les entreprises. Le premier investissement de Nichols consiste à acquérir un camping-car d'occasion qu'il transforme en bureau et dans lequel s'entasse, dans une chaleur intenable, la fine fleur des Cabazons. A partir de ce poste de commandement, l'administrateur se lance dans la vente de cigarettes détaxées par correspondance. A 8 dollars la cartouche, l'entreprise est un succès. Les Cabazons élargissent en conséquence leur commerce à l'alcool. Le succès se confirme.

Pour autant, les retombées financières sont maigres pour les Indiens : 650 dollars par an seulement. Toutefois, des emplois ont été créés et ils bénéficient des avantages sociaux qui en résultent. La modestie du pactole qui leur est reversé provoque néanmoins quelques premières questions auxquelles Nichols répond, superbe : « Il ne faut pas raisonner en termes d'argent. Il y a maintenant pour 1,5 million de bâtiments sur la réserve et ce bien, personne ne pourra vous l'enlever. »

En réalité le patrimoine immobilier est plus réduit. La tribu a dû réinvestir 265 000 dollars gagnés avec les cigarettes pour transformer un vieil entrepôt en casino, le Cabazon Fantasy Spring Casino. Un parc d'attractions pour enfants devrait suivre et la vallée de Coachella se voit proposer Las Vegas comme modèle. Dans le domaine des jeux, John Philip Nichols fait œuvre de pionnier. Les Cabazons sont en effet les premiers Indiens de Californie à ouvrir un casino, s'attirant du même coup l'hostilité des autorités qui s'étaient réservé l'attribution des autorisations de maisons de jeux. La guérilla ne prendra fin que lorsque le Congrès votera, en 1988, l'Indian Gambing Regulatory Act et que la Cour suprême des Etats-Unis reconnaîtra aux Indiens le droit d'organiser, sur leurs territoires, tous types de jeux légaux.

Derrière John Philip Nichols et les Cabazons, la mafia des jeux ne pouvait que s'engouffrer dans la faille. C'est d'ailleurs en voyant ses hommes de main prendre en charge la sécurité de la réserve que Fred Alvarez, se sentant dépossédé de ses prérogatives, a commencé à renâcler. Le Cabazon Fantasy Spring Casino est doté de deux directeurs recrutés, eux aussi, hors de la tribu. D'une part, et pour un salaire de 40 000 dollars, John Paul Nichols, l'un des fils de John Philip, d'autre part Rocco Zangari qui a fait ses classes à Las Vegas. Zangari a, en Californie, un casier judiciaire vierge mais il est surveillé par le FBI et la presse américaine le présente comme lié à la mafia, en particulier à la famille de Stefano Maggadiano qui sévit dans l'Etat de New York. A peine le nouveau casino ouvert, débarque en voisin Tommy Marson, dit « la bonbonne », officiellement imprésario à Palm Springs. Il coule des jours réputés paisibles dans une luxueuse villa, protégée par un poste de gardes privés, située sur Halger Lake Drive à Rancho Mirage. Il s'y remet d'un bref séjour à l'ombre pour détournement de fonds à la suite de la banqueroute du Westchester Premier Theatre de Tarrytown dans l'Etat de New York.

Cette énorme salle de 3 500 places, construite dans les années 70, n'avait été sauvée de la faillite, en 1977, que grâce à un concert de Frank Sinatra. A la fin du spectacle, et après avoir empoché 800 000 dollars, le célèbre crooner s'était laissé complaisamment photographier dans sa loge en compagnie de Tommy Marson mais aussi des deux principaux parrains de la mafia new-yorkaise, Paul Castellano et Carlo Gambino. Hélas, avant le concert, le FBI avait enregistré une conversation entre Marson et un membre de la famille Gambino portant sur la manière dont allait être détournée la recette, ce qui a valu à « la bonbonne » sa condamnation à un an de prison.

Les Nichols, Rocco Zangari et Tommy Marson font ensemble des affaires. Pour l'une de ces obscures tractations, Roberta, l'épouse de Marson, a prêté 50 000 dollars, en novembre 1980, à John Paul Nichols. L'opération se solde par un trou de 250 000 dollars. Zangari est licencié du casino ; Nichols et lui s'accusent mutuellement d'avoir détourné le magot manquant. Le casino doit être placé en redressement judiciaire. Non seulement les Cabazons n'ont toujours pas vu la couleur de leur argent, mais ils en sont pour 88 562 dollars de frais d'avocat !

Dans sa campagne contre l'administrateur de la réserve, Fred Alvarez se sent désormais menacé. Il passe à la vitesse supérieure. Dans une interview accordée au *Desert Sun,* il pose publiquement le cas John Philip Nichols et invite les Cabazons à le chasser. Car, peu à peu, au fil de son enquête, un nouveau curriculum vitae est apparu qui n'a qu'un lointain rapport avec celui présenté par Nichols lors de son embauche comme consultant.

Oh ! certes, l'expert en « développement économique et planification sociale de la santé » a beaucoup voyagé. Il a travaillé en Arabie Saoudite et en Europe, en Afrique du Sud et en Amérique latine, au Japon et en Corée, à Taiwan et au Canada. Après avoir débuté, dans les années 40, comme brasseur à Milwaukee, il mène une première carrière dans le syndicalisme à travers l'AFL-CIO. Durant les années 50, Nichols se reconvertit dans la santé, recueille des fonds et gère des cliniques dans le Midwest et sur la côte Est des Etats-Unis. Arrêté en 1959, il est soupçonné d'avoir détourné des fonds du syndicat des camionneurs du trop célèbre Jimmy Hoffa. En 1960, nouveau changement d'orientation : John Philip Nichols dirige, un an durant, une usine d'embouteillage de Coca-Cola à São Paulo (Brésil) avant de se mettre à son compte. On le retrouve au Chili à la tête d'une église évangéliste rattachée au mouvement pentecôtiste et fraternisant avec la gauche locale. Pourtant, contrairement à ses affirmations, Nichols n'a jamais été ordonné par l'église épiscopalienne protestante libre. L'archevêque Benjamin C. Eckhart, responsable du séminaire Philatea, le confirmera en 1987 et le doctorat en théologie produit par l'administrateur de la réserve Cabazon se révélera un faux grossier.

Selon Interpol, John Philip Nichols aurait été arrêté, une seconde fois, à Washington en 1964 mais, à l'inverse de l'interpellation de Milwaukee, cet épisode ne figure pas au casier du personnage tenu aux Etats-Unis par le National Crime Information Center.

De retour sur le sol natal, Nichols a repris ses activités dans le secteur de la santé. Au début des années 70, il est nommé directeur du Central Kentucky Region Mental Health Retardation Board. Cette agence gère les structures de santé mentale dans onze comtés et John Philip Nichols se signale en parvenant à collecter 3 millions de dollars de dons. Fort de ses succès, il s'installe en Floride et organise des séminaires pour apprendre aux multiples minorités américaines l'art et la manière de soutirer des subventions fédérales. Les tribus indiennes ne sont pas les dernières à venir profiter d'un tel enseignement.

Ainsi, par une habile synthèse de ses expériences, passées et présentes, Nichols entreprend-il de recueillir des fonds en vue de créer des cliniques pour les Indiens en Arizona. Les cliniques feront faillite, des rumeurs de détournements de fonds circuleront, mais l'enquête engagée en 1978 par le Federal Indian Health Services n'aboutira pas.

Le dossier constitué pièce par pièce par Fred Alvarez est devenu rapidement accablant et Joe Benitez, l'ancien chef des Cabazons responsable de l'arrivée de Nichols, est à présent décidé à assumer ses responsabilités. Il veut aider son jeune guerrier à chasser l'intrus. C'est pourquoi il conduit l'homme de loi chez Fred, à Rancho Mirage, par cette chaude journée de juillet.

Le coup d'avertisseur par lequel Joe Benitez a signalé son arrivée ne provoque aucune réaction. Le ranch semble désert. Les deux hommes, intrigués, pénètrent dans la cour intérieure. Fred Alvarez gît, affalé sur une chaise de bois, le crâne fracassé par une balle de calibre 38. Poursuivant leur exploration, Joe Benitez et l'avocat vont encore découvrir, sur un lit, le cadavre de Patricia Castro, l'amie de Fred, puis, plus loin, au pied d'une chaise renversée, le visage dans le sable, un autre Indien Cabazon, Ralph Bodger, quarante-deux ans, lui aussi exécuté. Aucune trace de lutte n'est apparente. Les tueurs ont agi en professionnels : une balle dans la tête de chaque victime. La mafia ne pouvait mieux signer son crime.

Juillet 1981 – C'est au lendemain de son retour précipité du Québec que Peter Zokosky apprend l'assassinat de Fred Alvarez. Inquiet, il attend avec impatience ses compagnons de voyage pour leur donner l'information. John Philip Nichols accueille la nouvelle avec un flegme désarmant. Non seulement l'administrateur de la réserve ne bronche pas, mais il ne semble même pas découvrir les faits. « Il s'est borné, raconte Zokosky, à téléphoner à Robert Frye pour le prévenir de la mort de l'Indien. »

Dans le même temps, les investigations sur le triple meurtre de Rancho Mirage débutent mollement. L'enquêteur est un ami de John Philip Nichols. Il décide de partir en vacances quarante-huit heures après s'être vu confier le dossier. Personne n'est obligé de faire du zèle.

La solution du problème semble pourtant simple, aux yeux de Joe Benitez. La cible était, bien sûr, Fred Alvarez et les deux autres victimes n'ont eu que la malchance de se trouver au mauvais endroit au mauvais moment. Il conviendrait donc, selon lui, de fouiller du côté de Nichols. La passivité de la police l'irrite. Certains Cabazons commencent à parler de complot.

De fait, au lendemain des meurtres, un colonel non identifié de l'armée américaine, en provenance de Fort Meade, une base située dans la grande banlieue de Washington, se rend dans la réserve pour prendre contact avec les agents du FBI. Il se présente comme travaillant pour la National Security Agency (NSA), sans doute le plus secret des services secrets américains, et entend s'assurer personnellement que l'enquête ouverte ne nuira pas à une opération en cours.

Si un gradé de la NSA a débarqué dans la réserve indienne dès qu'une enquête officielle a été ouverte, c'est qu'à l'évidence les intérêts de l'Agence sont engagés dans le territoire Cabazon. La nécessité de « cadrer » les investigations ne fait que confirmer les relations anciennes et intimes de la Wackenhut avec les diverses branches des services spéciaux américains.

Fondée en 1954 par George R. Wackenhut, un ancien instructeur de gymnastique du FBI, la société a débuté, au crépuscule du maccarthysme, dans le fichage des opposants politiques. Elle a ainsi répertorié plus de six millions d'Américains ! Depuis, ses activités n'ont cessé de gagner en ampleur et de s'internationaliser. Le fondateur vit à présent, servi par dix-huit employés, dans un château de 20 millions de dollars en Floride, à quelques encablures du siège de sa firme situé à Coral Gables. Il gagne 2 millions de dollars par an, dont il est largement redevable au gouvernement américain qui, directement ou indirectement, assure le tiers des revenus de sa société. Wackenhut Corporation s'est également développée de manière spectaculaire en Amérique latine. Ernesto Bermudez, directeur des opérations internationales de Wackenhut entre 1987 et 1989, a dû admettre que la société employait, en 1986, en pleine période de guerre civile au Salvador, mille cinq cents personnes dans ce pays. A la question « Pour quoi ? », il a répondu : « Des choses dont vous ne voudriez pas que votre mère soit au courant. » Dans les années 70, la Wackenhut était, par exemple, présente en Belgique, pays qu'elle a dû quitter après que plusieurs de ses équipes de sécurité, recrutées dans les milieux d'extrême droite, eurent été mêlées à des ratonnades. Aux Etats-Unis elle a été impliquée dans de nombreux dossiers d'écoutes illicites. Le ministère de l'Energie a pu établir que la Wackenhut pratiquait des écoutes systématiques des employés des centrales nucléaires du groupe Westinghouse. Cent quarante-sept appareils, capables de capter chacun, simultanément, deux cents conversations téléphoniques, ont été saisis.

Si on ajoute à ces activités quelque peu étranges le fait que siègent à la direction de la Wackenhut une brochette d'anciens responsables du FBI et de la CIA[1], mais aussi Ralph E. Davis, responsable de la John Birch Society, une organisation comparable au Ku Klux Klan, la nature des opérations menées par cette firme ne laisse guère de doutes. De même que ce ne peut être par le seul effet du hasard que William Casey soit devenu l'avocat de la Wackenhut avant de prendre la tête de la CIA.

A en croire Bruce Berckmans, un ancien agent de la CIA à Mexico qui fut, jusqu'en 1981, l'un des vice-présidents de la Wackenhut, la société abritait dans plusieurs de ses bureaux à l'étranger des antennes de l'agence officielle de renseignements. Or, c'est Berckmans, lorsqu'il dirigeait la division des « projets spéciaux » de la Wackenhut, qui a négocié avec John Philip Nichols l'implantation des Robocops du gardiennage chez les Cabazons afin de bénéficier de la forme d'extra-

1. Clarence Kelley (FBI) ; Frank Carlucci (CIA) ; général Joseph Caroll, ancien responsable des services secrets de l'armée ; James J. Rowley, ancien responsable des services de sécurité de la Maison-Blanche, le Secret Service ; P.X. Kelley (Marines) ; amiral Bobby Ray Inman, ancien numéro deux de la CIA et conseiller du Président Bush pour les renseignements à l'étranger.

territorialité qu'offre le statut des réserves indiennes, mais aussi des aides publiques accordées par le gouvernement fédéral dans le cadre de sa politique en faveur des minorités ! En effet, si en 1980 la Wackenhut s'était montrée si disposée à signer un joint-venture avec Nichols, agissant au nom des Cabazons, c'est en premier lieu parce qu'il lui fallait se mettre en règle avec les textes fédéraux en faveur des minorités ethniques : Noirs, Indiens, Hispaniques... Un pourcentage imposé de contrats gouvernementaux doit leur revenir. La Wackenhut, qui venait de perdre le contrat de surveillance du Johnson Space Center pour n'avoir pas respecté les clauses en faveur des minorités prévues au cahier des charges, tient à se prémunir contre ce type de mésaventure en passant un arrangement avec une tribu indienne et remplir ainsi son quota minoritaire. En s'associant financièrement avec un groupe ethnique protégé, elle se donne un avantage dans la conquête des contrats officiels. Le choix du territoire Cabazon répond à une autre logique : la réserve se situe près des principaux sites d'essais de l'armée américaine et peut donc disposer de ressources électriques importantes, compte tenu des gigantesques investissements effectués dans ce domaine. Un élément non négligeable pour qui souhaite établir sur ce territoire fabriques d'armes et laboratoires. Car le chef Joe Benitez n'a appris que par inadvertance, lors d'une rencontre à Indio avec des responsables de la Wackenhut, la nature exacte des entreprises que le joint-venture entre la tribu et la compagnie doit permettre de faire prospérer. Il s'agit de la fabrication de munitions pour chars, de fusils d'assaut et de missiles portables ! John Philip Nichols a même négocié la construction d'une mitraillette 9 mm au coût de 75 dollars l'unité.

Outre l'absence de taxes, l'isolement du territoire indien et la passivité d'une tribu contrôlée par Nichols font de la réserve un lieu d'implantation idéal pour des fabrications controversées et couvertes par le « secret défense ». Au demeurant, les affaires de Nichols et de la Wackenhut fonctionnent. Des clients se succèdent dans la réserve, sous les yeux ébahis des Indiens. Le premier est le prince Fahad d'Arabie Saoudite, soucieux de moderniser le système de sécurité de son palais de Taef. A cette occasion, Mohammed Jameel Hashem, consul d'Arabie Saoudite à Washington, écrit au sénateur James Abouzerk, ami de Nichols, pour préciser que ni la tribu des Cabazons, ni la Cabazon Trading International, ni la Wackenhut International ne figurent sur la liste noire des sociétés travaillant avec Israël et, dès lors, interdites de commerce avec les pays arabes.

10 septembre 1981 – Une animation exceptionnelle règne autour du polygone de tir du lac Cahuilla. Il est impossible de croire que seul le shérif de Riverside s'entraîne comme à son habitude. Bien que la police canalise le trafic depuis le début de l'après-midi, un bouchon s'est formé. Parmi les véhicules qui avancent au pas se trouve une station-wagon Buick ayant à son bord Jimmy Hughes, le nouveau responsable de la sécurité des Cabazons, et Michael J. Riconosciuto. Ils transportent des armes régulièrement déclarées au ministère des Finances, dotées de permis en cours et enregistrées au nom de la Meridian Arms Corporation. L'administrateur de la réserve indienne, John Philip Nichols, rayonnant, accueille ses invités. Il y a là des représentants de différents services de la police, des membres du département

opérations de la CIA, des intermédiaires connus travaillant sur le marché des ventes d'armes en Amérique latine et au Proche-Orient, et bien sûr des délégués de nombreuses firmes industrielles dont la Wackenhut, mais aussi American La France, Loral Corporation, Litton Industries, Motorola...

Chacun a un regard admiratif pour la Rolls Royce qui s'est glissée silencieusement dans la cohue. Elle est conduite par Wayne Reeder, un marchand d'armes à la réputation douteuse, habitué de la réserve. Il sert de chauffeur à l'une des vedettes de la réunion : le docteur Earl W. Brian [1]. Après avoir tenté sans succès de se lancer en politique dans la foulée de son ami Ronald Reagan, il a préféré les affaires. Il s'y révèle un capitaliste « tendance Bulldog », c'est-à-dire doté d'une rare puissance de travail et particulièrement teigneux. Les méthodes dont il use pour réussir n'ont pourtant pas tardé à lui valoir quelques sévères rappels à l'ordre. Une de ses sociétés, Xionics, est mise en cause par la SEC, le gendarme de la Bourse américaine, pour avoir manipulé les cours de ses actions. Le FBI, de son côté, a impliqué en 1974 l'ancien responsable de la Santé de l'Etat de Californie dans le détournement d'un fichier informatique de soixante-dix mille noms. Ce dossier va tellement coller à Earl Brian qu'il a été contraint de renoncer, après l'élection de Reagan à la Maison-Blanche, au poste de

1. Bien que sa présence soit confirmée par un rapport de la police d'Indio, Earl W. Brian nie avoir été ce 10 septembre au lac Cahuilla. Il affirme, agenda et notes de frais à l'appui, s'être trouvé, à cette date, sur la côte Est des Etats-Unis. On peut relever que dans une autre affaire le mettant en cause, la SEC (Stock Exchange Commission) l'a poursuivi devant les tribunaux pour faux et usage de faux concernant ses déplacements.

président du Bureau national des sciences qui lui avait été proposé.

A 23 heures, la démonstration la plus spectaculaire de matériels militaires commence. Il s'agit d'équipements « pro-actives » de lutte antiterroriste – qui peut tout aussi bien devenir du matériel offensif destiné aux maquis des guérilleros contre-révolutionnaires que la CIA arme et soutient aux frontières du Nicaragua – constitués essentiellement d'équipements de vision nocturne et de systèmes de tir guidé par laser. John Philip Nichols a bien fait les choses. Il a préparé non seulement des tirs réels mais aussi des essais comparatifs entre les technologies déjà disponibles sur le marché de l'armement et des prototypes en phase finale de mise au point. Ces prototypes ont été distribués aux représentants saoudiens, égyptiens, syriens, irakiens, chiliens, honduriens, israéliens, jordaniens et chinois. A en croire une note interne signée par Robert Frye, trois cents jumelles de ce type auraient été négociées avec le Guatemala et trois mille avec le gouvernement jordanien pour un montant de 20 millions de dollars.

Parmi les spectateurs les plus intéressés se trouvent, comme par hasard, plusieurs dirigeants de la contra, les contre-révolutionnaires nicaraguayens. D'abord Raul Arana, impliqué dans un trafic d'armes à Miami et qui, comme tous les siens, rêve d'une reconquête de son pays à partir de bases établies au Honduras. Eden Pastora est également de la fête. Cet ancien sandiniste, héros révolutionnaire sous le nom de « commandant zéro », a tourné casaque peu après l'arrivée de ses amis au pouvoir. Basé au Costa Rica, il bénéficie – du moins à l'époque – d'un soutien efficace de la CIA. Pour venir en aide à ses amis, l'Agence est toutefois contrainte à une pénible gymnastique. Elle doit contourner les limites imposées par le Congrès à l'aide aux contras, aussi délègue-t-elle volontiers une partie des opérations à des sociétés amies.

Décembre 1981 – Avant les vacances de Noël, Michael Riconosciuto doit retrouver, pour un week-end dans le Nevada, son vieux copain Paul Morasca. Amis d'enfance, que n'ont-ils fait ensemble ! Ils ne se sont jamais perdus de vue et ont, par exemple, fondé ensemble la Recovery Technology. Spécialisée dans le traitement des métaux précieux, celle-ci, d'abord implantée à Hercules, a préféré, elle aussi, s'installer en terre indienne. Avec l'appui de la Wackenhut et sous forme de joint-venture, ils ont également lancé d'autres sociétés, dans l'édition, les équipements de communication et même la recherche minière. Or, Paul Morasca commence à s'inquiéter des méthodes de John Philip Nichols. L'administrateur de la réserve ponctionne en effet lourdement ces sociétés encore embryonnaires. Il prélève, chaque mois, 30 000 dollars comme rémunération à titre de consultant et 30 000 dollars supplémentaires en commission sur les ventes. Aussi, Morasca compte-t-il profiter de ce week-end dans le Nevada, mi-rendez-vous d'affaires, mi-relations sociales, pour faire le point. Outre John Philip Nichols, sont également présents George Wackenhut et John Hamer, un ancien du FBI devenu l'un des vice-présidents de la Wackenhut.

Riconosciuto et Morasca demandent à Nichols de leur laisser un peu de marge financière en suspendant pour un mois ses prélèvements.

« Si tu as besoin d'argent, précisent-ils, dis-le. On en

trouvera ailleurs. L'argent n'est pas un problème, mais nous ne voulons pas compromettre l'avenir des sociétés. »

L'administrateur des Cabazons accueille très mal cette requête et s'en prend vivement à Morasca qui accuse le coup.

Après le dîner, George Wackenhut et John Hamer commencent à raconter leurs souvenirs. Hamer a été, pendant onze ans au FBI, chargé du renseignement intérieur. Ensemble, ils ont participé à l'identification et à la mise hors circuit des opposants à la guerre du Viêt-nam. Le ton employé, la décontraction avec laquelle est évoquée la « disparition » de certains militants du mouvement Underground horrifient Paul Morasca. Il s'indigne de pratiques s'apparentant à celles des « escadrons de la mort ».

« Et pourquoi croyez-vous qu'il y a eu si peu d'attentats à la bombe aux Etats-Unis ? » répliquent, sûrs d'eux, les deux « anciens combattants ».

Dans le cadre de cette lutte contre les adversaires de la guerre du Viêt-nam, les services de renseignements officiels accumulaient fiches et dossiers. Toutefois, si aucune poursuite n'était engagée, ces documents devaient être détruits passé un certain délai. En pratique, la Wackenhut les récupérait par le biais d'une de ses filiales, Western Goals. Elle se constitua ainsi un fichier regroupant quelque seize millions d'Américains !

Ce week-end achève de déstabiliser Paul Morasca. Déjà l'assassinat de Fred Alvarez et des autres Cabazons l'avait troublé, mais les explications des dirigeants de la Wackenhut, retransmises par Michael Riconosciuto, avaient contribué à le calmer. « Alvarez, lui avait-on glissé, collaborait à une enquête sur un vaste trafic de drogue. » Il aurait été victime de son devoir, en quelque sorte.

Si Morasca a accepté cette version, connaissant le rôle de police privée tenu par la Wackenhut, il ne cache pas à Riconosciuto que tout ce qui se passe sur la réserve Cabazon l'inquiète : « Nous nous sommes mis dans un merdier, mon vieux. On parle de production d'armes de guerre, d'expériences biochimiques, tout ça ne me plaît pas. »

A la veille du Nouvel An, Paul Morasca appelle Riconosciuto depuis le bureau de son avocat, Harry Singer : « Viens tout de suite, j'ai des choses à te montrer. »

Michael Riconosciuto découvre que, sans lui en avoir parlé, Paul Morasca a commencé à recueillir des éléments à charge contre la Wackenhut en général et John Philip Nichols en particulier, soupçonnés d'être mêlés au trafic de drogue, voire à des opérations d'espionnage. Morasca explique à Riconosciuto que, dès qu'il aura rassemblé suffisamment d'éléments probants, il saisira Phil Parath, l'un des enquêteurs des affaires internes de la CIA.

L'avocat Harry Singer et Michael Riconosciuto, fidèle à son rôle qui consiste à arrondir les angles, s'efforcent de calmer Morasca. Ils lui suggèrent de confier à une tierce personne le soin de mener une enquête sérieuse et, en attendant, de se tenir à distance de Nichols.

13 janvier 1982 – De retour d'un déplacement d'une dizaine de jours dans la tribu Pima afin de superviser une étude des sols avant l'implantation d'antennes paraboliques, Michael Riconosciuto a décidé de se rendre au

23, Kearny Street, à San Francisco, dans les bureaux qu'il partage avec Paul Morasca. Il est sans nouvelles de son ami et s'inquiète, en dépit des propos rassurants de John Philip Nichols qui, après l'avoir expédié chez les Pima, insiste pour qu'il demeure sur la réserve Cabazon. Riconosciuto passe outre. Paul Morasca devait faire un saut chez son père à Reno, avant – fidèle à son obsession – de rencontrer l'enquêteur de la CIA Phil Parath, auquel il comptait montrer deux cartons bourrés de documents. Depuis, pas moyen de le joindre.

Accompagné de deux amis, Michael Riconosciuto tente, sans succès, d'ouvrir la serrure avec sa clé. Impossible, le pêne semble bloqué. Au-dessous des bureaux se trouve un appartement desservi par une partie commune qui offre un autre accès au rez-de-chaussée. Riconosciuto alerte le locataire. Nerveux, l'homme ouvre à moitié. A peine Riconosciuto a-t-il eu le temps de lui demander s'il a vu Morasca qu'une véritable puanteur le saisit. Aucun doute possible, il connaît cette odeur, c'est celle de la mort.

Michael Riconosciuto pousse la porte, traverse l'appartement et pénètre dans la partie commune. L'accès aux bureaux est ouvert. Les relents sont atroces. Le corps de Paul Morasca est habillé, le visage contre un matelas, chevilles et poignets entravés par une corde qui les relie en passant autour du cou. La victime, vaincue par la fatigue, s'est étranglée elle-même. Cette technique est en même temps une signature, celle des tueurs utilisés par la CIA. Telle est du moins la conviction de Riconosciuto.

Toujours accompagné de ses deux copains, Michael J. Riconosciuto retourne à sa voiture, se saisit du téléphone et appelle John Philip Nichols. Après lui avoir décrit la scène, il conclut sobrement : « J'arrive. »

14 janvier 1982 – En 1972, dans le cadre de ses activités de renseignements pour le compte du FBI, Michael Riconosciuto avait participé à une enquête sur un trafic de narcotiques qui impliquait une fraction de la hiérarchie policière de San Francisco. Le responsable de la brigade des stupéfiants avait été condamné à six ans de prison. Riconosciuto n'est donc guère pressé de se retouver entre les mains de la police de San Francisco en situation de suspect dans une affaire de meurtre. Il préfère regagner la réserve Cabazon. Là-bas, John Philip Nichols lui recommande un avocat : Harlan Brown. Brown travaille à Los Angeles dans le même bureau que Don Wagger, l'avocat de la famille Reagan.

Riconosciuto file donc à Los Angeles. Après avoir écouté son récit, Harlan Brown appelle la brigade criminelle de la police de San Francisco : « Il y a un mort 23, Kearny Street. »

Le policier de permanence croit à un canular : « OK, mais nous ne pouvons pénétrer dans un domicile sans autorisation, maître. Vous le savez très bien. »

Après un temps d'hésitation, l'avocat enchaîne : « Peut-être la victime est-elle encore vivante ? Elle a besoin de votre aide. Il s'agit d'un cas d'assistance à personne en danger. »

Munie de ce prétexte légal, la police de San Francisco se rend enfin sur place.

17 janvier 1982 – Mary Quick, une institutrice de soixante-trois ans, présidente des auxiliaires féminines de l'American Legion, est abattue d'une balle dans la

tête alors qu'elle s'apprêtait à entrer dans les locaux de cette institution à Fresno (Californie). Les premières constatations concluent à un crime crapuleux puisque le sac et les bijoux de la vieille dame ont été emportés. C'est également la conviction de son neveu, Brian Weiss, bien que, semble-t-il, l'appartement de la victime ait été passé au peigne fin par des professionnels.

Ce n'est qu'un an plus tard que Riconosciuto demandera à être entendu par les enquêteurs de Fresno à qui, dit-il, il a des révélations à faire. L'institutrice et son neveu ne sont pas des inconnus pour lui. Il devait remettre à Mary Quick une carte magnétique contenant les codes d'accès aux ordinateurs des bureaux qu'il partageait avec Morasca, mais il ne l'avait pas encore fait. Paul Morasca a dû, en revanche, livrer le nom de l'institutrice. La malheureuse aurait donc été tuée, selon Riconosciuto, parce que les assassins recherchaient cette carte dont elle ignorait l'existence.

Fin janvier 1982 – Interrogé par la police de San Francisco, Michael Riconosciuto est notamment défendu par un de ses associés, Ted Gunderson. Gunderson bénéficie de son passé au sein du FBI. C'était un proche de Hoover, le mythique directeur du FBI. Or, à sa grande surprise, il se heurte à des réticences au sein de la police de San Francisco comme auprès du procureur et ne comprend pas pourquoi toutes ces autorités lui battent froid. Jusqu'au moment où l'un des enquêteurs, Bob Holmes, lui confie : « Des agents du FBI nous ont dit de nous méfier de toi. Tu serais ripoux. » Décidément, tout ce qui touche Riconosciuto est suspect aux yeux de la police de San Francisco.

Riconosciuto s'alarme : l'Indien Fred Alvarez, son ami Morasca et l'institutrice Mary Quick, cela commence à faire beaucoup. John Philip Nichols lui ordonne de boucler ses valises et de partir pour la côte Est, histoire de se changer les idées. Riconosciuto disparaît donc pour quelques mois.

Printemps 1982 – De retour sur le territoire Cabazon, dans son bureau de Requoi Avenue, Michael Riconosciuto est contacté par Earl Brian. Il s'agit d'adapter un logiciel, créé par une société pour l'heure en difficulté, aux besoins d'un client, en l'occurrence la police montée canadienne (RCMP). Michael Riconosciuto se voit remettre une galette blanche de plus de cinquante centimètres contenant une bande magnétique conçue pour tourner sur des ordinateurs IBM. Pour mener à bien l'opération, Brian fournit aussi les codes sources du logiciel. « J'ai gardé les patchs et les codes sources », précise Riconosciuto afin d'authentifier le rôle qu'il a joué.

Riconosciuto dispose dans ses locaux de plusieurs types d'ordinateurs : des IBM, des Vax 3200 et 11730, des ordinateurs relativement compacts (un mètre de haut sur cinquante centimètres de large), ainsi que d'une liaison satellite avec le siège de la Wackenhut à Coral Gables d'une part, et avec le centre de recherches de la société dans la banlieue de Washington d'autre part. Après avoir examiné les exigences canadiennes relevées dans le contrat, Riconosciuto analyse le logiciel. Il s'extasie sur sa capacité, à l'époque unique, à traquer des flux d'informations dans diverses banques de données reliées entre elles, même lorsque leurs structures ne sont pas intégrables. Il se désole, en revanche, de découvrir qu'il est rédigé en Cobol, ce qui le rend complexe à modifier et exige une véritable équipe de programmeurs. Or, le programme étant destiné à un type précis d'ordinateurs, le logiciel doit subir des adaptations délicates. Riconosciuto propose donc de le réécrire en partie et réclame un délai de six mois.

« Trop long », réplique Earl Brian. Riconosciuto s'exécute. Il travaille à l'ancienne, en Cobol, alors que le monde de l'informatique est en train de passer, pour les banques de données, de la troisième à la quatrième génération de langage. Le logiciel fonctionne sur les deux univers. Riconosciuto mobilise une équipe de la Wackenhut Applied Technology dont il dirige le travail depuis la réserve Cabazon. Dès les premières modifications, un soupçon germe. Riconosciuto trouve en effet étrange qu'on lui demande de modifier les instructions spécifiques au programme en remplaçant systématiquement le terme Promis par Lean (Law Enforcement Assistance Network). Par la suite, il apprendra que le logiciel ainsi personnalisé a été vendu aux Canadiens par la société IP Sharp.

L'opération est supervisée par Robert Chason, un des responsables de la Wackenhut dont dépend directement Riconosciuto. L'intervention de Riconosciuto a été officialisée par une commande passée par la Wackenhut à deux de ses filiales : la TCS Software, basée à Houston (Texas), et la Park Software, dans l'Etat de Washington.

Printemps 1983 – Michael Riconosciuto travaille toujours sur le logiciel Promis. Cette fois, Earl Brian lui demande d'adapter le logiciel miracle aux besoins d'un autre client : l'office de la recherche de l'US Navy, basé à Boston. Earl Brian est accompagné de Peter Videnieks, un fonctionnaire des douanes fédérales travaillant également pour le ministère de la Justice et qui semble connaître parfaitement le logiciel.

Cette fois, la galette blanche que lui remet Earl Brian est conçue pour tourner sur des ordinateurs Vax sous système VMS. Il s'agit de machines puissantes (32 bits) dont sont dotées les grandes administrations. Le logiciel doit à présent contribuer au contrôle de la mise à feu des armes de la marine dans le cadre de programmes informatiques dits d'« acquisition des cibles » et de « déploiement des sources offensives » accessibles à l'ensemble des navires équipés du système Mark 66, système qui implique la mobilisation simultanée de nombreuses bases de données. Grâce à son ordinateur et au logiciel, un commandant peut identifier tous les navires apparaissant sur son écran radar dans un délai de dix minutes en surface et de vingt-huit minutes en plongée. Michael Riconosciuto se borne à établir la version de démonstration, laissant à une autre équipe le soin de développer le programme.

Michael Riconosciuto affirme être intervenu encore sur le logiciel pour un programme de contrôle radar destiné aux Argentins. Alors que ces derniers, en froid avec les Américains, croyaient acheter un produit français commercialisé par leur interlocuteur habituel, Thomson-CSF, ils ont été dotés de la version de Promis. Indépendamment de l'adaptation du logiciel aux besoins des clients – procédure classique en informatique baptisée « customising » –, Michael Riconosciuto a également modifié le logiciel de manière à le rendre insensible aux interférences électromagnétiques.

Eté 1984 – La Cadillac grise dernier modèle roule sur la route de Yuma, en Arizona, une route interminable, éprouvante. Le véhicule a quitté depuis de longues heures la réserve Cabazon pour gagner le centre d'essais Yuma Proving Ground appartenant à l'armée. C'est en effet le seul, dans la région, qui soit adapté aux très hautes températures ; or, Michael J. Riconosciuto et ses deux compagnons d'équipée doivent assister au test d'un nouveau combustible à usage militaire en cours de mise au point sur le territoire Cabazon, dans le cadre d'un contrat GOCO (Government Owended Contract Operating).

Robert Booth Nichols[1] a pris le volant bien que ce gros buveur ait cessé d'être à jeun depuis belle lurette. Seulement, la voiture est en leasing à son nom et il refuse de céder sa place. Il commence à s'agacer de voir dans son rétroviseur un 4 × 4 flambant neuf.

Riconosciuto et Booth Nichols sont de vieilles connaissances. Ils ont été présentés l'un à l'autre à Hawaii, dans les années 60, par le général Edwin Black, un ancien de l'OSS qui a occupé d'importantes fonctions à la CIA durant les administrations Eisenhower et Kennedy, avant de commander les troupes américaines stationnées en Thaïlande pendant la guerre du Viêt-nam. Après avoir pris sa retraite en 1970, il s'est trouvé impliqué, à l'aube des années 80, dans le scandale de la banque Nugan Hand, un établissement financier australien dirigé par

1. Robert Booth Nichols n'a aucun lien de parenté avec l'administrateur de la réserve Cabazon John Philip Nichols. Il ne s'agit que d'une homonymie.

des anciens de la CIA et spécialisé dans des trafics planétaires portant aussi bien sur des armes que sur de la drogue. Michael Riconosciuto et Robert Booth Nichols ont participé ensemble à l'infiltration des mouvements hostiles à la guerre du Viêt-nam. Le premier avait alors dix-huit ans et le second vingt. Par la suite, ils ont créé une société, Zenera Corporation, spécialisée dans les questions de sécurité et basée en Italie, mais qui a travaillé surtout en Egypte. Si Booth Nichols n'a pu participer à la précédente démonstration au lac Cahuilla, c'est parce qu'il n'est guère apprécié des Latino-Américains. Il a en effet mené des actions de déstabilisation contre les opposants de gauche dans les années 70, à une époque où le trafic de la cocaïne alimentait déjà les finances des guérilleros comme des contras. Les méthodes de Booth Nichols ont laissé des traces et font qu'il est désormais *persona non grata* dans certains cercles.

Le troisième passager de la Cadillac se nomme Peter Videnieks. Michael Riconosciuto le voit régulièrement depuis qu'il travaille à la modification du logiciel Promis. Peter Videnieks est une vieille connaissance d'Earl Brian. Ce fonctionnaire des douanes fédérales sert, en effet, de « contracting officer » pour un système de radar mis au point par l'une des sociétés d'Earl W. Brian, mais aussi pour le combustible qui va être testé au centre de Yuma. Il est en effet de règle pour les contrats gouvernementaux de nommer un responsable de l'administration pour le suivi du dossier. Videnieks, bien qu'appartenant aux douanes, travaille souvent pour la Justice fédérale.

Toujours maugréant, Robert Booth Nichols décide de tester le véhicule qui suit la Cadillac, afin de déjouer une éventuelle filature. Quand le Ranger double la voiture des trois hommes, il leur impose une sévère queue de poisson. Furieux, Booth Nichols le redépasse, mais le Ranger accélère, et la Cadillac se trouve à nouveau victime d'une queue de poisson. C'en est trop pour un Booth Nichols éméché et belliqueux. A la troisième manœuvre de dépassement, il brandit son 45 et tire en l'air.

Quelques miles plus loin, la Cadillac est arrêtée par un barrage dressé sur ordre du shérif du comté. Les trois passagers sont invités à descendre et la fouille du véhicule commence. Si le coffre contient des équipements sensibles et des munitions spéciales dans des mallettes, Robert Booth Nichols a aussi emporté, outre son 45, sa mitraillette personnelle. En la découvrant, et bien que Booth Nichols dispose d'un permis, les policiers deviennent comme fous et embarquent le trio, en dépit des cris et des vociférations.

Au dépôt, chacun se calme. Michael Riconosciuto et Peter Videnieks sont autorisés à passer quelques coups de téléphone. Ils alertent la secrétaire de Earl Brian et Videnieks joint l'Alcohol Tobacco and Firearm (ATF), l'un des services de police fédérale. Quelques heures plus tard, des agents de l'ATF arrivent au bureau du shérif et prennent le dossier en main. Les trois hommes sont libérés et leurs armes leur sont restituées[1].

1985 – Michael Riconosciuto est toujours hanté par la mort de Paul Morasca. Le grand jury devant lequel il

1. Lorsque le Congrès des Etats-Unis ouvrira une enquête sur les événements qui vont suivre, une chape de silence s'abattra : aucune trace de l'interpellation des trois occupants de la Cadillac grise ne sera retrouvée dans les archives.

aurait dû comparaître a été annulé sans motif apparent. Certes, il devrait s'en réjouir puisqu'il risquait d'être inculpé, mais il s'en désole car il n'a pu orienter l'enquête comme il le souhaitait. A la fin de l'année 1984, un dîner à Washington chez Bob Mescunas – un ancien archevêque catholique reconverti dans les services secrets de la Marine – a achevé de le démoraliser. Bien que rien de précis n'ait été dit devant lui, il en est ressorti convaincu que la responsabilité de la Wackenhut était engagée dans la mort de son ami et que son supérieur direct, Robert Chason, pourtant un haut gradé des douanes, avait pu jouer un rôle dans ces événements. Il est décidé à cesser sa collaboration avec l'entreprise de « l'oncle George ».

Seulement, Riconosciuto, depuis plus d'une décennie qu'il travaille – même marginalement – dans l'univers du renseignement, a oublié d'être naïf. Son père, déjà, s'était trouvé mêlé à des affaires délicates. Lobbyiste, il avait été amené à coopérer avec diverses agences officielles de renseignements. Il sait aussi que l'imbrication des sociétés basées hier à Hercules et aujourd'hui sur la réserve Cabazon correspond moins à une volonté de réaliser des profits commerciaux qu'à des structures de renseignements dont la chaîne de commandement remonte à la CIA et à la DIA (Defense Intelligence Agency, les services secrets de l'armée américaine). La Wackenhut sert surtout de couverture. Avant de donner son congé, Michael Riconosciuto se constitue donc un viatique en faisant une copie des banques de données auxquelles il a accès, en pillant les mémoires et le matériel de recherches de la Wackenhut.

La rupture ne s'effectue pas en douceur. Robert Chason, Earl Brian et John Philip Nichols alternent promesses et menaces pour lui faire changer d'avis. La note finale demeure la menace : Riconosciuto doit tenir sa langue sur tout ce qu'il a pu apprendre, sinon il s'expose à de sévères représailles.

Redevenu, du moins l'espère-t-il, maître de ses destinées, Michael Riconosciuto s'associe à son copain Bob, Robert Booth Nichols, l'agité de la gâchette de la route de Yuma, pour monter une société de conseil en informatique : Technical Commuting Services. Booth Nichols démarche des clients à la recherche d'un système de sécurité et Riconosciuto se charge de le concevoir et de trouver les équipements nécessaires. Les deux compères gagnent très bien leur vie et s'installent à la Marina del Rey à Los Angeles avec, en sus, un bureau à l'aéroport de Santa Monica. Le nombre de leurs sociétés ne cesse de s'accroître. A Meridian International Logistics, vient s'ajouter Meridian Arms et Gibbson Communications. Les participations se croisent et se démultiplient. Robert Booth Nichols est ainsi associé à George Pender, un sexagénaire, administrateur de Fidco, groupe travaillant beaucoup au Proche-Orient mais qui collabore également avec la Wackenhut. Domiciliée chez Pender à Santa Monica, la Fidco s'est spécialisée dans les grands projets d'ingénierie civile dans les pays arabes. Elle compte par exemple, parmi ses administrateurs, Tony Row, de la Burns and Row, qui construit des centrales nucléaires aux Etats-Unis.

Après sa rupture avec la Wackenhut, Michael Riconosciuto travaille de manière marquée avec les Australiens. En compagnie de Robert Booth Nichols, il effectue de nombreux déplacements dans l'île-continent du Pacifique en utilisant un passeport de la CIA. Il séjourne notamment à Brisbane et bénéficie d'un bureau à Perth.

Sur place, il est pris en charge par Don Powell. En compagnie d'un associé australien, Booth Nichols et Riconosciuto se lancent dans des investissements miniers mais, rapidement, la nature de leurs activités leur vaut des démêlés avec les autorités. Soupçonnés de blanchiment d'argent sale – Booth Nichols posséderait, selon Riconosciuto, 100 millions de dollars –, les deux Américains doivent cesser, fin 1985, leurs activités australiennes.

Toutefois, durant cette année, Michael Riconosciuto n'a pas perdu la main en matière d'informatique. Il a adapté Promis aux besoins des services secrets australiens (ASIO) qui rétrocédèrent par la suite le logiciel à leurs collègues de la police et de la Special Branch (la police politique).

1990 – La belle collaboration entre Riconosciuto et Booth Nichols a du plomb dans l'aile. Les conflits entre les deux hommes se succèdent, Riconosciuto reprochant à son partenaire de s'intéresser de trop près au trafic de drogue entre le Liban et les Etats-Unis. Dès lors, le ton monte et des menaces sont proférées contre la famille de Riconosciuto.

5 novembre 1992 – La police de San Diego découvre dans un ranch luxueux le cadavre d'une femme et de ses trois enfants. Il s'agit de Gail Spiro, quarante et un ans, et de Sara, seize ans, Adam, quatorze ans, et Dina, onze ans. Tous ont été exécutés d'une balle dans la tête. Le mari et père des enfants a disparu. Sa Ford Explorer est retrouvée trois jours plus tard au fond d'un canyon

en plein désert, à Anza Borrego. Sur la banquette gît le cadavre de Ian Spiro, empoisonné au cyanure. La première hypothèse consiste à penser que Spiro a tué sa femme et ses enfants avant de se suicider, mais les enquêteurs renoncent rapidement à cette théorie. Ils expriment même leur scepticisme face aux journalistes. Ceci expliquant peut-être cela, le dossier est retiré à la police locale pour être confié au FBI. Depuis, seul un profond silence règne.

En 1995, les autorités américaines ont provoqué une crispation diplomatique en refusant de communiquer aux Britanniques des éléments de l'enquête aussi anodins, en principe, que le rapport d'autopsie. En effet, Ian Spiro était non seulement britannique mais de surcroît agent secret de Sa Gracieuse Majesté. Spécialiste du Proche-Orient et plus particulièrement du Liban, il travaillait à la fois pour le MI 6 et pour la CIA. C'est grâce à ses contacts au sein du Hezbollah, que l'envoyé spécial de l'archevêque de Canterbury, Terry Wait, avait engagé des négociations en vue d'obtenir la libération de deux otages britanniques... avant d'être lui-même pris en otage en janvier 1987.

En quoi la mort de cet agent britannique intéresse-t-elle le dossier de la Wackenhut et des Cabazons ? Là encore, il faut se référer aux déclarations de Riconosciuto. Robert Booth Nichols et lui étaient associés, entre autres, à Ian Spiro au sein de la société Ali Fahad et Shabashi Investments Ltd basée à Chypre. Spiro est l'une des sources qui a informé Riconosciuto des activités de Booth Nichols dans le domaine de la drogue. Qui plus est, Ian Spiro aurait possédé des documents compromettants sur le scandale de l'Irangate et les négociations des républicains avec les Iraniens.

Une chose est sûre, c'est que dans le mois qui a précédé son décès, Ian Spiro a passé plus de cinq cents coups de téléphone. Parmi les personnes qu'il a le plus fréquemment appelées figure Michael J. Riconosciuto.

Un second élément est également troublant. Peu après la découverte des cadavres de la famille Spiro, la police retrouve dans un motel d'El Paso le corps de Robert Corson, un autre associé de Ian Spiro. Agent contractuel de la CIA, Robert Corson est officiellement décédé d'une crise cardiaque. Il est à noter qu'il figurait parmi les invités de la démonstration de jumelles à visée nocturne organisée en septembre 1981 au polygone de tir du lac Cahuilla.

Conclusions provisoires

Quinze ans après les faits, l'enquête sur le triple assassinat de Rancho Mirage n'a toujours pas abouti. Fred Alvarez et les deux autres victimes paraissent bien mortes pour rien.

Certes, l'ancien administrateur de la réserve, John Philip Nichols, est allé en prison. Brièvement. Arrêté en 1985, il a purgé dix-huit mois pour une condamnation de quatre ans faisant suite à deux tentatives d'homicide pour lesquelles il avait plaidé coupable. Un choix de procédure étonnant, accepté contre tout usage par le procureur du comté de Riverside, et qui a permis à Nichols de limiter les charges accumulées contre lui par la police. En effet, l'accusation initiale comportait cinq homicides programmés et confiés à des hommes de main.

Le dossier le plus probant prouvant que, derrière ses allures d'ecclésiastique bonasse, John Philip Nichols est de trempe à programmer une liquidation a été établi en 1984. Cette année-là, furieux de voir sa jeune maîtresse de vingt-sept ans se droguer à l'héroïne, Nichols avait demandé à l'un de ses amis mafieux de lui recruter un tueur à gages afin d'éliminer deux dealers. Il ignorait que son égérie travaillait pour la police et enregistrait ses conversations. Enquêteurs et magistrats purent donc, à loisir, écouter et réécouter les propos suivants : « Je paie 500 et 500 [c'est-à-dire 500 dollars pour chacun des deux meurtres]. Je ne veux pas connaître les détails. L'important est que le travail soit fait. Et il y aura d'autres boulots. J'ai besoin qu'on fasse un travail en Amérique latine. J'ai beaucoup d'affaires là-bas. »

Parmi les crimes qui auraient pu être imputés à John Philip Nichols figure évidemment le triple assassinat de Rancho Mirage. En effet, le 2 octobre 1984, le nouveau chef de la sécurité des Cabazons, James Hughes Jr., convoque une conférence de presse à Indio, au domicile de Peter Zokosky, le marchand d'armes en affaires avec Nichols et la société Wackenhut. Les deux hommes se sentent à leur tour menacés par l'administrateur de la réserve en raison de quelque obscur trafic ayant mal tourné. Ils veulent, en parlant, se placer sous la protection de l'opinion et dissuader Nichols de les éliminer. C'est du moins ce qui ressort des propos de James Hughes Jr., un vétéran du Viêt-nam *a priori* peu impressionnable.

Sans entrer dans les détails, l'Indien ventripotent à la longue chevelure jais n'hésite pourtant pas à allumer un contre-feu en s'accusant d'être impliqué dans l'exécution de Fred Alvarez et des autres Cabazons, trois ans auparavant. « Le département de la Justice de l'Etat de Californie m'a promis l'immunité concernant ma participation à ces meurtres en échange de mon témoignage », affirme-t-il. Pressé de questions, James Hughes Jr. se borne à confesser qu'il croyait, au départ, participer à une opération clandestine du gouvernement américain et que ce ne fut que par la suite qu'il prit conscience de son erreur.

Convoqué par la police au lendemain de la publication de ses propos, le responsable de la sécurité de la tribu Cabazon indique qu'à l'issue de l'intervention à Rancho Mirage, John Philip Nichols et ses deux fils, John Paul et Mark, après avoir compté et recompté les billets, lui avaient remis 5 000 dollars. Lui-même aurait transmis la somme à deux inconnus qui l'attendaient à Idyllwild, à proximité d'Indio, en paiement de l'assassinat d'Alvarez.

Le FBI propose alors à James Hughes Jr. de le faire bénéficier du programme de protection des témoins qui permet non seulement de recevoir une indemnité – parfois substantielle – mais aussi d'obtenir une nouvelle identité et un travail. Hughes refuse et disparaît. A l'en croire, c'est parce qu'il n'a pas confiance dans les services fédéraux. On le dit caché aujourd'hui quelque part en Amérique latine. Dans une ultime confession, sous forme de cassette vidéo et lors d'un rapide entretien avec des journalistes, il affirme que le meurtre d'Alvarez a été commandité par Nichols dans le cadre d'une opération clandestine officielle. Il parle même d'une « agence située dans la banlieue de Washington » et ses interlocuteurs pensent reconnaître la CIA. « Il y a trop de morts dans le cadre de ce programme, précise-t-il. Nichols a passé un marché avec le FBI. Il est sans doute protégé par lui. » Avant de s'évanouir dans la nature, James

Hughes Jr. ne lâchera qu'un seul autre nom, celui de la société de gardiennage Wackenhut.

Le parquet du comté de Riverside ne pouvant rester sans réaction face à de telles accusations, Patrick Kenneally est chargé de reprendre le dossier. Peu après, l'affaire lui est retirée sans la moindre explication. Furieux, Kenneally décide de poursuivre les recherches pour son compte personnel. Il reçoit aussitôt des menaces de mort. L'enquêteur du parquet de Riverside jette l'éponge. Il donne sa démission, cesse de travailler pour les services officiels et part vivre au fin fond du Midwest.

En dépit de ces diverses péripéties, la tribu des Cabazons n'a pas échappé à l'emprise des Nichols. Les deux fils, John Paul et Mark, ont succédé à leur père et administrent la réserve d'une poigne de fer. Leurs entreprises prospèrent. En 1991, Anthony Hope – le fils de l'acteur Bob Hope – qui préside la National Indian Gaming Commission, relèvera que « depuis 1980, les Cabazons sont la pointe de diamant de l'industrie du jeu indien ». En 1994, cette même commission établira que vingt-trois tribus possèdent des casinos sur leurs réserves, dégageant ainsi un revenu annuel d'un milliard de dollars. Les seuls Cabazons avaient, en 1993, récolté 60 millions de dollars avec leur parc de machines à sous. A noter aussi que, la même année, la tribu avait versé 250 000 dollars au fonds de soutien du... parti républicain.

L'ampleur prise par les jeux dans les réserves indiennes confirme la mainmise du crime organisé sur ces territoires à la législation particulière. Le Sénat a dû créer une commission d'enquête sur ce sujet. Au cours de la séance du 8 février 1989 de cette commission, un ancien parrain comparaît derrière un paravent, la voix déformée par un système électronique. Il n'est identifié que par un prénom, Marty, car bénéficiant du programme fédéral de protection des témoins. Lui-même a, dans le passé, géré le casino d'une réserve et, selon ses dires, il détournait chaque année environ 700 000 dollars. Il était rémunéré 2 500 dollars par semaine et versait 1 000 dollars par semaine au chef de la tribu à titre de... consultant ! Marty indique aux sénateurs être en mesure de citer douze réserves indiennes dont les casinos sont contrôlés par la mafia et plus particulièrement par les familles Lucchese, Buffalino et Lansky. Les Cabazons font bien sûr partie de ces tribus.

Au début des années 90, en dépit de ces déclarations et des enquêtes sénatoriales, et malgré les inquiétudes exprimées par le responsable de la section financière du ministère de la Construction et de l'Urbanisme, cet organisme accepte de transférer 90 000 dollars, accordés aux Cabazons pour construire un musée consacré à l'histoire de la tribu. En fait, les fonds serviront à agrandir le casino ! Un second financement, de plus de 400 000 dollars cette fois, suit afin de construire un local consacré aux paris sur les courses.

Toutes ces opérations n'ont pu être menées à bien que grâce à l'entregent des Nichols. Pour obtenir le financement du centre de paris, l'administrateur avait déposé un dossier mêlant casino, paris et... garderie d'enfants. Au demeurant, quand un représentant du ministère de la Construction est venu sur place se rendre compte de l'avancement des travaux, quelle n'a pas été sa surprise de constater qu'en réalité, le centre de paris fonctionnait déjà depuis près d'un an. « Ce n'est pas illégal, note-t-il dans son rapport, mais ce n'est pas le genre d'opération que l'on souhaiterait voir se renouveler. » Le sénateur démocrate de Montebello, Matthew Martinez, est encore plus catégorique : « C'est ridicule ! Les réserves du Nouveau-Mexique et de l'Arizona ont vraiment besoin d'argent et on dilapide les fonds dans ce type d'opération. Il faut parler d'abus, de gâchis, de fraude. »

Parallèlement au jeu, la mafia américaine a investi dans la récupération et le traitement d'ordures ménagères et industrielles. Là encore, la particularité juridique des réserves indiennes lui a ouvert des horizons. Les lois fédérales contre la pollution ne s'appliquant pas sur ces territoires, les usines d'incinération s'y sont prioritairement implantées. Bien sûr, dès le début des années 90, les Cabazons ont eu la leur : une usine de retraitement des déchets agricoles construite à une vingtaine de kilomètres d'Indio. Sur les 150 millions de dollars nécessaires au financement d'un tel équipement, 75 % ont résulté de déductions fiscales.

Comment dès lors s'étonner de lire, dans le *San Francisco Chronicle* du 9 septembre 1991, une déclaration d'un responsable du FBI, Jim Shehan, affirmant que les Cabazons sont victimes d'affairistes liés à la mafia qui détournent à leur profit l'argent de la tribu ?

Le dossier peut paraître accablant. Pourtant, lorsque, au printemps 1991, un des anciens chefs des Cabazons reprend le flambeau de la lutte anti-Nichols en compagnie de Linda Streeter, la sœur de Fred Alvarez, ils ne parviennent pas à rassembler la tribu. Bien plus, traduits devant le conseil des sages, ils sont accusés de vol (deux canettes de Coca-Cola !) et de collusion avec les journalistes et, à ce titre, expulsés du territoire Cabazon respectivement pour dix et vingt ans.

Si Linda Streeter accueillit la sentence en prenant la fuite, Art Welmas se barricada chez lui en proclamant :

« Je tue le premier qui tente de me chasser d'ici. C'est une terre indienne. »

Les deux exilés engagèrent un recours devant le Bureau des affaires indiennes qui leur répondit par une fin de non-recevoir en se déclarant incompétent. Linda Streeter et Art Welmas firent alors appel au ministère de l'Intérieur en arguant de la violation de leurs droits civils. Le gouvernement leur donna gain de cause et cassa la décision du conseil tribal.

Pour autant, la lumière n'a officiellement été faite ni sur le meurtre de Fred Alvarez ni sur les agissements des Nichols père et fils. La réserve des Cabazons continue d'accueillir d'étranges entreprises. L'une confortant les autres et réciproquement, la mafia et certaines agences fédérales américaines s'abritent dans la même ombre pour mener leurs opérations délictueuses.

En ce qui concerne les assassinats presque simultanés de Paul Morasca et de l'institutrice Mary Quick, aucun résultat probant n'a été enregistré au terme des enquêtes. Bien que Michael Riconosciuto ait livré le nom d'un suspect à la police de San Francisco, celle-ci semble n'en avoir tiré aucun profit.

Fred Alvarez et Paul Morasca seraient-ils morts pour avoir trop approché la vérité ?

II

Inslaw

23 février 1981 – Les trois hommes se sont installés pour dîner au restaurant de l'aéroport Doreval de Montréal. Il fait étrangement chaud pour la saison et les convives sont attablés depuis plus de deux heures. Les serveurs, habitués aux clients pressés, jettent un œil étonné sur ces hommes d'affaires au comportement inhabituel. Earl Brian tient sous le charme ses interlocuteurs, un banquier canadien de la Nesbitt, Thomson & Bongard Inc. et son adjoint John Belton. Ce dernier, fasciné, écoute l'Américain évoquer les coulisses de la Maison-Blanche, parler de son ami Ed Meese, qui va être nommé conseiller du Président Reagan. Les trois hommes sont détendus. Brian et le banquier ont repoussé leur vol pour Toronto afin de dîner à l'aise. Ils parlent à bâtons rompus. L'Américain vante les potentialités de son groupe Biotech et surtout de sa firme chérie, Hadron. Enthousiaste, il évoque les perspectives d'avenir et trouve même des accent kennedyens pour tracer une « nouvelle frontière technologique » : l'élaboration de logiciels pour le ministère de la Justice américain. Earl Brian confie aux deux Canadiens qu'il a des vues sur une firme spécialisée dans ce domaine et que le développe-

ment de Hadron passe par son rachat. Cette firme, selon le mot dont use Brian, lui est « promise », car « pleine de promesses ». C'est l'expression que John Belton notera le soir même, dans le journal qu'il tient scrupuleusement. Là où Belton a cru voir une sorte de préciosité littéraire, Earl Brian n'avait, en réalité, qu'effectué un jeu de mots dont il était seul à pouvoir goûter le sel.

22 avril 1981 – Au Shoreham Hotel, l'un des établissements prestigieux de Washington, le P-DG de la société Inslaw, Bill Hamilton, reçoit le gratin de l'administration fédérale pour une présentation du produit vedette de la firme : le logiciel Promis (pour Prosecutor's Management Information System). Il est destiné à la gestion de fichiers et de banques informatiques et a été mis au point à la suite d'un appel d'offres lancé par le parquet du district de Columbia.

Bill Hamilton s'intéresse depuis longtemps au problème de l'interface avec les banques de données des différents types d'ordinateurs. Il a fait ses classes au sein de la NSA, d'abord en montant des stations d'écoutes au Viêt-nam afin de surveiller les forces communistes puis en travaillant dans la branche recherche et développement de l'agence de renseignements. C'est là qu'il devient un expert en matière d'informatique et, même s'il se défend d'avoir jeté les bases de Promis à cette époque, c'est parce qu'il était à la pointe des recherches en matière d'espionnage électronique que Bill Hamilton s'est penché sur la récupération des banques de données. Le 1er janvier 1971, le ministère de la Justice avait demandé à la firme qui l'employait alors, Peate Marwick & Mitchell, de travailler sur un logiciel, le futur Promis.

En 1973, Hamilton décide de s'installer à son compte et de se spécialiser dans les projets du ministère de la Justice. Dans ce but, il crée Inslaw (Institute for Law and Social Research) qui, à l'origine, se présente comme une société à but non lucratif. Les programmeurs recrutés par Bill Hamilton et son associé Dean Merrill reprennent le canevas de Promis pour mettre au point un logiciel capable de gérer automatiquement les dossiers des différents parquets des Etats-Unis. Ces recherches sont financées sur fonds publics dans le cadre d'un programme baptisé Law Enforcement Assistance Administration (LEAA). Dans un premier temps, Promis n'offre que des capacités limitées. Il ne tourne que sur un nombre restreint d'ordinateurs et se révèle peu maniable pour les utilisateurs. Déjà pourtant il porte en germe des perspectives révolutionnaires, en particulier le fait de pouvoir intégrer un nombre infini de banques de données sans nécessiter une reprogrammation.

La rapidité de l'évolution des techniques en matière d'informatique est en effet devenue un handicap majeur. Les grandes administrations qui, dans les années 60, se sont dotées de systèmes informatiques ont rapidement constaté que leurs banques de données devenaient inutilisables lors de chaque mutation technologique, sauf à les reprogrammer entièrement, ce qui n'est pas toujours possible pour des raisons de temps ou d'argent. C'est ainsi, par exemple, que les archives nationales américaines détiennent une volumineuse banque de données sur support magnétique réalisée à partir du matériel saisi sur les soldats Viêt-cong durant la guerre du Viêt-nam. Cette documentation non seulement n'a pratiquement pas été exploitée par l'armée mais en outre est devenue inutilisable car ne fonctionnant que sur des types d'ordinateurs qui n'existent plus aujourd'hui.

En permettant de croiser les banques de données et les fichiers, Promis constitue une arme redoutable. Au point que dans certaines démocraties, comme la France, la loi interdit de rapprocher certains fichiers afin de protéger la liberté individuelle des citoyens.

En 1976, Promis est redessiné et peut désormais être utilisé en réseau, ce qui signifie qu'il peut tourner dans la nouvelle génération d'ordinateurs. Dès lors, les parquets peuvent se servir de ce logiciel pour aborder les dossiers par tous les biais imaginables : noms des inculpés, des policiers ayant procédé aux arrestations, des juges ou des avocats. Grâce à ces performances, on peut retrouver instantanément les dossiers fédéraux traités par un même avocat, ou encore faire apparaître tous les dossiers dans lesquels un avocat a représenté un même client, voire tous les cas où un avocat donné s'est occupé d'un certain type de dossier, comme le blanchiment d'argent par exemple. Il devient dès lors possible de faire ressortir ses stratégies de défense et ses contacts. Promis est un logiciel miracle susceptible de répondre aux besoins de nombreuses administrations, mais aussi des services secrets et des grandes banques internationales.

A l'époque, il est le programme le plus puissant de sa catégorie mais non le seul. Un autre logiciel, développé également grâce au financement LEAA, a été mis au point par Lowell Jensen, substitut du procureur du comté d'Alameda. Il est baptisé Dalite.

Entre le magistrat Lowell Jensen et Bill Hamilton, la concurrence est sévère. Les deux logiciels se retrouvent face à face lors d'un appel d'offres lancé par le comté de Los Angeles. Promis, rodé depuis plus longtemps, l'emporte.

En octobre 1979, le bureau exécutif du ministère de la Justice décide de tester Promis sur un projet pilote en étendant le logiciel, conçu à l'origine pour les seuls dossiers criminels locaux et fédéraux, aux litiges civils. Deux parquets sont retenus pour réaliser l'expérience, ceux du New Jersey et de San Diego. En 1981, l'expérience est étendue à deux autres parquets, en Virginie et dans le Vermont.

Une société indépendante chargée d'évaluer Promis ayant conclu que ce logiciel était le meilleur sur le marché quant au rapport qualité-prix, le ministère de la Justice décide l'opération Aigle – doter quatre-vingt-neuf parquets de cet outil –, ce qui représenterait pour la société Inslaw un ensemble de contrats de l'ordre de 3 milliards de dollars.

Alors même qu'il pense avoir décroché le gros lot, Bill Hamilton débute, sans le savoir, son chemin de croix. Avec l'arrivée, en janvier 1981, de Ronald Reagan à la Maison-Blanche, le système des dépouilles [1] bat son plein et de nouveaux interlocuteurs se mettent progressivement en place dans les administrations. De surcroît, la philosophie politique a changé. C'est ainsi que le LEAA, qui avait signé en 1979 un contrat de trois ans avec Inslaw, est supprimé au nom des économies budgétaires. Le contrat est transféré au bureau des statistiques, lequel refuse de régler les sommes dues pour l'année restante en arguant de l'épuisement de ses crédits. Bill Hamilton

1. Spoils System : système en vertu duquel le parti qui a remporté les élections remercie ceux qui ont contribué à sa victoire par des postes dans l'administration.

réagit en transformant les statuts de sa société qui abandonne son caractère non lucratif pour devenir une firme commerciale normale dont l'objet est de vendre le savoir-faire et les futurs produits d'Inslaw. Hamilton devient le P-DG de cette nouvelle société. Concrètement, il n'est pas question pour la firme de commercialiser la version initiale de Promis puisqu'elle a été financée sur fonds publics, mais elle entend, en revanche, exploiter pour son propre compte l'expérience acquise et les nouvelles versions de son produit vedette. Une démarche au demeurant courante dans le monde de l'informatique où des sociétés s'emparent volontiers de logiciels appartenant au domaine public pour les modifier et mettre sur le marché des versions améliorées.

Par ailleurs, Bill Hamilton engage un premier bras de fer avec l'administration. Profitant du fait qu'il est en position de force relative dans la mesure où le ministère de la Justice a demandé que des modifications soient apportées au logiciel et qu'Inslaw attend d'être payé pour les réaliser, il réclame des avances. En raclant les fonds de tiroirs et en faisant intervenir diverses instances fédérales, le ministère rassemble 500 000 dollars et Inslaw procède à une première série d'ajustements. Le bureau des statistiques verse alors 350 000 dollars à la firme de Bill Hamilton. Les dernières retouches sont dès lors effectuées mais le bureau des statistiques refuse de verser le solde, affirmant que le ministère de la Justice ne lui a pas transféré les 150 000 dollars encore dus à Inslaw.

Devant l'impossibilité d'entrer en conflit frontal avec son principal client et toujours en attente de son contrat de 3 milliards de dollars, Bill Hamilton préfère passer l'éponge. Il fait toutefois appel à un spécialiste juridique, Roderick Hill, ancien président de la Stock Exchange

Commission, pour mettre au net les relations entre sa société et le ministère. Les deux hommes rencontrent donc Charles B. Renfrew, le haut fonctionnaire du ministère de la Justice, et l'informent du changement de statut d'Inslaw, de leur intention d'investir des fonds privés dans le développement du logiciel Promis et donc de leur désir de l'exploiter commercialement. Renfrew n'émet aucune réserve et confirme que son administration ne compte pas, quant à elle, financer la mise à jour et l'entretien du logiciel.

En réunissant ses clients potentiels au Shoreham Hotel, Bill Hamilton entend donc faire valoir les mérites de son produit. Il a notamment invité Edwin Meese, dont chacun sait qu'il sera prochainement nommé conseiller à la Maison-Blanche auprès de Ronald Reagan. Ce qui intéresse Hamilton, c'est que Meese a été procureur du comté d'Alameda, où fut élaboré le concurrent de Promis, Dalite, et qu'il connaît parfaitement ce type de logiciel. De fait, l'invité ne tarit pas d'éloges sur un produit avec lequel il témoigne d'une familiarité qui étonne le fabricant. Bill Hamilton se réjouit d'avoir trouvé ce qu'il croit être un soutien de poids.

Ce que Hamilton ignore, c'est qu'Edwin Meese et Lowell Jensen, le père du logiciel Dalite, sont de vieux compagnons. Ensemble, ils ont orchestré la répression des révoltes étudiantes de Berkeley à la fin des années 60 et ont fait carrière dans le sillage de Ronald Reagan. Avec l'élection de leur chef de file à la Maison-Blanche, tous deux se retrouvent à présent à Washington.

4 mai 1981 – Donald Santarelli, l'un des avocats d'Inslaw, rencontre Ed Meese qui vient à peine d'être nommé

conseiller à la Maison-Blanche. Meese l'informe que le responsable chargé d'installer Promis dans les quatre-vingt-quatorze parquets américains sera... Lowell Jensen ! Aussitôt alerté, Bill Hamilton ne se trouble pas outre mesure puisque Lowell Jensen a la réputation d'un magistrat sérieux, intègre et de surcroît particulièrement diplomate. Son attention est, au demeurant, concentrée sur la négociation du contrat de trois ans qui doit accompagner l'installation de Promis dans les parquets. Le document est en cours de rédaction. Il doit être prêt pour octobre 1981.

Août 1981 – Lawrence McWhorter, directeur du bureau exécutif du ministère de la Justice, se renverse dans son fauteuil et allume un de ces petits cigares italiens dont il raffole. Depuis que le vice-ministre de la Justice Edward C. Schmults a prévu d'installer la version initiale de Promis dans les micro-ordinateurs des vingt plus grands parquets des Etats-Unis et d'équiper les soixante-quatorze autres d'une version moins performante, tournant sur des machines à traitement de texte, il se préoccupe de contrôler au plus près la manœuvre. La décision ne sera annoncée, en principe, que dans quelques jours, mais sans plus attendre, il convient de flanquer le comité présidé par Lowell Jensen en charge des choix stratégiques d'un manager qui devra, au jour le jour, suivre les opérations et prendre soin, en particulier, de ne pas laisser Inslaw faire cavalier seul. Ce manager aura non seulement à former une équipe pour superviser l'opération Aigle, mais aussi à améliorer le système durant les trois années de contrat et coordonner l'utilisation du logiciel par les parquets et le ministère de la Justice.

Pour cette tâche, Lawrence McWhorter avait pensé à Franck Malgrave mais ce dernier n'était pas intéressé. En revanche, un autre fonctionnaire du ministère s'est porté volontaire : C. Madison Brewer, surnommé « Brick » Brewer en raison de sa flamboyante chevelure rousse. Ancien substitut du procureur du district de Columbia, il a travaillé pour Inslaw de novembre 1974 à avril 1976 à titre de conseiller. Bill Hamilton l'avait recruté afin qu'il assure la liaison entre les souhaits des procureurs sur le terrain et les possibilités offertes par les programmeurs d'Inslaw.

L'expérience n'a guère été probante. Hamilton est un patron énergique et qui travaille vite. Brick Brewer a mal supporté son omniprésence et son autorité. Il s'est plaint d'être placé devant des faits accomplis, de ne pas être associé aux décisions. A l'inverse, Bill Hamilton, mais aussi le vice-président d'Inslaw, Dean Merrill, n'ont pas tardé à se montrer critiques et à reprocher à Brewer son manque d'efficacité. A trois reprises au moins, des missions importantes qui lui avaient été confiées ont échoué. Durant l'année 1975, Brewer a donc été averti qu'il lui fallait ou s'améliorer ou envisager de quitter son poste.

A la fin de 1975, lorsque la rupture devient inévitable, Bill Hamilton s'applique à mettre les formes pour que le licenciement de Brewer n'ait pas de conséquences fâcheuses sur les relations de sa société avec le parquet du district de Columbia, un de ses plus gros clients. Il prend langue avec Henry Green, le responsable des actions en appel du parquet, afin de trouver les voies d'une rupture à l'amiable et d'un reclassement de Brewer. Pourtant, le départ du conseiller traîne. En avril

1976, Bill Hamilton se trouve contraint de convoquer une nouvelle fois Brick Brewer pour lui mettre l'épée dans les reins et lui demander de quitter la société avant la fin du mois. Il accepte, en contrepartie, d'augmenter son salaire pour ce dernier exercice mensuel de manière à ce que son futur traitement au ministère de la Justice soit ajusté sur cette base.

Choisir Brick Brewer pour suivre les activités d'Inslaw ne constitue donc pas une décision innocente mais Lawrence McWhorter n'en a cure. Il ne se cache guère pour dire qu'il compte avoir la peau de la société de Bill Hamilton. Aussi est-ce avec un intérêt non dissimulé qu'il écoute Brick Brewer lui tracer un portrait du P-DG d'Inslaw. Redevenu substitut du procureur pour le district de Columbia, Brewer conserve de Hamilton un souvenir évidemment négatif. Il lui reproche ses visions messianiques le coupant des réalités mais aussi un complexe de persécution qui s'exprimerait notamment par une hostilité viscérale vis-à-vis des avocats et des procureurs. Utilisant le jargon de sa profession, Brewer catalogue même Hamilton comme « MO » (Mental Observation), c'est-à-dire un individu à placer sous surveillance médicale. Selon lui, Crazy Bill aurait « pété les plombs » et ses recherches seraient sans grand intérêt.

Convaincu d'avoir été renvoyé par un malade mental, Brick Brewer se prépare à savourer sa revanche. Si McWhorter n'est pas dupe, il sait aussi que ce contexte pourrait suffire à empêcher la nomination du substitut comme manager du projet Promis. Il invite donc Brewer à se montrer prudent. Lorsque ce dernier est longuement interrogé par deux autres responsables du ministère, Rooney et Tyson, il prend soin de ne pas souffler mot de ses opinions sur Hamilton. De son côté, McWhorter insiste auprès de ses collègues sur le plus que représente l'expérience professionnelle de Brewer au sein d'Inslaw. Curieusement, le ministère s'abstient de toute enquête sur les conditions de son départ de cette société.

Dès que Hamilton a vent de la possible nomination de Brick Brewer, il entreprend de remuer ciel et terre pour éviter ce péril. Il fait valoir que le candidat du ministère ne connaît rien aux ordinateurs, ne sait pas programmer un logiciel, n'a aucune expérience en matière d'audit. Il démarche avocats et procureurs pour tenter de susciter d'autres candidatures. Peine perdue. Brick Brewer est nommé manager de l'opération Aigle en janvier 1982 et n'aura, dès lors, de comptes à rendre qu'à Lowell Jensen, le concurrent malheureux d'hier, devenu président du comité chargé des choix stratégiques.

Janvier 1982 – Inslaw signe un contrat avec le département terre et ressources naturelles du ministère de la Justice afin d'adapter Promis à de gros ordinateurs IBM (mainframe, plate-forme). Après les modifications, Promis est installé dans les IBM. Par une étrange coïncidence, c'est quelques mois plus tard que Michael Riconosciuto reçoit des mains d'Earl Brian une version IBM de Promis afin de l'adapter aux besoins de la police montée canadienne.

16 mars 1982 – Avec près de six mois de retard sur le calendrier initial, le contrat entre Inslaw et le ministère de la Justice est enfin signé sous le numéro UVUSA-82-

C-0074. Il ressemble comme un frère aux précédents accords passés avec le LEAA. Il porte sur l'installation de la version de Promis modifiée en 1981 à la demande du ministère mais pas sur les nouvelles versions qui, par la suite, en ont été dérivées grâce à des investisseurs privés. Inslaw chiffre l'opération à 15 millions de dollars, mais le ministère ne disposant que de 10 millions de crédits, la firme s'engage à prendre à sa charge une partie de la main-d'œuvre et certaines adaptations de manière à rester dans les limites de ce budget.

Cette signature est vécue par Brick Brewer comme un échec et elle renforce sa volonté d'en finir avec la société de Bill Hamilton. En effet, le manager de l'opération Aigle avait tenté d'imposer, lors des discussions, que la totalité des droits sur Promis revienne au ministère.

Depuis sa nomination comme manager, Brewer n'a pas perdu de temps. Il a recruté un adjoint, Jack Rugh, et une équipe au sein de laquelle la question du contrat a été confiée à Peter Videnieks, l'un des héros de l'épisode tragi-comique qui, en Arizona, avait vu les hommes de la Wackenhut menacer d'une arme le conducteur d'un 4 × 4. Le choix de Videnieks, fonctionnaire des douanes, n'était pas allé de soi et Brewer avait dû batailler pour l'imposer. C'est Elizabeth Pat Rudd, haut fonctionnaire au ministère de la Justice, qui a été chargée de l'opération. Elle a poussé fermement dehors Betty Thomas, qui jusqu'alors supervisait le dossier Inslaw, en la menaçant de poursuites administratives pour manque de vigilance. Le reste n'a été qu'une simple formalité. L'entretien d'embauche de Peter Videnieks a été conduit par Elizabeth Pat Rudd. Avant de rejoindre le ministère de la Justice, elle avait travaillé pour un autre organisme fédéral... la CIA.

Peter Videnieks sera pour Brewer et Rugh plus qu'un simple exécutant, la cheville ouvrière d'une opération qui, des services secrets au ministère de la Justice, en passant par les sociétés d'Earl Brian et la Wackenhut, a pour but de s'emparer du logiciel Promis.

Au sein de l'administration des douanes, Peter Videnieks avait notamment eu la charge de suivre certaines sociétés appartenant au docteur Brian. Il s'occupait entre autres de deux firmes, Universal Systems et T Systems, chargées de fournir la technologie de pointe nécessaire à la « guerre à la drogue » lancée par le gouvernement américain. Michael Riconosciuto qui a fréquenté Videnieks chez les Cabazons affirme que, même lorsqu'il s'occupait de Promis pour le ministère de la Justice, l'agent des douanes était resté en contact avec son administration d'origine.

Avril 1982 – En dépit du contrat signé entre le ministère et Inslaw, des divergences d'appréciation subsistent. Pour les négociateurs d'Inslaw, il est clair que le ministère de la Justice ne peut employer le logiciel que dans les vingt-six sites mentionnés dans l'accord. Pour Rugh et l'équipe de Brewer, au contraire, l'administration est libre d'utiliser Promis dans n'importe lequel de ses services et même de le distribuer au gouvernement fédéral, aux autorités locales, voire à des particuliers. Dès lors, la guérilla se poursuit jour après jour : multiplication des formulaires, généralisation des autorisations préalables même pour des décisions anodines, bref, toutes les vexations administratives possibles sont imposées à l'entreprise.

De son côté, Bill Hamilton s'attache à développer sa

société et négocie l'entrée d'IBM dans son capital. Pour rassurer le géant de l'informatique, l'un des avocats d'Inslaw, Roderick M. Hill, informe officiellement, le 2 avril 1982, le ministère de la Justice de la prochaine commercialisation de Promis par la firme. Il joint à sa lettre un rapport de Bill Hamilton soulignant l'intérêt porté au logiciel par les responsables du ministère de la Justice aussi bien sous la présidence de Jimmy Carter que sous celle de Ronald Reagan. Informé dix jours plus tard de cette missive, Brewer pique une crise de rage dont Videnieks témoigne dans des notes manuscrites. Le 14 avril, il réunit son équipe et leur demande d'étudier les moyens de dénoncer le contrat signé il y a à peine un mois. Videnieks renâcle et Jack Rugh souligne combien une telle mesure semblerait ridicule. En contrepartie, la décision est prise d'éplucher tous les autres contrats d'Inslaw avec le ministère afin de tenter d'en casser le plus possible.

Bien que les participants à cette réunion semblent avoir, depuis, perdu la mémoire, les notes prises alors par Peter Videnieks et saisies ultérieurement par la Justice américaine témoignent qu'une opération est décidée tendant à faire perdre à Inslaw 600 000 dollars correspondant à la seconde phase d'un contrat en cours avec le parquet du district de Columbia. Videnieks note que la perte d'une telle somme peut priver Inslaw des fonds indispensables à sa survie et l'empêcher ainsi d'honorer ses engagements vis-à-vis du ministère.

Le 19 avril, Brick Brewer reçoit, à sa demande, deux représentants d'Inslaw et se plaint du rapport de Hamilton qu'il juge « grossier ». Il ajoute que le ministère a compris qu'Inslaw a le droit de vendre son logiciel mais que l'administration se réserve celui de fournir Promis à qui bon lui semble, y compris à des « entités privées ou commerciales. » Mais surtout, le manager du projet Promis fait part officiellement de ses craintes de voir la firme de Bill Hamilton incapable d'assumer ses engagements. Il relève que, selon l'Illinois Criminal Justice Coordination Council et la Michigan Prosecuting Attorney's Association, la qualité du travail fourni par Inslaw laisserait à désirer. Pour couronner le tout, Brewer remet en question les droits commerciaux d'Inslaw sur les versions améliorées de Promis.

Enfin, Brewer évoque un surcoût de 125 000 dollars réclamé par la firme dans le cadre d'un autre contrat passé avec une autre direction du ministère. A sa demande, Inslaw accepte d'intégrer cette somme dans le contrat Promis sans en augmenter le montant. En clair, Inslaw renonce à ses 125 000 dollars.

24 mai 1982 – Le ministère répond à la lettre d'Inslaw du 2 avril. Signée Richard de Haan, cette réponse a été rédigée notamment par Brewer ; elle reprend l'argumentation développée lors de la réunion du 19 avril. Elle s'interroge en particulier sur l'ampleur du coût de l'opération qui lui semble démesuré mais aussi sur le bien-fondé des droits commerciaux revendiqués par Inslaw, et invite la firme à s'adresser à Brewer pour toutes décisions.

Juin 1982 – Des représentants d'Inslaw rencontrent à nouveau Brewer pour obtenir du ministère de la Justice la reconnaissance des droits d'Inslaw sur le logiciel afin de pouvoir signer avec IBM. Brewer annonce qu'il ne recommandera pas au ministère d'accéder à la demande d'Inslaw et dénonce à nouveau le rapport de Bill Hamilton qu'il considère comme un « assaut frontal » contre le contrat déjà signé et une tentative de le dévoyer.

En désespoir de cause, Inslaw s'adresse à un haut fonctionnaire du ministère, Stanley Morris, et réclame ouvertement le départ de Brewer. Morris est informé de la manière dont Brewer avait été licencié. Il convoque McWhorter et lui demande d'exclure Brewer du dossier des droits commerciaux d'Inslaw.

Brick Brewer accuse le coup mais prévient John Gizzarelli, un responsable d'Inslaw, que Hamilton vient de scier la branche sur laquelle il était assis. En effet, il ne compte pas se soumettre à la demande de Morris. De fait, McWhorter, le supérieur de Brewer, ne réagit pas. Il ne fait rien pour rappeler à l'ordre son subalterne. Les deux hommes sont très liés. Brewer a été garçon d'honneur au mariage de McWhorter et vient de lui verser 4 000 dollars en échange d'une partie d'une propriété que McWhorter a achetée 43 000 dollars en Virginie.

1er juillet 1982 – John Gizzarelli, qui avait participé à la négociation du contrat au nom d'Inslaw, remarque dans une note consacrée au problème Brewer qu'en dépit du fait que Bill Hamilton s'applique à demeurer en retrait, les ardeurs du manager ne sont pas calmées pour autant. Brewer, écrit-il, « s'est lancé dans l'escalade de la controverse afin d'entraîner Bill dans le projet pour pouvoir s'abattre sur lui et lui montrer qui est le patron. Je ne crois pas que Brick soit jamais en paix envers Bill et donc envers nous ».

Néanmoins, le 11 août 1982, Morris envoie une lettre

à Inslaw pour reconnaître les droits de la firme sur les versions améliorées de Promis. L'accord avec IBM peut dès lors entrer en vigueur.

Brewer ne s'avoue pas battu. Le 10 septembre, il obtient de ses supérieurs d'assigner Videnieks à plein temps sur l'affaire Inslaw. C'est, selon lui, « la seule manière de respecter les délais et les devis et de contrôler très étroitement tous les efforts d'Inslaw ». Videnieks prend les choses en main. Dès le 10 novembre, il envoie un courrier à Inslaw dans lequel il affirme que certaines clauses du contrat ne sont pas respectées et qu'en conséquence il risque de devoir suspendre les paiements anticipés. Or, cette clause dite des paiements anticipés ne prévoyait pas qu'Inslaw soit payée en anticipation de travaux spécifiques. Elle a pour but d'assister des sociétés sous-capitalisées en fournissant un paiement immédiat pour le travail effectué. Généralement, les sociétés sous contrat avec le ministère de la Justice sont payées à quatre-vingt-dix jours. En suspendant les paiements, l'équipe de Brewer poursuit sa politique d'assèchement financier d'Inslaw, déjà engagée avec l'annulation des 600 000 dollars du contrat concernant le district de Columbia. Brewer cherche clairement à mettre Inslaw à genoux.

9 décembre 1982 – Brewer adresse un rapport à Tyson, le nouveau directeur du bureau exécutif du ministère de la Justice, pour l'alerter sur une possible banqueroute d'Inslaw et sur l'éventualité, dans ce cas, d'une reprise du projet Promis par le ministère. Il évoque, à cette occasion, l'existence possible de fraudes sur les tarifs d'Inslaw et la nécessité d'un audit, voire la dénonciation

du contrat. Il précise qu'en cas de problèmes, le ministère doit demander copie de toute la documentation des logiciels Inslaw.

Les renseignements fournis par Brick Brewer sont largement erronés puisque, à cette époque, la situation financière d'Inslaw est saine. La société dispose de 700 000 dollars de crédit à la First American Bank et de 1,2 million de dollars à la Bank of Bethesda. Par ailleurs, l'accord signé en août avec IBM l'assure en principe d'un avenir prometteur. Face aux demandes réitérées de copies de la documentation des logiciels qui lui sont à présent signifiées par le ministère, Bill Hamilton comprend que ses interlocuteurs cherchent à mettre la main sur la version Vax VMS (32 bits) de Promis. Brewer et son équipe jouent habilement d'une faille qu'Inslaw a créée elle-même dans sa relation avec le ministère en voulant appâter son client.

A l'origine de l'expérimentation de Promis, et en attendant l'installation de micro-ordinateurs dans les parquets, Inslaw avait autorisé l'utilisation de ses propres ordinateurs Vax VMS dotés de la version 32 bits de Promis. Inslaw possède en effet, en Virginie, dans la banlieue de Washington, un centre informatique (computer room) où tournent ses gros ordinateurs. Il suffit de les relier à une ligne téléphonique pour pouvoir travailler dessus, à condition de disposer d'un terminal. Inslaw n'était pas tenu de louer son équipement au ministère puisque le contrat ne faisait nulle mention de la version 32 bits de Promis, mais à l'époque, Bill Hamilton entendait séduire son client. Il ne pouvait prévoir que Brewer allait se servir de l'utilisation expérimentale de la version améliorée de son logiciel pour la lui réclamer.

Fin janvier 1983 – « Inslaw, bonjour.

– Bonjour. Pourriez-vous me passer Bill Hamilton, s'il vous plaît ?

– De la part ?

– Madison Brewer, du ministère de la Justice. »

Le président d'Inslaw ne peut manquer d'être surpris par l'identité de son correspondant. Au point de dégradation où en sont parvenues les relations entre l'administration et son entreprise, Brick Brewer est bien la dernière personne dont il attende un appel. Le 19 janvier dernier, Bill Hamilton s'est plaint auprès du ministère du comportement de Videnieks à l'égard d'Inslaw, parlant même de « persécutions ». Avec un soupir, il décroche son téléphone.

« Bonjour Bill, j'ai un client pour toi. Il s'appelle Ben Orr. C'est un procureur israélien qui travaille à Tel-Aviv pour le ministère de la Justice. Il vient en mission d'études et je lui ai parlé d'Inslaw. Il aimerait vous rendre visite.

– Qu'est-ce qui l'intéresse chez nous ?

– Promis, bien sûr. »

Bill Hamilton ne peut se permettre de bouder une possible clientèle et accepte de recevoir le visiteur israélien. De plus, peut-être que ce geste calmera l'hostilité de ses interlocuteurs officiels.

Le patron d'Inslaw ne tarde pas à déchanter. Le 26 janvier, Videnieks informe la société que l'administration suspend les paiements anticipés. Elle reproche à Inslaw d'avoir contracté un prêt auprès de la Bank of Bethesda en violation du contrat liant la firme au ministère. Selon Brewer, cet emprunt ferait courir un risque financier au gouvernement en témoignant de la détérioration de la situation financière d'Inslaw. L'argument est à l'évidence abusif même s'il est vrai que la firme de Bill Hamilton s'est mise dans son tort par sa démarche.

Appuyés par des avocats, les représentants d'Inslaw tentent, le 4 février, de faire revenir les responsables du ministère sur leur décision. La discussion ne tarde guère à dériver vers la question de la propriété industrielle du logiciel et donc à s'envenimer. Bill Hamilton propose de remettre au ministère la totalité des versions de Promis en échange d'une reconnaissance totale de ses droits. Brewer les veut sans contrepartie. « Combien de fois le ministère de la Justice doit-il acheter ce logiciel ? » s'exclame-t-il.

9 février 1983 – Le 1125 dans la 15e rue Nord-Ouest est un immeuble de bureaux situé en face du *Washington Post.* La porte à tambour de l'entrée se trouve entre la sortie d'un garage et un self-service Deli. Un froid sec règne sur la capitale des Etats-Unis lorsqu'un petit homme d'une soixantaine d'années, emmitouflé dans un chaud manteau, s'engouffre dans l'immeuble. Il se dirige sur sa gauche, vers la réception, d'une curieuse démarche sautillante. Un gros garde noir lui tend le formulaire que chaque visiteur doit remplir.

Nom : Orr.

Prénom : Ben.

Société représentée : ministère israélien de la Justice (Tel-Aviv).

Société visitée : Inslaw.

Heure d'arrivée : 9:55 AM.

Une fois la fiche signée, le garde précise : « Quatrième étage, droite. »

Le magistrat israélien pénètre dans l'un des deux vastes ascenseurs et, parvenu à destination, découvre une porte vitrée frappée aux armes d'Inslaw : un homme stylisé dont les bras se terminent par les plateaux de la balance de la justice. Libby, la blonde secrétaire qui, en son temps, aurait pu être élue reine de beauté, regarde avec étonnement l'étrange visiteur vêtu à la diable qui ne foule la moquette pistache que de la pointe des pieds. Elle dévisage ce personnage rondouillard, à l'air jovial, dont le visage est dévoré par des lunettes à monture d'écaille tandis que de longues mèches tentent désespérément de dissimuler sa calvitie.

« Vous désirez ? » interroge-t-elle avec un fort accent de l'Alabama.

Face au mutisme du nouveau venu, Libby répète sa question en haussant le ton. Apparemment, le petit homme est sourd comme un pot.

« Pourriez-vous prévenir Bill Hamilton que Ben Orr est arrivé ? »

Le P-DG d'Inslaw attendait son visiteur la veille mais le magistrat israélien s'est décommandé : « Des amis de New York ont organisé une petite réception au dernier moment en mon honneur et je ne peux leur faire faux bond. Je n'arriverai donc pas à Washington directement de Tel-Aviv et je ferai escale à New York. Excusez-moi. »

Pendant une heure les deux hommes s'entretiennent en tête à tête, le temps pour Hamilton de retracer l'historique de son entreprise et de présenter son logiciel vedette en prenant soin de faire l'impasse sur ses démêlés avec l'administration américaine. Puis, Ben Orr est confié au vice-président d'Inslaw pour une longue séance de démonstration. L'Israélien a été clair : il n'est intéressé que par la version Vax VMS, c'est-à-dire la version 32 bits de Promis.

Ben Orr passe plusieurs heures dans les bureaux d'Inslaw, se faisant expliquer en détail le fonctionnement du logiciel. Assis devant un écran, face à un clavier, il teste le produit. L'installation est reliée par une ligne téléphonique à un ordinateur situé au centre informatique d'Inslaw en Virginie. Dean Merrill l'initie avec patience. Ben Orr s'intéresse surtout à la manière de récupérer des fichiers déjà existants, des banques de données déjà établies. A l'évidence, il a une idée précise de la manière dont il compte utiliser Promis.

Avant de quitter Inslaw, Ben Orr fait part de sa satisfaction à Bill Hamilton et lui annonce qu'il aura bientôt de ses nouvelles.

10 février 1983 – L'un des avocats d'Inslaw, Harvey Sherzer, écrit au ministère pour faire remarquer que les rumeurs de faillite d'Inslaw colportées par Brewer et Videnieks sont sans fondement. Trois institutions financières, dont la banque LF Rothschild, Unterberg & Towbin, investissent 750 000 dollars dans la firme d'informatique après avoir évalué Inslaw à 9 millions de dollars. Le ministère répond que la question des paiements anticipés est liée à celle de la propriété des droits de Promis.

Mars 1983 – Pour tenter de mettre un terme à l'épreuve de force qui l'oppose à Brewer et Videnieks, Bill Hamilton propose un compromis. Puisque l'équipe chargée du suivi de l'opération Aigle persiste à lier la question des paiements anticipés au fait de posséder l'ensemble des copies de Promis, il suggère, par lettre en date du 11 mars, d'ajouter une clause au contrat liant Inslaw au ministère de la Justice. Elle stipulerait qu'en cas de faillite du fabricant, le ministère recevrait la totalité des logiciels. A titre de garantie, une copie de l'ensemble des versions serait déposée chez une tierce partie.

Le ministère refuse. Brewer et Videnieks veulent toujours, coûte que coûte, obtenir la version 32 bits de Promis. Toutefois, le 18 mars, ils proposent, en échange des copies du logiciel, de rétablir les paiements immédiats en s'engageant, cette fois, à ne pas disséminer Promis en dehors des quatre-vingt-quatorze parquets et bureaux expressément mentionnés dans le contrat.

Lassé, Bill Hamilton accepte cette formule le 23 mars. L'avenant, le douzième, est signé le 11 avril suivant. Il précise que Promis est réservé aux vingt principaux parquets du pays et sa version pour traitement de texte à soixante-quatorze autres bureaux dont la liste est précisément arrêtée. La version 32 bits de Promis tombe enfin officiellement entre les mains de Brick Brewer et de Peter Videnieks.

Avril 1983 – Inslaw commence à remettre au ministère copie de ses logiciels, de ses codes sources, bref de toute la documentation afférente à Promis. Les livraisons s'échelonneront jusqu'à la fin du mois d'août. Pour autant, la guérilla n'est pas achevée.

Dès le 7 avril, Peter Videnieks remonte à l'assaut en demandant à Inslaw des précisions sur les modifications apportées au logiciel. Il exige de la firme la preuve que sept cent cinquante et un changements apportés à Promis ont bien été financés sur fonds privés. La réponse d'Inslaw lui est adressée le 12 avril. Le 21, Videnieks accuse réception en acceptant l'argumentation de la société de Bill Hamilton pour deux cent cinquante et une modifications mais réclame, sous huit jours, des compléments pour les cinq cents autres. D'ailleurs, il affirme avoir décelé « une faute » dans la méthodologie utilisée par Inslaw pour prouver son recours à des fonds privés mais se refuse à en divulguer la nature.

C'est dans ce contexte que le secrétariat de Bill Hamilton l'informe d'un appel de Dominic Laiti, de la société Hadron. Bien que ni l'individu ni la société ne lui soient connus, le P-DG d'Inslaw prend la communication.

« Hi Bill ! Je suis Dominic Laiti, P-DG de Hadron, une société de Fairfax en Virginie. Nous sommes en plein développement et notre intention est de devenir, dans les dix ans, le plus gros fournisseur de logiciels des administrations fédérales et gouvernementales. Nous avons déjà racheté Simcon qui fabrique des logiciels destinés à la police. Nous avons également repris Acumedics, qui fournit les cours de justice. A présent, nous souhaitons acquérir Inslaw. »

Sous le coup, Bill Hamilton reste un moment sans voix. Puis, poliment mais fermement, il ferme la porte à toute négociation.

« Monsieur Laiti, je vous remercie de votre intérêt et de votre franchise. Je vous souhaite bonne chance dans le développement de votre firme mais les ambitions de Hadron sont exactement les nôtres. Inslaw a l'intention de devenir le principal fournisseur de logiciels du ministère de la Justice. En conséquence, je n'ai aucune intention de vendre ma firme.

– Je comprends, mais je me demande si vous avez la surface financière nécessaire pour mener à bien vos projets. Vous savez, nous avons de très bons contacts avec l'administration actuelle. Des contacts qui peuvent nous permettre d'obtenir des contrats que d'autres n'auront pas. »

Bill Hamilton n'est pas dupe. Il mesure les ravages que les rumeurs de défaillance financière d'Inslaw, colportées par le ministère de la Justice, peuvent provoquer. Même si les propos de Laiti lui laissent supposer des liens étroits entre l'administration et Hadron, il ignore tout de leur nature et de leur ampleur. Aussi hausse-t-il le ton :

« Ecoutez, je vous répète que je n'ai pas l'intention de vendre.

– Réfléchissez bien. Nous avons les moyens de vous faire vendre. »

Après avoir raccroché, Bill Hamilton reste songeur. Il se dit que Hadron doit être un nouveau venu sur le marché des logiciels et que ses dirigeants doivent venir de secteurs industriels aux mœurs moins policées. Il oublie l'incident.

Bill Hamilton ignore que l'un des actionnaires de Hadron est Earl W. Brian. Depuis plus de deux ans, le compagnon de Reagan est régulièrement informé des développements de Promis et des démêlés d'Inslaw. Non seulement il travaille en étroites relations avec Peter Videnieks, qui supervise les dossiers de certaines de ses sociétés, mais encore il est associé, dans le cadre de Hadron, avec l'ancien procureur Ed Meese, devenu conseiller de la Maison-Blanche. La femme d'Ed Meese possède des actions de Biotech, une société d'Earl Brian, actionnaire de référence de Hadron. Par la suite, elle achètera également des actions de Cyogenetics, une autre société d'Earl Brian. C'est d'ailleurs sur la recommandation d'Ed Meese que Ronald Reagan avait nommé Brian, au printemps 1982, au Bureau national des sciences. Une promotion qui ne put être concrétisée car ressortirent alors les démêlés du docteur Brian en Californie, durant les années 70. Il avait notamment été accusé d'avoir utilisé, dans les derniers jours du mandat du gouverneur Ronald Reagan, des fichiers informatiques appartenant à l'Etat de Californie pour des opérations personnelles. Ces fichiers qui constituaient un exceptionnel outil de recherche lui avaient été cédés, par contrat mais gracieusement, par David Winston, du département santé de l'Etat, qui sera, par la suite, embauché dans l'une des sociétés de Brian. Ce contrat par trop miraculeux avait été annulé par Robert Gnaidza, le successeur de Winston, lorsque la manœuvre avait été découverte.

Dès l'entrée de Reagan à la Maison-Blanche, Brian fait bénéficier Hadron de ses liens privilégiés avec la nouvelle administration. Hadron acquiert deux compagnies qui participent à la lutte du gouvernement américain contre le trafic de drogue le long de la frontière mexicaine : en décembre 1980, Universal Systems Inc. et, en février 1981, T Systems. Ces sociétés sont chargées de truffer la frontière entre le Mexique et les Etats-Unis d'équipements capables de détecter des intrusions d'avions volant à basse altitude. L'agent des douanes chargé du suivi du dossier est toujours Peter Videnieks. Hadron s'est fait une spécialité de la collaboration avec les services secrets américains et le reconnaîtra d'ailleurs dans un rapport à la SEC daté de 1984-85, soulignant ses liens avec « diverses organisations au sein de la communauté du renseignement » et précisant que la société entraîne au maniement de banques de données informatisées en ligne des professionnels « d'une agence de renseignements ».

Mai 1983 – En vertu du douzième avenant du contrat le liant à Inslaw, le ministère de la Justice a donc officiellement obtenu la version 32 bits de Promis. Cette fourniture est intervenue à titre de garantie sous prétexte des menaces financières censées peser sur la société informatique, menaces qui, en réalité, découlent surtout de l'interruption des paiements anticipés par le ministère. Hamilton s'est résolu à contrecœur à cette cession. Il soupçonne un piège sans être parvenu à l'identifier.

Le ministère de la Justice se trouve à présent, en quelque sorte, dans la situation d'un acheteur de voiture voulant passer commande d'un modèle haut de gamme non encore disponible et à qui le concessionnaire prête, pour le faire patienter, son exemplaire de démonstration. Il est entendu que le client aura la possibilité soit d'acquérir ce modèle, soit d'acheter un modèle moins prestigieux. Or, en pratique, le ministère de la Justice se comporte comme si le client s'était enfui avec le modèle haut de gamme en refusant, qui plus est, de payer.

Le 6 mai, Jack Rugh, l'adjoint de Brick Brewer, note dans un rapport qu'il vient de recevoir l'ordre de confier une copie de la version LEAA de Promis à Ben Orr. « J'ai fait une copie de la version LEMME DEC de Promis, écrit-il, et je la lui remettrai, avec la documentation afférente, avant qu'il ne quitte les Etats-Unis pour Israël le 16 mai. »

De fait, dans ses bagages, Ben Orr a pu glisser une galette blanche d'une dizaine de centimètres d'épaisseur et cinquante centimètres de diamètre. Il est probable qu'outre Promis, l'Israélien a également emporté une copie des codes sources du logiciel, indispensables pour apporter au produit d'éventuelles modifications.

Concrètement, quelle version du logiciel a-t-elle été ainsi confiée aux Israéliens par l'administration américaine ? Si l'on en croit le rapport de Jack Rugh, il s'agirait d'une version primitive. Or, Bill Hamilton est pour sa part persuadé que Ben Orr s'est fait livrer la version pour Vax VMS. Il fonde sa conviction sur plusieurs éléments. D'abord, l'insistance du procureur israélien, lors de sa visite à Inslaw, pour ne se faire présenter que cette version du logiciel. Ensuite, le fait que l'Etat hébreu ne pouvait, en 1983, être intéressé par un programme tournant sur des ordinateurs 16 bits puisque ceux-ci étaient déjà obsolètes depuis un an. Enfin, le fait que le troc a été négocié par des fonctionnaires d'un niveau relativement subalterne, alors que s'il s'était agi d'un contrat officiel avec un Etat étranger, les principaux fonctionnaires du ministère de la Justice auraient dû être impliqués dans la transaction.

Juin 1983 – Washington bruisse de rumeurs. Déjà se joue la nouvelle campagne présidentielle. Un fonctionnaire du ministère de la Justice confie à un proche du sénateur Max Baucus que, si Reagan est réélu, il nommera Edwin Meese ministre de la Justice. Une fois en place, ce dernier récompensera « un de ses amis » en lui confiant la charge d'installer Promis dans certains départements du ministère. Le bruit ne tarde guère à revenir aux oreilles de Bill Hamilton. Le président d'Inslaw ignore encore que ce mystérieux ami de Meese a un nom : Earl Brian.

Juillet 1983 – Bill Hamilton et Inslaw sont dans une impasse. On leur demande de prouver que leur logiciel a été modifié à partir de recherches financées par des capitaux privés, mais lorsqu'ils s'y appliquent, leurs méthodologies sont récusées sans que le ministère de la Justice en propose d'autres. Le ministère a en effet rejeté deux niveaux détaillés de preuves et refusé de considérer un troisième mode de calcul.

Dans un ultimatum en date du 10 juin, Peter Videnieks a donné à Inslaw jusqu'au 11 juillet pour fournir les explications réclamées, faute de quoi le ministère en déduira que les modifications apportées à Promis ont été effectuées sur fonds publics. Les dirigeants d'Inslaw comprennent enfin le fonctionnement du piège qui se referme sur eux. Dans ce jeu du chat et de la souris, le rongeur finit toujours par être croqué. Tel est le destin qui attend la firme informatique. Le ministère ne sera jamais satisfait par les preuves fournies par Inslaw et pourra conclure que toutes les versions de Promis, enfin en sa possession, appartiennent au gouvernement américain.

Une nouvelle lettre de Peter Videnieks, en date du 18 juillet, annonce la suspension du paiement des sommes dues par le ministère.

Septembre 1983 – Earl Brian n'a pas renoncé à son projet de supplanter Inslaw avec sa société Hadron. Seulement, lui aussi se heurte à des problèmes de financement. Il doit trouver 7 millions de dollars pour développer les systèmes destinés à la justice criminelle. Il a fait venir à New York, outre Dominic Laiti, le patron de Hadron, Paul Wormeli, vice-président de Simcon Inc., une filiale de Hadron, et l'une de ses collaboratrices, Marilyn Titus, pour examiner ce délicat sujet. Wormeli s'étonne du chiffre avancé par Earl Brian. Pour lui, 2 millions devraient suffire pour les projets de l'entreprise, il ne comprend pas très bien la nécessité des 5 millions supplémentaires. C'est sa secrétaire, Marilyn Titus, qui lui ouvre les yeux. Elle tient d'une indiscrétion que la somme complémentaire serait nécessaire au rachat de Promis.

Au cours de leur séjour à New York, Laiti et Wormeli rencontrent Herbert A. Allen Jr. et Mark Tesselman, directeur exécutif et vice-président d'une banque d'investissements de Wall Street, Allen and Company, qui s'est distinguée dans le passé en travaillant avec Meyer Lansky, l'un des plus célèbres parrains de la pègre américaine. La banque entretient les meilleures relations avec Earl Brian et ses sociétés, et possède pour 5 millions de dollars d'actions de Hadron, somme qui pourrait être mobilisée pour prendre le contrôle d'Inslaw à travers deux actionnaires minoritaires : 53rd Street Ventures et Hambro Venture Capital.

Octobre 1983 – Jonathan Ben Cnaam est à l'origine de l'entrée de 53rd Street Ventures dans le capital d'Inslaw. Cette société de capital-risque, créée en 1976, contrôle 1,2 % de là firme de Bill Hamilton en acquérant, en 1982, pour 100 000 dollars d'actions. A l'occasion d'un entretien avec Hamilton, Ben Cnaam lui raconte que, le mois précédent, il a reçu la visite d'un « homme d'affaires disposant d'appuis au plus haut niveau dans l'administration Reagan » et qui se montre très désireux de récupérer le logiciel Promis afin de le revendre au gouvernement fédéral. Ce visiteur, à l'évidence informé dans le détail des démêlés entre Inslaw et le ministère de la Justice, avait précisé que le contentieux ne trouverait de solution que si les droits de propriété de Promis lui étaient cédés. Jonathan Ben Cnaam refuse de révéler l'identité de son interlocuteur mais, lorsqu'il précise que ce dernier a fait part de son irritation face au refus du P-DG d'Inslaw de céder sa firme, Bill Hamilton se convainc qu'il ne peut s'agir que de Earl Brian.

Janvier 1984 – Earl W. Brian, qui avait quitté l'équipe de direction de Hadron en mars 1981 « afin de faciliter de futures transactions », reprend sa place parmi les administrateurs. A travers ses diverses entreprises, il contrôle quatre des six sièges du conseil. Il se fait du souci car la firme est dans le rouge. A peine est-il revenu personnellement aux commandes qu'elle annonce, en février, la vente de son département d'équipements lasers.

Il est vrai que Brian est habitué aux à-coups des firmes en général et de Hadron en particulier. L'historique de cette société conduit en effet aux cendres de Xonics, dont le fiasco en 1979 n'était pas passé inaperçu dans le monde de la high-tech. Le patron de Xonics, Bernard Katz, et son état-major avaient été poursuivis en 1977 pour fraudes et manipulations sur les stocks. Earl W. Brian, qui présidait le conseil d'administration de Xonics, s'était retiré discrètement en octobre de cette même année et avait évité ainsi d'associer son nom au naufrage de la firme. En 1979, Dominic Laiti et un groupe d'anciens cadres de Xonics rachètent Hadron, avec les ruines de leur ancienne société. Trois ans plus tard, Hadron aurait perdu 4,5 millions de dollars et Laiti décidait de se refaire avec les lasers. Encore un échec donc.

Par chance, le bon docteur Brian va pouvoir faire jouer ses appuis politiques et ses relations dans l'administration. L'oncle Sam sauvera la mise.

6 novembre 1984 – Le tandem Reagan-Bush est réélu. Le portefeuille de la Justice sera confié, dès le mois de janvier suivant, à Edwin Meese, l'associé d'Earl Brian.

Décembre 1984 – Bill Hamilton surveille désormais avec inquiétude les évolutions de son actionnaire minoritaire, la 53rd Street Ventures. Lors de son entrée dans le capital d'Inslaw, cette société de capital-risque était contrôlée par Patricof Company. Depuis, elle est passée entre les mains de Daniel Tessler. Or, Tessler passe pour proche d'Earl Brian. Son épouse a en effet siégé aux côtés de Brian au sein de l'association nationale des petites sociétés d'investissement. De plus, Daniel Tessler est un parent d'Alan Tessler, un des responsables du cabinet d'avocats new-yorkais Shea & Gould, qui est chargé de représenter Hadron. Alan Tessler possède 61 900 actions du capital de Hadron.

A la veille du placement d'Inslaw en redressement judiciaire, Daniel Tessler débarque dans les bureaux de Bill Hamilton. Fort de son titre de président de la 53rd

Street Ventures, il fait part de ses inquiétudes d'actionnaire. Selon lui, la société n'est plus à même de faire face, ses difficultés structurelles sont irrémédiables. Qui plus est, Tessler précise qu'un autre actionnaire minoritaire, Ed Godman, de Hambro Venture Capital, qui a pris pour 400 000 dollars d'actions d'Inslaw, partage son analyse. Il propose une solution : les deux actionnaires minoritaires procéderaient à une augmentation de capital, à condition que Bill et Nancy Hamilton leur cèdent le contrôle de la firme.

Le P-DG d'Inslaw ne l'entend pas de cette oreille et le ton monte rapidement. Avant de sortir, Daniel Tessler pose un ultimatum. Si, à la fin de la journée, le couple Hamilton n'a pas cédé, il n'y aura pas d'augmentation de capital et Inslaw sera acculé à la faillite.

25 février 1985 – Ed Meese prend officiellement en charge le ministère de la Justice, après que la Chambre des représentants a entériné sa nomination. C'est donc un associé d'Earl W. Brian, qui plus est actionnaire de Hadron à travers Biotech Capital Corporation, qui supervise désormais l'opération Aigle. Aussitôt, Lowell Jensen, ancien procureur d'Alameda, est promu numéro deux du ministère. Or, Jensen n'a toujours pas digéré que Promis ait supplanté son propre logiciel Dalite. Il ne cesse de dire que les performances des diverses générations du logiciel d'Inslaw sont nettement inférieures à celles de Dalite. En conséquence, convaincu que le ministère de la Justice a commis une grossière erreur en diffusant Promis à l'échelle nationale, il demande aux avocats du ministère d'étudier la possibilité de rompre unilatéralement le contrat avec Inslaw.

La réponse, signée William Snider, estime que le ministère ne peut se prévaloir d'aucune base légale pour une telle opération. Néanmoins, Brick Brewer appelle Bill Hamilton et lui signifie que Lowell Jensen a décidé de mettre fin, pour « raison de convenance », au contrat prévoyant l'installation de Promis dans les machines à traitement de texte de soixante-quatorze parquets.

Le ministère est, à cette date, redevable à Inslaw de 1,6 million de dollars qu'il n'a pas l'intention de régler.

Bill Hamilton accuse le coup mais il est loin de se douter de ce qui lui arrive. Il pense encore que le ministère de la Justice va respecter l'avenant 12 et n'installera donc la version complète de Promis que dans vingt parquets. Il ignore que le logiciel est déjà commercialisé dans son dos.

Juin 1985 – Edward Hurley, l'un des vice-présidents de Hadron, reçoit Theresa Bousquin, chargée de l'informatique dans les cours de justice du comté de Fairfax (Virginie), qui postule pour un poste au sein de la société. Au cours de la conversation, Theresa Bousquin mentionne qu'Inslaw lui a offert un emploi mais qu'elle n'a pas donné suite.

« Pourquoi ? interroge Edward Hurley.

– A cause de leur santé financière. Je ne suis pas sûre de l'avenir de cette firme. »

Le vice-président de Hadron abonde dans son sens mais précise qu'à son avis Inslaw dispose d'un argument solide avec Promis, le seul logiciel capable de répondre aux besoins du ministère. Tel est également l'avis de Theresa Bousquin. Selon son expérience, Promis représente la meilleure technologie sur le marché.

Avec un sourire carnassier, Edward Hurley conclut : « Ce serait bien de pouvoir mettre la main sur leur logiciel. »

Mai 1986 – Nouvelle épreuve pour Inslaw. La firme est menacée d'une OPA (offre publique d'achat) lancée par la société Systems and Computer Technology Inc. (SCT) au moment où le ministère, dans le cadre de l'opération Aigle, rend public son plus gros appel d'offres pour l'informatisation de ses services. La SCT, dont 7,8 % des actions viennent d'être reprises pour des tiers anonymes par la banque Allen and Company qui travaille avec Earl Brian, contacte les différents actionnaires d'Inslaw. Avant de lancer leur OPA, certains responsables de SCT ont rencontré des représentants du ministère de la Justice. Bill Hamilton allume des contre-feux et tente de convaincre ses actionnaires de conserver leurs titres. Après quelques semaines délicates, Inslaw parvient à repousser l'assaut de la SCT.

Conclusions provisoires

A partir de 1982, le ministère de la Justice a, indirectement et par l'intermédiaire de Earl W. Brian, créé une filière de commercialisation de Promis sans que Inslaw en soit informé. Modifié par Riconosciuto, le logiciel est livré à la police montée canadienne. Deux sociétés canadiennes sont, en outre, chargées de revendre Promis. Il s'agit de System House et de IP Sharp. System House est officiellement en affaires avec Hadron, la société d'Earl Brian. Le cas d'IP Sharp est particulièrement intéressant puisque, jusqu'en 1982, cette firme ne s'était jamais occupée de commercialisation de logiciels. Elle crée donc une filiale dénommée tout simplement Promis afin de vendre, dans sa version Vax VMS, le produit élaboré par Bill Hamilton. Pourquoi avoir conservé ce nom ? Sans doute parce que, à l'époque, Inslaw était donné pour moribond. Personne n'aurait parié sur sa survie face à la formidable machine à broyer du ministère de la Justice.

Le patron d'Inslaw aura encore bien d'autres surprises désagréables. En effet, en violation de l'avenant 12 du contrat qui lie le ministère de la Justice à Inslaw, Promis ne sera pas seulement installé dans les vingt sites arrêtés d'un commun accord mais, entre le 24 juin 1985 et le 2 septembre 1987, l'administration dote vingt-cinq sites supplémentaires du logiciel et en relie trente et un autres, par téléphone, à Promis.

Tandis que le ministère de la Justice s'applique ainsi à couler la firme de Bill Hamilton, l'oncle Sam se montre généreux avec les entreprises d'Earl W. Brian. Il permet à Hadron de croître et de prospérer, grâce notamment à un contrat de 1,6 million de dollars passé en 1987 avec l'Agence internationale pour le développement, une filiale de la Bird. A cette époque, et pour l'année fiscale 1987, 34 % des revenus de Hadron proviendront du ministère américain de la Défense. La Justice n'a toutefois pas osé attribuer son équipement informatique à Hadron. Le marché de 30 millions de dollars est attribué à Tisoft Inc., société en affaires avec Hadron et qui s'empresse d'amender ses statuts afin de faciliter sa prise de contrôle par des tiers. L'ombre d'Earl Brian n'est pas loin. Quant au ministère de la Justice, il apportera pour sa part, ultérieurement, à l'une des filiales de Hadron, Acumedics, 40 millions de dollars de contrats.

III

Captain Bob

Décembre 1983 – La délégation militaire zaïroise de passage en Israël a été longuement reçue au camp de Kyriat qui regroupe, au centre de Tel-Aviv, le ministère de la Défense, le quartier général de l'armée et le siège du Mossad. Eprouvant pour tout le monde, le pensum de ces visites a le don de mettre Rafi Eitan hors de lui. Il ne supporte ni le décorum ni la bureaucratie, aussi le déjeuner officiel a-t-il été un supplice. D'autant que les Africains ne semblaient pas pressés et s'éternisaient sur leurs cafés. A peine les visiteurs ont-ils tourné les talons, que Rafi Eitan empoigne le bras de Ari Ben-Menashe et l'entraîne : « Viens, j'ai quelque chose à te demander. »

Surpris, car les deux hommes ne travaillent pas ensemble d'ordinaire, Ben-Menashe suit le petit homme jovial, à la calvitie voyante et à la surdité prononcée qui remonte de sa démarche sautillante le couloir de l'aile réservée aux services de renseignements. Les deux hommes se connaissent car ils siègent l'un et l'autre au comité chargé d'orchestrer les livraisons clandestines d'armes à l'Iran. Et Rafi Eitan est, aux yeux de Ari Ben-Menashe, une légende vivante des services secrets israéliens.

Né en novembre 1926 à Ain Harod, dans l'un des premiers kibboutsim implantés par les sionistes en Palestine, Rafi Eitan se bat contre les Britanniques alors qu'il n'a pas encore vingt ans et participe notamment au sabotage du radar installé au sommet du mont Carmel qui permettait de détecter les bateaux amenant vers la Terre sainte des immigrants clandestins. Blessé durant cette opération, il lui en reste cette surdité qui, jointe à des verres correcteurs épais, lui donne bien plus l'allure d'un bureaucrate que d'un baroudeur. L'homme, pourtant, voit tout et entend tout. Et il adore se rendre compte par lui-même, d'où le risque disproportionné pris en se présentant chez Inslaw sous le pseudonyme de Ben Orr. Rafi Eitan est un joueur, il n'a pas résisté à la tentation d'utiliser le patronyme réel d'un magistrat israélien comme couverture.

Depuis sa plus tendre enfance Rafi, dit-on, rêvait de devenir espion. Sa vocation aurait pris corps lors de la projection d'un film dans un cinéma de quartier de Ramat HaSharon, au nord de Tel-Aviv. Les mères ne prennent jamais suffisamment garde aux programmes cinématographiques montrés à leurs rejetons ! Recruté par le premier chef des services secrets de l'Etat hébreu, Isser Marel, Rafi Eitan rejoint le département des opérations qui rassemble aussi bien des agents du Shin Beth (services secrets intérieurs) que du Mossad (extérieurs). Formellement, Eitan a appartenu au Shin Beth entre 1953 et 1961 avant de passer au Mossad dont il deviendra le chef des opérations.

Surnommé Rafi ha-Masriach, Rafi le puant, Eitan doit ce sobriquet peu agréable au fait qu'il ait, paraît-il, séjourné dans les égouts dans le cadre d'une mission contre les Britanniques en 1948. Ses adversaires – nombreux car Rafi Eitan se comporte en solitaire voire en marginal – préfèrent attribuer ce surnom au fait qu'à l'armée, il ne changeait jamais de chaussettes. Quoi qu'il en soit, Rafi Eitan s'illustre notamment en constituant et en dirigeant en personne le commando qui, le 11 mai 1960, enlève dans une rue de Buenos-Aires le nazi Adolf Eichmann qui sera ensuite condamné à mort et pendu. Présent lors de l'exécution, Eitan sera le destinataire des derniers propos d'Eichmann : « J'espère que vous me rejoindrez bientôt. »

Un autre de ses faits d'armes fut le détournement de deux cents livres d'uranium enrichi prélevées dans les stocks de l'usine Apollo en Pennsylvanie. De quoi réaliser environ six bombes atomiques. L'enquête du FBI se concentrera sur l'un des fondateurs de l'usine, le physicien Zalman Shapiro, et remontera jusqu'à Eitan. Elle ne débouchera jamais.

En 1972, Rafi Eitan a quitté le Mossad à la suite d'un conflit avec le patron de ce service. Il espère alors être nommé à la tête du Shin Beth mais sera déçu. Excellent agent de terrain, il est en revanche jugé trop indiscipliné pour une telle responsabilité. En outre, il présente mal. Aussi s'est-il reconverti dans les affaires en montant, notamment avec le général Ariel Sharon, une société de commercialisation de poissons tropicaux. C'est d'ailleurs Sharon qui le ramène dans les circuits officiels lorsque, en 1977, il devient ministre de l'Agriculture dans le gouvernement Begin. Un an plus tard, son ami Rafi est nommé conseiller du Premier ministre pour la lutte antiterroriste.

A ce poste, Rafi Eitan tisse des liens étroits avec les responsables des services secrets des Etats-Unis puisqu'il participe à la protection des intérêts américains face aux visées des groupes palestiniens. A l'occasion de ses nombreux voyages outre-Atlantique, il fait ainsi connaissance du sénateur John Tower et de son assistant Robert McFarlane. Ce dernier ne tarde guère à le présenter à Earl W. Brian.

En 1982, Sharon étant devenu ministre de la Défense, Rafi Eitan se voit confier la direction du plus secret des services secrets israéliens, le Lakam (acronyme, en hébreu, de Bureau des relations scientifiques : Lishka le Kishrei Mada). Créé en 1959 par Shimon Peres, ce bureau a en charge l'espionnage scientifique et compte à son palmarès le vol, en 1968, des plans du Mirage F-1 français, avion que les Israéliens fabriqueront sous le nom de Kfir.

Rafi Eitan invite Ben-Menashe hors du camp. Ils montent dans sa Volvo aux vitres teintées pour gagner Herzliyya et s'installer dans un café désert près de la mer. Fidèle à son style, Eitan n'aime pas les procédures formelles et préfère bricoler ses opérations dans son coin. Durant le trajet, il a commencé à raconter une partie de l'opération Promis à son jeune collègue dont il connaît les compétences en matière d'électronique et d'informatique. Né en 1951 à Téhéran de parents juifs irakiens, Ari Ben-Menashe s'est installé en Israël en 1966. Huit ans plus tard, il est recruté par les services secrets militaires et affecté à l'unité 8 200, chargée de l'écoute des signaux électroniques. En 1976, il participe au commando qui libère les passagers d'un vol Air France, retenus sur l'aéroport d'Entebbe (Ouganda) par des sympathisants de la bande à Baader. Le 15 août 1977, il est affecté à la branche extérieure des renseignements militaires et se spécialise dans le suivi du commerce international des armes. Ses deux zones d'intervention privilégiées sont l'Iran – il parle le persan – et l'Amérique latine. A ce titre, il est l'un des acteurs de la « surprise d'octobre », c'est-à-dire le report de la libération des otages américains en Iran jusqu'à l'élection de Reagan, mais aussi de l'Irangate et du Contragate, c'est-à-dire les livraisons d'armes américaines acheminées clandestinement vers l'Iran et l'utilisation d'une partie des fonds obtenus pour financer les guérillas contre-révolutionnaires en Amérique centrale, tournant ainsi le blocus financier imposé par le Congrès des Etats-Unis.

Ben-Menashe n'a pas besoin de longues explications car il a déjà eu l'occasion de travailler avec un cousin éloigné de Promis. C'était en 1976 – il lui fallait décoder et traduire les télégrammes que s'adressaient les services iraniens. Aucun dictionnaire persan-hébreu n'existant, il avait eu recours au logiciel d'Inslaw. Après avoir fait saisir le contenu d'un dictionnaire persan-anglais et d'un dictionnaire anglais-hébreu, face à un télégramme iranien, le logiciel recherchait les termes en anglais, puis en hébreu, croisant les informations de deux banques de données différentes pour en créer une troisième. Le résultat s'était révélé des plus satisfaisants. Pour cet usage rudimentaire, le logiciel était déjà hors norme. A l'époque, le responsable israélien de l'informatique avait dit à Ben-Menashe que le logiciel avait été fourni par la NSA.

A écouter Rafi Eitan, Ben-Menashe réalise que Promis ouvre en réalité une ère nouvelle de l'informatique alors qu'en ce début des années 80, les ordinateurs demeurent lents et volumineux et que la diversité des systèmes comme l'impossibilité des interconnexions les rendent d'un emploi malaisé. La révolution de la micro-informatique n'a pas encore eu lieu.

Les services israéliens utilisent déjà Promis notamment pour contrôler les Palestiniens des territoires occupés. Il suffit d'interconnecter les fichiers des compagnies des eaux, du téléphone, des banques, pour lire, heure par heure, la trace électronique laissée par un individu. Plus grand-chose de ses déplacements et de sa vie personnelle n'échappe à l'observateur. Si la consommation d'eau et d'électricité d'un foyer augmente soudain, cela peut signifier qu'il y a des invités. Promis peut aussi vérifier les chutes de consommation pour savoir qui s'est absenté.

Rafi Eitan explique que la nouvelle version du logiciel lui a été remise, aux Etats-Unis, par Earl W. Brian et Robert McFarlane. Brian envisage de commercialiser Promis dans le monde entier et, en particulier, de le vendre à divers services secrets. C'est dans cette perspective que Eitan a été approché, comme client en quelque sorte.

Dans l'esprit du vieil espion, une idée autrement machiavélique n'a pas tardé à germer, qu'il confie à Ben-Menashe : « Nous pouvons certes nous servir de ce programme pour traquer les terroristes, mais il y a mieux à faire. Nous pourrions aussi, grâce à lui, savoir ce que savent nos ennemis. »

Ben-Menashe contemple un moment Eitan avant de s'exclamer : « Ben zona ata tso dek ! Fils de pute, tu as raison ! Tout ce que nous avons à faire, c'est piéger le programme avant de le revendre à nos ennemis. »

Piéger un logiciel consiste à y installer un véritable cheval de Troie électronique. En principe, les banques de données qui tournent sous ce type de programme sont « en ligne », c'est-à-dire que l'on peut y accéder à distance en se servant d'un modulateur-démodulateur, un modem, raccordé à une ligne téléphonique. Le problème consiste à filtrer les entrées afin de n'autoriser la consultation qu'aux personnes accréditées. Le filtre prend la forme de mots de passe et de codes plus ou moins complexes. Tout l'art des pirates de l'informatique consiste à casser ces protections.

Une autre manière de tourner les systèmes de protection est de doter le logiciel d'une « back door » ou issue de sécurité. Les constructeurs utilisent parfois cette formule afin de préserver leurs clients en cas d'oubli ou de perte du mot de passe. Ils les avertissent bien sûr de cette possibilité de recours. Seulement, si le fabricant n'est pas honnête, il peut se ménager une telle issue de secours sans avertir personne. Or, ces « back doors » informatiques sont pratiquement indétectables sauf à posséder le code constitutif du logiciel et à le comparer avec celui qui tourne dans vos machines. Et même ainsi, c'est un travail de titan.

Ben-Menashe a compris le projet concocté par Rafi Eitan : « En se connectant sur Promis, un agent israélien n'aurait plus de difficulté pour pénétrer les ordinateurs équipés de ce logiciel. Certes, les clients qui recevront Promis risquent de se demander s'il ne s'agit pas d'un piège de notre part, mais ils seront incapables de trouver quoi que ce soit. Surtout si leur programme a été installé par nos experts ! »

Ce rêve, Eitan le caresse depuis longtemps, mais il butait sur un obstacle de taille. La seule version de Promis entre les mains israéliennes concernait un logiciel 16 bits, soit un modèle déjà obsolète. Pour mener à bien son grandiose projet, il devait s'emparer de la nouvelle version destinée aux ordinateurs Vax VMS. D'où l'intérêt porté par le faux Ben Orr à ce type d'équipement lors de sa visite au siège d'Inslaw.

A présent qu'il est enfin en mesure de passer à l'acte, Rafi Eitan tient à faire modifier le logiciel hors des frontières d'Israël afin de conserver le secret vis-à-vis des autres services de renseignements de l'Etat hébreu.

« Les salopards de l'autre côté de la rue ne doivent pas être au courant, ponctue Eitan. Cette opération est pour le Lakam. »

Ben-Menashe n'a pas besoin d'une traduction. Il sait que cette amabilité vise le Mossad avec lequel Rafi Eitan est en situation de guéguerre permanente. Et il comprend enfin le but de ces confidences inattendues. Rafi Eitan a besoin de son carnet d'adresses. Au demeurant, sa requête est naturelle. Ben-Menashe connaît très bien les Etats-Unis où il a effectué ses études universitaires. De plus, dans quel autre pays pourrait-on trouver la perle rare, l'informaticien haut de gamme à qui il soit possible de « faire confiance » ? Là encore, Ari Ben-Menashe a traduit : Rafi Eitan veut un juif israélien installé en Amérique.

Début 1984 – Ari Ben-Menashe ne déniche pas immédiatement l'homme que recherche Rafi Eitan. Pourtant, à l'occasion d'un déplacement aux Etats-Unis, il décide de rendre visite à un ami d'enfance, Yehuda Ben Hanan, qui dirige à Chatsworth une petite société d'informatique baptisée Software and Engineering Consultants. Arguant de vacances, Ben-Menashe se laisse inviter, fait la connaissance de l'épouse de Ben Hanan, une juive brésilienne, et passe une bonne partie de la journée à évoquer des souvenirs d'enfance, entrecoupés de sujets plus professionnels concernant les logiciels et leur évolution.

Ben-Menashe sort de ces retrouvailles convaincu que son vieux copain est l'homme de la situation. Non seulement il est capable de réaliser les transformations souhaitées sur Promis, mais encore il n'est pas bavard et se trouve immergé dans un univers où ni les services secrets ni les coups tordus ne sont envisageables. Bref, son innocence en fait un auxiliaire précieux.

Cinq jours après la visite d'Ari Ben-Menashe, Yehuda Ben Hanan est contacté par un Israélien et, moyennant 5 000 dollars, accepte de concevoir un accès extérieur à un programme dont il reçoit les codes (blueprints) sans que le client juge nécessaire de lui expliquer les fonctions de ce logiciel.

Printemps 1984 – Il ne suffit pas d'avoir piégé Promis, encore faut-il diffuser le logiciel et notamment en équiper les Jordaniens puisque, de tous les services de sûreté arabes, ce sont eux qui possèdent le plus grand nombre de dossiers concernant des Palestiniens. Comme il est exclu qu'une société israélienne puisse démarcher en Jordanie, Rafi Eitan se tourne vers son ami Earl W. Brian.

Pour avoir été associés aux négociations secrètes de la « surprise d'octobre », Rafi Eitan et Ari Ben-Menashe connaissent les liens d'Earl Brian avec la CIA. Même s'il n'est pas formellement un fonctionnaire de l'Agence, l'industriel travaille régulièrement avec elle à titre personnel comme par le biais de ses nombreuses sociétés. Les Israéliens savent qu'ainsi ils se replacent d'eux-mêmes dans le giron du grand frère américain mais, conformément aux pratiques d'Eitan, en court-circuitant les instances officielles de décision et en conservant à l'opération son caractère clandestin au sein même de l'univers du renseignement.

Comme les Jordaniens s'équipent surtout aux Etats-Unis, ne serait-ce que pour les F-16 de leur aviation, il est naturel qu'ils fassent de même pour l'informatique. Earl Brian saute sur l'occasion qui lui est offerte et la société Hadron retrouve Promis par un nouveau biais. La firme d'Earl Brian travaille en effet régulièrement avec les Jordaniens. En 1981, elle a décroché un contrat pour installer le système de télécommunication de l'armée de l'air jordanienne. Un groupe d'experts de la firme américaine se rend à Amman pour présenter le logiciel aux services de renseignements militaires en mettant l'accent sur le fait que ce programme peut permettre d'exploiter des fichiers de dissidents. Les perspectives offertes séduisent le roi Hussein, toujours méfiant à l'égard des Palestiniens. Grâce au logiciel, les Américains croisent les données des ordinateurs des compagnies d'eau, d'électricité et autres services publics jordaniens. Promis est livré, dans le cadre de contrats militaires, aux services jordaniens en même temps que des ordinateurs IBM (mainframe). Lors de l'installation du matériel, personne, du côté jordanien, ne s'apercevra qu'un fil superflu relie l'ordinateur à la ligne téléphonique d'un appartement anonyme de la capitale, occupé par un homme d'affaires appelé à effectuer de fréquents voyages.

Ce dernier enregistre tranquillement les résultats obtenus par les Jordaniens sur un petit ordinateur qui avait encore la taille d'un réfrigérateur et fonctionnait avec des bandes. Spécialisé dans l'import-export, cet homme d'affaires fréquente régulièrement la ligne de la Royal

Jordanian Airlines à destination de New York. Il profite de l'escale de Vienne pour remettre discrètement les liasses d'informations, qui ont voyagé au milieu de sa documentation professionnelle, à un agent de Rafi Eitan.

Rafi Eitan et Earl Brian assistent, éblouis, à la première expérimentation de Promis en grandeur nature. Le système marche comme prévu et se montre d'autant plus efficace que, sans attendre les possibilités offertes par Promis, les Jordaniens s'étaient déjà dotés de leur propre réseau de surveillance des Palestiniens. Dès lors, Israéliens et Américains se retrouvent en possession de listes de Palestiniens détaillant leurs déplacements. Ces listes, dépourvues de toute référence de source, sont diffusées dans les services israéliens : au département recherche du Shin Beth, à celui du Mossad et à celui d'Aman, les services secrets militaires. Seuls trois ou quatre responsables connaissent l'origine de ces informations.

Les Israéliens ne sont pas les seuls à avoir eu l'idée de piéger Promis. Avant eux, Michael Riconosciuto s'est livré à un petit « bricolage » sur la version 32 bits de Promis, à la demande d'Earl Brian. Il n'a pas, à proprement parler, installé d'« issue de secours ». Pour pénétrer les ordinateurs, les Américains disposent de moyens plus performants que les Israéliens. Riconosciuto a simplement modifié le programme afin qu'il contourne les normes de protection. Triomphant, Riconosciuto explique :

« Mes équipes ont trouvé le moyen de faire que les ordinateurs vident leurs tripes. Les micro-puces qui constituent les systèmes informatiques sont formées de millions de semi-conducteurs. La probabilité que toutes les jonctions fonctionnent parfaitement est très mince. Quand l'industrie intégrée du circuit transistor a commencé, les coûts étaient très importants en raison du nombre élevé de rejets. Le vrai miracle de l'informatique n'est pas tant la miniaturisation des circuits que le fait que les erreurs non détectables n'affectent pas la performance générale des circuits. Elles restent généralement sans conséquence pour l'usager comme pour le programmeur. Si vous connaissez le type de matériel dont se sert une personne, vous connaissez les procédures qui gèrent ces erreurs et vous pouvez donc pénétrer ce système quelles que soient les protections employées. A partir de là, tout est simple, si j'ose dire ! Nous avons modifié Promis afin d'accéder directement aux données en utilisant les erreurs. Pour y parvenir, nous nous sommes servis des fonctions de Wallch, un type d'opérations mathématiques guère prisées dans les circuits académiques ou industriels. Les militaires en ont fait usage durant la Seconde Guerre mondiale en raison de leur potentiel dans le domaine de la sécurité des communications. »

Michael Riconosciuto affirme qu'au départ, la version ainsi modifiée de Promis était destinée à l'Union soviétique. Elle était censée gérer les logiciels de simulation mathématique pour les tests nucléaires. Nom de code de l'opération : Ulysse. Le logiciel piégé aurait été installé dans divers super-ordinateurs soviétiques qui dès lors n'ont plus eu de secrets pour des satellites américains de la NSA chargés de la collecte des informations électroniques (Elint).

Juin 1984 – La curiosité des Israéliens se manifeste aux Etats-Unis mêmes. Le colonel Aview Sella, expédié à New York par Rafi Eitan afin de suivre des études d'informatique, ne se contente pas de parfaire ses connaissances.

Il profite de son séjour pour prononcer quelques conférences sur des sujets qu'il connaît bien, comme le renseignement. Ebloui par l'un de ces exercices qu'il a jugé « époustouflant », un analyste des services secrets de la marine américaine, Jonathan Jay Pollard, trente-deux ans, cherche, dès le début de l'année 1984, à prendre contact avec Sella.

Avant de permettre la rencontre, Rafi Eitan fait enquêter, cinq mois durant, sur Pollard. Les résultats sont positifs. L'Américain va devenir l'une des plus importantes taupes israéliennes. Grâce à ses renseignements, l'aviation israélienne pourra bombarder sans difficulté le quartier général de l'OLP à Tunis. Jonathan Pollard a en effet remis à Aview Sella les plans de la défense antiaérienne mise en place par les Tunisiens et les Palestiniens. De même, comme Israël est dépourvu de satellites d'observation, Pollard transmet régulièrement les relevés effectués par les satellites américains. Enfin, il fournit des précisions sur l'équipement nucléaire de l'Irak et du Pakistan. Le volume des documents ainsi détournés est l'un des plus considérables de l'histoire de l'espionnage.

Allié des Etats-Unis dans le trucage du logiciel Promis, Rafi Eitan organise simultanément le pillage de leur documentation secrète. Ce double jeu ne lui pose aucun problème. Il ne porte guère dans son cœur ce trop puissant protecteur et n'est pas mécontent de pouvoir lui damer le pion. Lors de ses fréquentes visites sur le territoire américain, il se garde bien de rencontrer Pollard et préfère, comme à son habitude, abriter ce genre de contact dans une suite discrète d'un grand hôtel parisien.

Eté 1984 – Les Israéliens ayant testé en Jordanie la nouvelle technique d'espionnage informatique, les Américains n'ont de cesse d'en faire autant dans leur propre « arrière-cour ». Les rôles sont simplement intervertis : les Israéliens deviennent les vendeurs et les Américains les principaux bénéficiaires de la manne.

Le général Oscar Mejía Victores, nouveau « chef de la Nation » du Guatemala depuis qu'en août 1983 il a, comme ministre de la Défense, renversé le général Efrain Ríos Montt, conclut un accord avec Nachum Adnoni, chef du Mossad, qui fait de son pays une plaque tournante du trafic d'armes. Le général permet d'une part aux Israéliens de stocker sur son territoire des armes américaines destinées à l'Iran, d'autre part il autorise le survol du Guatemala par les avions qui amènent de Pologne les armes destinées aux Nicaraguayens. Les filières du scandale Irangate-Contragate sont en place. L'ensemble de la tractation s'est déroulé sous les auspices et avec la bénédiction de la CIA. Depuis 1954 et le coup d'Etat contre Jacobo Arbenz Guzmán, dont la politique progressiste gênait United Fruit, ce pays est une chasse gardée de l'Agence. Elle a appuyé la junte militaire dans une politique de répression qui, en trente ans, aura fait plus de cent mille victimes. Les « escadrons de la mort » bénéficient de l'assistance nord-américaine.

Si le Guatemala a été sélectionné pour une nouvelle expérimentation de Promis, ce n'est pas seulement en fonction de considérations géographiques ni de la souplesse de son dirigeant suprême, mais surtout parce que ce pays constitue de longue date un territoire de chasse de Pesacha Ben Or, un marchand d'armes israélien. Pesacha Ben Or travaille pour la firme Eagle et, occasionnellement, pour le général Sharon.

Dans le contrat passé avec le général Oscar Mejía Victores, l'une des clauses prévoit qu'en échange des facilités qui leur sont accordées, les Israéliens procéderont à l'informatisation des forces armées guatémaltèques. Ils doivent notamment aider les militaires sud-américains à dresser des fichiers d'opposants.

Ari Ben-Menashe se retrouve tout naturellement mêlé à cette nouvelle opération. Depuis des mois, il a sa suite au Camino Real, le meilleur hôtel de Guatemala City où agents secrets et hommes d'affaires négocient nonchalamment au bord de la piscine. Pendant que les Israéliens aident les Américains à armer les contre-révolutionnaires, Ben-Menashe se charge de vendre des armes à l'autre camp : les sandinistes. Il achète le matériel en Pologne, où il a ouvert un bureau, pour le faire ensuite transiter vers le Nicaragua. Qu'importe le caractère contradictoire de cette double démarche, l'essentiel pour Ariel Sharon et son ami Pesacha Ben Or est de réaliser le chiffre d'affaires le plus élevé possible. Et si les Israéliens s'appliquent toujours à valoriser leur alliance avec les Etats-Unis, vitale pour la survie de leur pays, ils n'hésitent jamais à s'octroyer un avantage à leurs dépens dès que la situation est propice.

Pour mener à bien l'opération guatémaltèque, les Israéliens doivent équiper les ordinateurs du pays de la version piégée du logiciel Promis. Ainsi les Américains pourront suivre les opérations antiguérilleros, tandis que les Israéliens contrôleront de bout en bout l'ensemble des trafics d'armes dont ils sont la cheville ouvrière. C'est un sexagénaire allemand, Manfred Herrmann, propriétaire de Sedra, une société de pièces détachées installée à Guatemala City, qui se voit confier la version modifiée de Promis. Herrmann devient, en outre, le représentant local de la société israélienne d'armements Ora. Son associé, Baldur K. Klein, assurera à Maitland la représentation de cette même société et, de là, il contrôlera la filière.

Très vite, les Israéliens doivent pourtant déchanter. Pour que Promis fonctionne, il est indispensable que l'ensemble des données qu'il doit rapprocher soient préalablement informatisées. Or, tel n'est pas le cas au Guatemala. Le pays ne possède ni les équipements nécessaires ni les opérateurs qualifiés. Medan Computer Ltd, la filiale israélienne d'Honeywell, est donc mobilisée pour pallier ces défaillances et fournir les ordinateurs IBM indispensables. Sedra, la société de Manfred Herrmann, et Degem, une autre société israélienne implantée à Guatemala City, non loin de la Fiesta, et dirigée par d'anciens informaticiens militaires, procurent les matériels, tandis que le « chef de la Nation » mobilise l'ensemble des médias du Guatemala pour faire entrer le pays dans l'âge de l'informatique. Les quotidiens publient des photos de rangées de jeunes femmes assises devant des écrans, la télévision présente les soldats face à des claviers. Personne ne signale que la plupart d'entre eux sont analphabètes ! Le financement d'un tel programme ne pose pas de gros problèmes puisque, sans compter les armes, le Guatemala est un site stratégique du trafic de drogue et que, placé sous le haut patronage des autorités officielles du pays, ce fructueux commerce dégage d'importantes liquidités.

Pour permettre la soudaine mise en place de ces équipements informatiques, des techniciens israéliens sont mobilisés sous l'égide de Degem et de Medan Computer Ltd. Ils appartiennent tous aux réserves du renseignement militaire. Les terminaux d'ordinateurs se mettent à fleurir dans les ministères guatémaltèques, mais aussi dans les aéroports, les gares et même les barrages routiers de l'armée. Deux mille emplois sont créés au Guatemala pour des citoyens ayant achevé leur scolarité et qui, en six mois, sont formés au maniement des claviers.

Dès lors, Promis peut enfin tenir ses promesses. Les dissidents présumés sont fichés : poids, âge, couleur des cheveux, et ces données archivées à partir de n'importe quel terminal ! Ils ne peuvent plus se déplacer sans être repérés. Grâce au logiciel, le commandement de l'armée guatémaltèque peut savoir que tel individu qui était dans le nord du pays trois jours auparavant a pris un train, puis un bus et voyage désormais sous une autre identité. Du point de vue du renseignement, l'opération est un succès. A la fin de 1985, la quasi-totalité des opposants aura été emprisonnée, ainsi qu'un nombre important d'innocents.

Si on se reporte au témoignage d'Ari Ben-Menashe, l'utilisation de Promis au Guatemala aurait fait près de vingt mille victimes. L'agent israélien se souvient, par exemple, d'une virée dans le nord du pays pour visiter les pyramides mayas avec une Jeep de l'armée louée à un colonel qui arrondissait ainsi sa solde. Soudain, au détour de la piste de terre battue, il tombe sur un barrage. Des gamins en uniforme l'arrêtent en brandissant leurs Galils, une arme israélienne semblable aux kalachnikovs. Dès qu'il présente son passeport israélien, c'est la fête. Ari Ben-Menashe constate alors la présence d'un terminal d'ordinateur relié à un long câble téléphonique. Il ne fallait pas d'éléments bien consistants pour transformer le premier Indien de passage en dangereux gauchiste. Certes, sur les barrages, seul l'officier était blanc mais les soldats voulaient montrer de quoi ils étaient capables et ils traitaient donc leurs concitoyens avec la même morgue implacable. Toutes les personnes dépourvues de documents administratifs ou dont le nom apparaissait sur les listes établies par Promis étaient arrêtées et interrogées. La plupart du temps, l'exécution suivait.

Ari Ben-Menashe a été suffisamment secoué par ce spectacle pour s'en être ouvert à Rafi Eitan. A l'évidence, les apprentis sorciers israéliens ne s'attendaient pas à une telle boucherie. Big Brother prenait soudain une allure d'apocalypse. Le climat est devenu tel dans le pays que les hauts gradés guatémaltèques doivent être dotés de gardes du corps... israéliens !

13 juillet 1984 – La mort dans l'âme, Leslie Carpenter et sir Alex Jarrett vendent à Robert Maxwell le Mirror Group, dont le fleuron est le quotidien londonien *Daily Mirror.* Le fils de paysan tchèque a enfin réalisé son rêve : devenir un magnat de la presse. Rares sont ceux qui connaissent le rôle joué dans ce « conte de fées » par les Israéliens. Lorsque, en septembre 1983, les instances dirigeantes du Herout préfère Yitzhak Shamir à David Lévy pour succéder à Menahem Begin comme Premier ministre, Robert Maxwell, alias captain Bob, voit s'ouvrir de riantes perspectives. N'est-il pas au mieux depuis une vingtaine d'années avec le nouveau chef du gouvernement israélien qui a travaillé naguère, à Paris, pour le Mossad sous les ordres de Rafi Eitan ? De ce passé, Shamir a conservé le goût des services secrets. Dès sa prise de fonctions, il entreprend de purger et réorganiser le Mossad dont il propose la direction à Rafi Eitan. Peu

soucieux de gérer une bureaucratie, celui-ci refuse et Shamir, peut-être soulagé, n'insiste pas.

A la même époque, Robert Maxwell se dit taraudé par ses racines juives et soucieux de retrouver son terreau d'origine. Préoccupations d'autant plus accusées que Maxwell a besoin de Shamir pour réaliser une ambitieuse manœuvre. Il a en effet décidé de se porter acquéreur du *Daily Mirror*. Seulement, il lui faut débourser 113 millions de livres sterling et il ne sait comment garantir l'emprunt de 80 millions de livres qu'il lui faut contracter auprès de banques suisses et canadiennes. Le Premier ministre israélien lui ôte l'épine du pied en apportant, secrètement, la caution recherchée.

Il est vrai que, pour les Israéliens, le *Daily Mirror* n'est pas un territoire inconnu. Le chef du service étranger du quotidien, Nicholas Davies, dit Nick, travaille pour le Mossad et a été, l'année précédente, associé à Ari Ben-Menashe dans des opérations de trafic d'armes.

Hiver 1984 – Donnant-donnant, le service rendu par le gouvernement israélien à captain Bob est immédiatement suivi de sa réciproque. Echaudés par les excès guatémaltèques et désireux de ne plus apparaître en première ligne, les Israéliens décident de vendre Degem et se tournent vers un de leurs interlocuteurs de confiance : Robert Maxwell. La transaction s'effectue par le biais des écoles Berlitz qui se portent acquéreurs de la société d'informatique. Degem est notamment implantée dans un bantoustan d'Afrique du Sud, pays où les Israéliens travaillent depuis des années et où l'un des amis de Menahem Begin, Yaacov Meridor, a fait fortune en participant au contournement de l'embargo décidé par les Nations Unies pour lutter contre l'apartheid.

Pour approcher Robert Maxwell et l'associer à l'exploitation de Promis, un vieil ami du magnat de la presse a été mobilisé. Il s'agit du sénateur américain John Tower. Proche de George Bush et fasciné par les services secrets, Tower a présidé la commission des armées du Sénat. C'est lui qui, en 1976, lorsque Bush dirigeait la CIA, avait proposé à Maxwell de servir d'intermédiaire pour des contacts avec différentes personnalités du monde du renseignement soviétique. Maxwell s'étant acquitté de cette tâche à la satisfaction générale, Tower et lui se lient d'amitié. La nouvelle démarche du sénateur auprès de captain Bob a été suscitée par un petit groupe de responsables de la CIA mené par Robert Gates.

Il est vrai que l'exercice n'est guère nouveau pour Robert Maxwell. Dès sa jeunesse, il montre une véritable prédisposition pour les services secrets. Durant la Seconde Guerre mondiale, il sera décoré par Montgomery de la Médaille militaire après avoir effectué des missions périlleuses derrière les lignes allemandes. Sa connaissance de l'allemand, et plus généralement son don pour les langues – il en parle neuf – lui valent d'être recruté par le renseignement britannique pour aider aux debriefings de prisonniers. Au camp d'Iserlohn, il participe notamment à l'interrogatoire d'Herman Giskes, l'un des as de l'Abwehr, responsable du contre-espionnage allemand pour la Hollande et le nord de la France.

Les premiers pas de Maxwell dans l'univers du renseignement s'effectuent dans le cadre d'une des plus dramatiques opérations d'intox de la Seconde Guerre mondiale. En effet, Herman Giskes avait démantelé les réseaux britanniques du Special Operation Executive (SOE) sur le continent et Londres le savait. Pourtant, dans le cadre d'une opération de désinformation baptisée Fortitude, de nouveaux agents étaient néanmoins envoyés dans le piège, porteurs, à leur insu, d'informations erronées. Plusieurs dizaines d'entre eux furent exécutés mais ce qu'ils risquaient de révéler n'avait pour objectif que de détourner les Allemands des préparatifs du débarquement en Normandie, en leur donnant à croire que l'opération se situerait plus au nord de la façade continentale.

Au début des années 50, Robert Maxwell, qui s'est lancé dans la presse, publie en Occident des revues scientifiques soviétiques. Une démarche qui devient très lucrative après le lancement, en 1957, du premier satellite artificiel Spoutnik. Les Occidentaux, soucieux de mesurer l'avancement de la science au-delà du rideau de fer, se précipitent sur les revues publiées par Maxwell. Ce dernier n'a toutefois pas oublié d'exploiter sa position en fournissant au MI 6 britannique des renseignements sur les travaux menés dans les laboratoires soviétiques.

Au cours d'une existence particulièrement mouvementée, captain Bob a travaillé avec au moins quatre services secrets différents : la CIA, le Mossad israélien, le MI 6 (extérieur) et le MI 5 (intérieur) britanniques et même le KGB soviétique. En effet, au début des années 80, Robert Maxwell a mis son réseau de sociétés à la disposition des services soviétiques pour blanchir des fonds importants. Ayant accès aux dirigeants de ces divers services, il pouvait faire passer des messages, assurer des liaisons. Dans son agenda personnel, on a retrouvé, à côté des coordonnées personnelles de plusieurs chefs d'Etat et de gouvernement, celles de responsables du KGB. Au demeurant, Maxwell aimait à plaisanter sur ce sujet en affirmant, par exemple, que le téléphone rouge posé sur son bureau était directement relié au Kremlin.

Le Mossad, par l'intermédiaire d'Yitzhak Shamir, avait pris contact avec lui au début des années 60, en passant par le Mapam, parti frère des travaillistes britanniques dont Maxwell fut l'un des députés de 1964 à 1970. Vingt ans plus tard, les liens sont toujours aussi vivaces.

Faire appel à Robert Maxwell n'est toutefois pas sans inconvénient. L'homme traîne une réputation sulfureuse et de nombreux services le pistent. Chacun de ses déplacements aux Etats-Unis est, par exemple, étroitement surveillé par la section de contre-espionnage du FBI. Entre 1953 et 1961, convaincus que Maxwell appartient au KGB, les fédéraux ont consacré à Maxwell dix rapports internes et huit enquêtes.

Cette année 1984, ils ont décidé de se pencher à nouveau sur le personnage à travers une de ses sociétés : Pergamon Press. Le FBI soupçonne que Pergamon sert de relais à un trafic de banques de données au profit de l'Union soviétique. Le bureau du FBI à Albuquerque (Nouveau-Mexique) est chargé des investigations. C'est en effet dans cet Etat que se situent des banques de données parmi les plus sensibles des Etats-Unis. Elles ont été élaborées par les laboratoires de physique nucléaire de Los Alamos – où furent conçues les premières bombes atomiques américaines – et de San Dia et centralisent les données des services de renseignements sur la prolifération nucléaire dans le monde. Ces deux laboratoires suivent avec une attention toute particulière les programmes nucléaires d'Israël et des pays arabes. Pour des raisons non élucidées, l'enquête du FBI est rapidement stoppée et le dossier classé sans suite.

Tandis que le *Daily Mirror*, le nouveau titre phare de son groupe de presse, fait campagne, au nom de la lutte contre l'apartheid, en faveur du boycott commercial de l'Afrique du Sud, captain Bob installe, par l'intermédiaire de Degem, Promis au Transkei. Là encore, l'argument de vente est la lutte contre les opposants politiques, c'est-à-dire les groupes révolutionnaires noirs et, plus particulièrement, l'African National Congress (ANC) de Nelson Mandela. Comme en Jordanie et au Guatemala, le logiciel rassemble les informations éparses et dresse des listes. Les malheureux qui y figurent sont condamnés à mort sans le savoir. Leurs noms sont communiqués au groupe de Gatsha Buthelezi, le chef zoulou en guerre ouverte contre l'ANC, qui se charge des exécutions. Une grève des mineurs noirs fut, par exemple, brisée parce que Promis avait permis d'en retrouver les instigateurs qui tous « disparurent ».

Autant dire que les services de sécurité sud-africains étaient ravis de leur acquisition. Ils avaient branché Promis à une unité centrale située au quartier général de l'armée de l'air à Pretoria, voisine de l'ambassade américaine. Bien que cette version du logiciel ait été piégée par les Israéliens, les Américains étaient également destinataires des informations récupérées ainsi dans les mémoires des ordinateurs sud-africains.

Quelque douze mille militants anti-apartheid furent raflés début 1986 grâce aux performances de Promis. Qui s'en souciait ? Comme on disait à Tel-Aviv, dans les couloirs des services de renseignements : « Des nègres tuent des nègres. »

Début 1985 – Ari Ben-Menashe s'est fait déposer par le taxi à Fleet Street, devant l'immeuble qui abrite le *Daily Mirror.* Lors de sa première visite, Maxwell venant juste de s'installer dans son nouveau domaine, il était d'abord passé saluer son « collègue » Nick Davies, mais à présent il a ses habitudes. L'hôtesse installée derrière la vaste table ronde de la réception, sous l'emblème du groupe, le salue. Un garde l'accompagne dans l'ascenseur et utilise une carte magnétique pour l'accès à l'avant-dernier étage. Captain Bob trône en effet au sommet du building, sous l'héliport privé installé sur le toit. L'ambassadeur de Bulgarie fait déjà antichambre. Pourtant, lorsque le maître des lieux surgit, c'est à l'Israélien qu'il adresse un cordial « Hi mister Ben », puis, se tournant vers le diplomate, il tend un doigt en disant : « Toi, tu m'attends. » L'envoyé de Shamir est prioritaire.

Maxwell et Ben-Menashe se sont ainsi rencontrés une dizaine de fois, toujours dans le bureau londonien de captain Bob. Leurs négociations sont pour l'essentiel d'ordre financier : rachat de sociétés, blanchiment d'argent pour le compte des Israéliens à travers le dédale du groupe, diffusion de Promis. A chaque fois, le volumineux patron se montre disponible, jovial, mais bavard, tellement bavard ! La vente du logiciel lui rapporte de confortables profits et il s'en montre très satisfait.

Le coup de maître du magnat de la presse britannique reste encore à venir : vendre Promis aux Soviétiques. L'opération se réalisera lorsqu'une société de Northville (Connecticut), la Transcapital Corporation, sera autorisée à exporter vers l'Union soviétique de gros ordinateurs IBM. Les acheteurs ayant manifesté leur intérêt pour le logiciel, c'est la Degem qui se charge de le leur fournir. Dans sa version piégée bien entendu. L'opération rapporte à Maxwell 12 millions de dollars et rien ne permet d'affirmer qu'il a trompé ses amis de l'Est puisqu'il ignorait probablement les performances réelles de Promis. Ari Ben-Menashe n'a en effet jamais pu savoir si captain Bob était au courant ou non de l'existence du piège qu'il contribuait à répandre sur la planète. Quant au client, les patrons de la CIA, même dans leurs rêves les plus fous, ne pouvaient espérer mieux puisqu'il s'agit des services de renseignements militaires soviétiques (le GRU). Les Américains vont donc avoir accès aux fichiers de l'ennemi. Seulement, ce coup de maître a un témoin, les Israéliens, qui s'attachent à surveiller, autant que possible, la diffusion du logiciel. Les Américains leur rétrocéderont, en conséquence, certaines des informations obtenues dans la mémoire des ordinateurs du GRU.

Août 1985 – Robert Maxwell se livre à l'un de ses passe-temps favoris : il crée une nouvelle société. Dénommée Pergamon Brassey's International, elle est domiciliée en Virginie dans une verdoyante banlieue de Washington, McLean. Une adresse familière à tout l'univers de l'espionnage puisqu'elle se situe non loin du quartier général de la CIA, que l'agence de renseignements américaine y a implanté des sociétés commerciales derrière lesquelles elle abrite ses activités et que bon nombre d'employés ou d'anciens employés de l'Agence y résident.

Pergamon est un nom cher à captain Bob puisqu'il l'a déjà utilisé pour une holding, un institut et même un groupe de presse dont dépendent les éditions Pergamon. Le P-DG de la nouvelle société n'est pas un inconnu puisqu'il s'agit du sénateur John Tower. Parmi les directeurs on relève les noms du général Paul F. Gorman, ancien responsable du commandement sud de l'US Army, et du colonel Frank Margiotta qui vient, lui, de la NSA.

Officiellement, Pergamon Brassey's International n'est qu'une petite maison d'édition spécialisée dans les questions de défense. Elle n'emploie au demeurant que six personnes. Dans les années qui suivent, la société recrute un vice-président chargé des services techniques. Le choix s'est porté sur George Vavaris, qui dirigeait le centre de données au département des technologies informatiques et des télécommunications du ministère de la Justice. Dans l'administration, Vavaris gagnait 90 000 dollars par an et il est donc raisonnable de penser que la société de Robert Maxwell ne lui verse pas moins.

Le recrutement de Pergamon Brassey's International ne s'arrête pas là puisque George Vavaris entraîne dans son sillage James K. Dover, son assistant au ministère. Les deux hommes ont participé à l'opération Aigle et ont donc une parfaite maîtrise du logiciel Promis.

1987 – En provenance des Etats-Unis, Michael Riconosciuto débarque sur un aéroport militaire chypriote. Il a emprunté un transport militaire comme d'autres hèlent un banal taxi new-yorkais. « Dans notre jargon, on appelle cela un avion des boys, explique-t-il. Les militaires ont des vols dans le monde entier – transports de troupes, de marchandises ; il suffit d'avoir une carte pour monter à bord. Si vous êtes sur la liste, vous signez et mettez votre numéro d'identification. »

A la demande de la CIA, Riconosciuto vient d'être embauché comme consultant technique par la société Eurame Trading Company Ltd dont le siège est situé au troisième étage d'un petit immeuble de Colombus Street, à Larnaca, sur la colline, non loin de l'ambassade américaine. Officiellement spécialisée dans l'import-export, Eurame sert de couverture à divers services américains dont la DEA et la CIA. Après l'enlèvement et l'assassinat, en 1986, du chef de la station libanaise de la CIA, William Buckley, les réseaux américains au Proche-Orient ont été décimés. Buckley a été assassiné après avoir vidé son sac lors d'un interrogatoire « médicalement assisté ». L'administration Reagan est donc engagée dans une tâche ingrate de reconstitution de filières clandestines. La mission de Riconosciuto consiste à installer un réseau de communication. Une station radio à ondes courtes doit permettre de rester en contact avec les agents sur le terrain, tous dotés d'émetteurs-récepteurs dissimulés dans des sacs à dos provenant de la Stoner Goral Corporation de Seattle. Ces petits bijoux très compacts, équipés de postes de 175 watts, sont parfaits pour les communications à longue distance. Toutefois, l'installation de l'antenne est très délicate. Riconosciuto aménage une antenne de télévision, en apparence, qui a été modifiée pour les ondes courtes. Elle ne travaille pas sur une seule mais sur plusieurs fréquences et se révèle donc particulièrement difficile à régler.

Outre ce travail, Michael Riconosciuto doit également diffuser Promis. « Au départ, raconte-t-il, IBM Tel-Aviv distribuait largement Promis pour des plates-formes AS 400. L'AS 400 est le concurrent des mini-séries de Vax, il est plus puissant qu'un micro-ordinateur mais plus petit qu'une unité centrale. Au Moyen-Orient, les administrations tournent généralement avec des AS 400 ou leurs équivalents Fujitsu. Seulement, IBM Tel-Aviv est limité dans ses contacts, surtout avec les pays arabes. Eurame a donc été chargé de distribuer Promis. » Et Riconosciuto assure le service auprès de la clientèle. C'est ainsi qu'il adapte le logiciel aux besoins de la police chypriote. Equipée d'un vieux PDP 1170 system, elle voulait convertir ses dossiers à la norme Promis. Riconosciuto rencontre les dirigeants de la police chypriote et leur conseille d'acheter un nouveau système. Comme les Chypriotes n'ont pas beaucoup d'argent, il les oriente vers un Vax 11730 d'occasion, disponible pour 3 à 4 000 dollars. Les policiers chypriotes en achètent deux.

A Chypre, Michael Riconosciuto travaille avec Michael Hurley, le chef de la station de la DEA, la police antidrogue américaine. Hurley, une vraie « tête brûlée », est le véritable patron d'Eurame. C'est un habitué des opérations d'espionnage.

5 avril 1988 – Lester Knox Coleman et son épouse retrouvent l'aéroport de Nicosie sans joie. Coleman est même inquiet, quoiqu'il s'efforce de ne pas le montrer. Il connaît trop bien le marigot local pour s'y replonger de gaieté de cœur. Libanais, Libyens, Russes, Bulgares, Roumains, Français, Britanniques, Américains se surveillent les uns les autres et l'île n'est plus qu'un bruissement ininterrompu de ragots de toute nature. Et voici que Michael T. Hurley l'a fait rappeler d'urgence. La DEA est débordée et cherche du renfort. Elle réclame son « agent contractuel ».

Car Lester K. Coleman n'appartient pas à cette administration, officiellement branche du FBI. Son véritable employeur est la DIA (Defense Intelligence Agency), les services secrets de l'armée. Après un brillant début de carrière dans le journalisme radio, il s'est laissé séduire par l'univers de l'espionnage. Il effectue ses classes en 1982 aux Bahamas, pour le compte de la CIA, en menant quelques opérations de désinformation. Il tient ensuite, au Liban, le rôle de correspondant de la CBN (Christian Broadcasting Network), dirigée par le télé-évangéliste Pat Robertson, qui sert de couverture aux services secrets américains. Journaliste pour l'apparence, agent de la DIA en réalité, il fréquente les principaux trafiquants d'armes syriens, dont le redoutable Monzer al-Kassar, par ailleurs milliardaire des folles nuits de Marbella et pourvoyeur d'armes des groupes palestiniens les plus radicaux comme le FPLP-Commandement général Ahmed Jibril.

Ponctuellement, Lester K. Coleman avait été amené à donner des coups de pouce à d'autres administrations américaines, les réseaux de trafics se recoupant souvent entre les armes et la drogue. Il avait même, à la demande du chef d'antenne de la DEA à Chypre, filmé les laboratoires de fabrication d'héroïne installés dans la plaine de la Bekaa et contrôlés par les Syriens. Depuis 1986, il avait été rattaché au NARCORG, une des structures de la DEA à Nicosie, chargée de surveiller les routes maritimes et les transmissions hertziennes en provenance du Liban. Spécialiste en électronique, il s'acquitte de cette tâche et participe même à l'infiltration de réseaux de trafiquants libanais.

Dans ce monde interlope où se côtoient gouvernants, chefs de milice, mafieux et agents secrets de toutes origines et de tous calibres, il n'est pas simple de reconnaître les siens. Si les services de renseignements de l'armée ont accepté que leur agent Coleman coopère avec la police antidrogue, c'est parce qu'ils redoutent que l'antenne de Chypre de la DEA ne soit infiltrée, voire manipulée, par certains services secrets arabes. Ils comptent sur Coleman pour faire le tri.

Pour son retour à Chypre, Lester Coleman a changé de point de chute. Il ne travaille plus dans les locaux de l'ambassade américaine mais s'installe, à proximité, dans le luxueux appartement avec mezzanine qui sert de siège à Eurame et d'où sont pilotées, avec l'accord de la police chypriote, les opérations de contrôle des réseaux de trafiquants. Coleman et Riconosciuto se sont croisés sans se rencontrer. Quand le second arrive à Chypre, le premier est déjà rentré aux Etats-Unis.

Lester K. Coleman nage comme un poisson dans l'eau dans cet univers interlope. Lors de son précédent séjour, il avait servi de conseiller technique à la brigade des stupéfiants chypriote, notamment en formant la police locale aux moyens contemporains de communication et à l'informatique dans le cadre d'un programme d'assistance des Nations Unies. Aussi est-il naturel qu'à son retour dans l'île, il reprenne contact avec ses anciens élèves et que ces derniers lui montrent les merveilles techniques dont ils ont été dotés.

Coleman mesure les progrès réalisés, en son absence, par la police antidrogue chypriote. Link System Ltd, une firme américaine, a installé une base de données reliant l'ensemble des ordinateurs. Ce ne sont pas ces appareils qui retiennent l'attention de Coleman mais le logiciel utilisé. Il vient d'être livré par une société basée à Toronto (Canada) : Promis Ltd.

L'agent de la DIA ignore qu'il s'agit d'une filiale de IP Sharp. Ce qui l'intrigue c'est que la police de Chypre ait pu être dotée d'un outil si performant, aussi mène-t-il sa petite enquête. Il découvre avec stupeur que le logiciel a été vendu par Eurame Trading, la société où se trouve son bureau et qui camoufle la DEA et la CIA.

Chargé par l'armée de surveiller l'équipe de la DEA à Chypre, Coleman est troublé. Il poursuit ses recherches et s'aperçoit qu'Eurame Trading s'apprête à livrer le logiciel à de nombreux services de police ou unités militaires de la région, en Egypte, en Syrie, au Pakistan, en Turquie, au Koweit, en Jordanie, en Iran, en Irak et en Israël. Ce qui trouble le plus Coleman c'est que la commercialisation se fasse par l'intermédiaire d'une société contrôlée par les services secrets américains et non par des canaux officiels. Aussi prévient-il son agent traitant au sein de la DIA qui répond au nom de code « Control ». Nouvelle surprise, son supérieur se borne à accuser réception et ne réclame aucun complément d'information.

1er mai 1988 – Un mois de présence dans les locaux de l'Eurame Trading Company Ltd a suffi à Lester Knox Coleman. En compagnie d'un Libano-Américain nommé Ibrahim el-Jorr, il piste toutes les livraisons de drogue contrôlées par la DEA afin de dresser la liste des cultivateurs d'opium dans la Bekaa, déterminer les ports utilisés par les fabricants et identifier les clients aux Etats-Unis. C'est ainsi qu'il découvrira que, grâce à des complicités dans la police allemande, une partie de la drogue libanaise emprunte, pour gagner les Etats-Unis, le vol 103 de la Panam assurant la liaison Francfort-New York via Londres.

Toutefois, Coleman trouve inacceptable l'atmosphère

de souk qui règne en permanence dans les locaux de la société qui lui sert de couverture. Certes, la DEA ne peut lutter contre le trafic de drogue sans fréquenter des criminels endurcis. Certes, les services de renseignements américains ne répugnent pas à pactiser avec les fournisseurs d'héroïne liés à Rifaat el-Assad, frère du président syrien. De là à voir les bureaux d'Eurame Trading Company grouiller en permanence d'agents américains, de Libanais patibulaires et d'inquiétants Bulgares qui négocient presque ouvertement la fourniture d'armes aux rebelles afghans ou à l'armée irakienne, il y a un pas. D'autant que Coleman constate qu'à chaque fois qu'il vérifie l'identité d'un visiteur de la société, il le découvre fiché comme trafiquant de drogue par la CIA.

Comment, dans un tel environnement, peut-on prétendre monter les opérations clandestines des Etats-Unis dans la région, se demande l'agent de la DIA. Aussi a-t-il pris sa décision. A 10 heures, il appelle son employeur officiel, Michael Hurley, et enregistre la conversation.

« Salut Mike.

– Yea.

– La situation est en train de nous échapper.

– C'est-à-dire ?

– Il y a trop de va-et-vient ici. C'est une vraie gare. On nous amène de drôles de types... tu vois ce que je veux dire. Des Libanais... tu vois ce que je veux dire... Leurs noms sont dans nos dossiers. On avait un accord et je me fais du souci. Etre exposé comme ça...

– Laisse. Les soucis, c'est mon affaire. Aide-nous juste à rédiger les rapports. Les Chypriotes, je m'en occupe. Qui est là en ce moment ?

– Juste moi et Ibrahim qui, comme d'habitude, se plaint de ne plus pouvoir continuer. Il me rend fou. Nom de Dieu, Mike ! ce n'est pas pour faire ça que je suis revenu ! »

Rapidement le ton monte. Coleman, énervé, décide de briser net. Avant de raccrocher, il lance au chef de station de la DEA : « Ecoute Mike, je ne suis pas un de tes informateurs irakiens, libanais ou chypriotes. C'est toi qui m'as demandé de travailler ici. Tu t'en souviens ? Et on m'a même dit que, si je n'aimais pas ça, je n'avais qu'à me retirer quand je voulais. Tu vas dire à ceux qui m'ont mis dans cette histoire que je me retire. Tu le leur dis ou je le leur dirai moi-même en rentrant aux Etats-Unis. Il va y avoir un désastre. »

Août 1988 – Ari Ben-Menashe se rend au Chili où il séjournera régulièrement jusqu'en mars 1989. Le lundi, muni d'un passeport diplomatique, il s'envole d'Israël pour Francfort où il récupère le vol de la Lufthansa pour Santiago du Chili. Sur place, il surveille les activités d'un important trafiquant d'armes, Carlos Cardoen, qui fournit l'Irak en matériel de guerre américain. Sa mission consiste à rassembler des informations sur cette filière puis de les faire passer à quelques journalistes afin de tenter de casser le trafic.

Durant son séjour, Ben-Menashe constate que les services de sécurité chiliens sont entièrement informatisés. En bavardant avec un général de la DINA, la police politique chilienne, il découvre que Promis tourne sur les ordinateurs du pays. Le général lui propose de visiter l'unité centrale d'informatique et Ben-Menashe se retrouve un beau jour à l'arrière de la somptueuse limousine américaine de son interlocuteur dont le chauffeur roule en pleine campagne, en direction de la colonie Dignidad.

Situé à deux heures de Santiago, non loin de la route panaméricaine, ce camp n'est annoncé par aucune signalisation. Au départ, en 1961, il a rassemblé une secte d'Allemands venus de République fédérale pour fonder un monde nouveau. Quelques années plus tard, certains membres de la colonie – Wolfgang Muller, Gunter Reiss et Wilhelmine Lindermann – prirent la fuite en dénonçant le statut d'esclave auquel ils avaient été ravalés pour le seul profit de leurs chefs. Sévices, camisoles chimiques, gardes armées accompagnées de chiens, l'univers de la colonie Dignidad prenait soudain des allures concentrationnaires. En dépit de ces dénonciations, la colonie survécut et n'eut guère à pâtir du sanglant coup d'Etat du général Pinochet en 1973. Au contraire. Une fructueuse coopération s'instaura entre la secte germanique et la police politique, la colonie Dignidad devenant un lieu de détention des opposants et un instrument de leur disparition. Dès 1975, la Commission pour les droits de l'homme de l'ONU, la section allemande d'Amnesty International et le Vicariat de solidarité de l'Eglise catholique chilienne enquêtèrent sur la colonie. Des journalistes allemands et américains tentèrent eux aussi de visiter le site, sans succès. Deux d'entre eux, trop entreprenants, furent même incarcérés par la police chilienne. En 1978, l'accès de la colonie Dignidad est encore interdit aux envoyés de la Commission des droits de l'homme de l'ONU.

Par la suite, deux anciens agents chiliens, Samuel Fuenzalide et Juan Munos Alarcon, reconnaîtront leur implication dans les « disparitions » d'opposants et désigneront la colonie Dignidad comme un lieu de détention clandestin et de tortures. Deux prisonniers politiques, Eric Zott et Louis Peebles, corroboreront leurs dires.

Ce n'est donc pas sans une gêne certaine qu'Ari Ben-Menashe découvre que le centre de la DINA a été installé dans un lieu aussi chargé en symboles répressifs. Présenté aux responsables du site, tous Allemands, l'agent israélien commence à s'énerver. Il ne se sent aucune affinité avec ce type de personnages qui évoquent par trop les pratiques nazies d'hier. Aussi blindé soit-il par son expérience professionnelle, Ben-Menashe éprouve le sentiment d'être parvenu à la limite du supportable. La Jordanie, le Guatemala, le Transkei, passe encore, mais la colonie Dignidad, c'est trop !

Ari Ben-Menashe interprète donc les ordres qu'il a reçus. Après tout, n'est-il pas censé alimenter la presse sur les trafics de Carlos Cardoen ? Il élargit le sujet et confie à sa compagne Barbara Durr, qui travaille pour le *Financial Times*, de quoi constituer un dossier accablant sur la colonie allemande et son rôle de soutien logistique des services répressifs chiliens. Cette publication ne passe pas inaperçue en Israël où Ben-Menashe est vertement tancé.

1989 – En dépit de la colère de Shamir, Ari Ben-Menashe reste installé à Jérusalem et dispose toujours à Kyriat Mim Shela d'un bureau dans le bâtiment occupé par les services du Premier ministre. A l'époque, le gouvernement israélien tente de faire pression sur les Etats-Unis pour qu'ils cessent de fournir de l'armement à l'Irak, mais George Bush ne veut rien entendre. Aussi

Yitzhak Shamir décide-t-il de recourir aux grands moyens.

Plusieurs émissaires sont dépêchés vers de hauts responsables américains, tous porteurs du même message. Ce message, Ari Ben-Menashe a été chargé de le délivrer à Robert Gates, numéro deux de la CIA : « Si les livraisons d'armes américaines à l'Irak ne cessent pas, les Russes apprendront que leurs ordinateurs sont piégés par un logiciel. »

Les Américains n'ont pas cru que les Israéliens oseraient aller jusque-là. Ils sous-estimaient la rancœur de Shamir à leur égard. Le chef du gouvernement israélien ne leur a jamais pardonné de n'avoir rien fait pour sauver les juifs déportés durant la Seconde Guerre mondiale, alors que lui avait tenté de négocier leur rachat avec les nazis. Selon Ben-Menashe, courant 1989, les ordinateurs du GRU ont été arrêtés une semaine durant. De manière indirecte, les Soviétiques avaient appris qu'ils étaient piégés.

C'est au demeurant la dernière mission effectuée par Ben-Menashe pour les Israéliens qui le laissent tomber lors de son arrestation en 1989 aux Etats-Unis pour un trafic d'armes au bénéfice de l'Iran. Libéré au bout de quelques mois, Ari Ben-Menashe n'aura de cesse de se venger.

Août 1991 – Installé en Australie, ayant coupé, du moins officiellement, avec ses activités antérieures, Ari Ben-Menashe est contacté par captain Bob. L'ancien agent israélien fait spécialement le voyage en Europe pour rencontrer Maxwell chez une tierce personne. Le patron de presse s'inquiète d'un livre qu'un journaliste,

Seymour Hersh, prépare sur le nucléaire israélien[1] et pour lequel Ben-Menashe a servi d'informateur. Il a raison de se faire du souci. D'abord parce que l'auteur va y raconter comment Maxwell a aidé les Israéliens à organiser, en octobre 1986, l'enlèvement, à Londres, de Mordehai Vanunu, coupable d'avoir vendu au *Sunday Time* des renseignements sur l'état d'avancement des armements nucléaires israéliens. Mais surtout parce que les activités clandestines de Nicholas Davies vont être révélées.

La rencontre entre Maxwell et Ben-Menashe n'est plus aussi chaleureuse que par le passé. L'Israélien n'a pas oublié que lorsqu'il était emprisonné aux Etats-Unis et qu'il avait appelé captain Bob à l'aide, ce dernier avait répondu : « Vous êtes de l'histoire ancienne. » Sa position est simple : Maxwell doit jouer cartes sur table. C'est ce qu'il lui explique sans ménagement :

« Vos patrons, qu'ils se trouvent en Russie, en Israël ou aux Etats-Unis, ne vous protégeront pas.

– Que voulez-vous dire ?

– Ce que vous devez faire, c'est tout révéler au cours d'une conférence de presse. Alors, ils ne pourront plus vous atteindre lors de la sortie du livre.

– Vous prenez tout cela trop au sérieux. Rien ne se passera.

– Nous verrons. »

Le livre de Seymour Hersh est publié le 20 octobre. Aussitôt, le scandale éclate. Robert Maxwell quitte précipitamment les Etats-Unis pour regagner Londres. Nick Davies, en voyage au Zimbabwe, rentre lui aussi et nie en bloc toute implication avec les services secrets

1. *The Samson Option*, Londres, Faber and Faber, 1991.

d'Israël. En Suisse comme au Canada, les banques ayant consenti des prêts à captain Bob s'affolent et réclament leurs fonds. Maxwell, menacé d'arrestation, gagne l'Espagne.

Persuadé que la vie de captain Bob est en jeu et que les Israéliens vont le liquider, Ari Ben-Menashe joint de son côté Seymour Hersh et sonne le tocsin : « Préviens les autorités. Appelle le FBI, tes sources à la CIA, n'importe qui. » « Bullshit » sera la seule réponse. Seymour Hersh ne bouge pas.

Conclusions provisoires

Il semble que l'idée de piéger Promis doive être attribuée à Rafi Eitan, mais, dès sa première expérimentation, le piège a été utilisé à la fois par les Israéliens et les Américains. Le système de transmission des informations subtilisées aux Jordaniens, tel qu'il avait été bricolé par Rafi Eitan, sera rapidement abandonné. C'est un Palestinien recruté par les services secrets d'Israël qui effectuera en voiture le voyage depuis Amman en traversant le Jourdain. Il sera lui-même remplacé par des puces électroniques capables d'expédier leur moisson vers des satellites américains de communication.

Quant à l'informaticien qui a réalisé l'« issue de secours » sur Promis, Yehuda Ben Hanan, il n'a découvert son rôle que très tardivement, lorsqu'il fut interrogé sur ce point par le journaliste Seymour Hersh qui enquêtait sur le dossier Inslaw. Il a aussitôt quitté les Etats-Unis avec sa famille pour se réfugier au Brésil où son beau-père possède une entreprise de construction.

Ce même journaliste a été attaqué en justice par le responsable du service « étranger » du *Daily Mirror*, Nick Davies, après qu'il eut évoqué les liens du journaliste britannique avec les services secrets israéliens. Non seulement Davies a perdu, mais il a été condamné à 350 000 livres sterling de dommages et intérêts pour avoir engagé des poursuites abusives.

Dans l'opacité de l'univers du renseignement, trois destins : Maxwell, Pollard, Coleman ont, un temps, été liés à l'aventure du logiciel mis au point par Inslaw. Tous trois vont connaître un épilogue tragique.

Robert Maxwell repose sur le mont des Oliviers, au-dessus de la vieille ville de Jérusalem. Son corps a été repêché à côté de son yacht, le *Lady Ghislaine*, au large des Canaries, le 5 novembre 1991, soit seize jours après la sortie de l'ouvrage de Seymour Hersh. Accident, suicide, meurtre ? Faute d'éléments probants, les fantasmes de chacun peuvent se donner libre cours. La fortune de captain Bob s'est effondrée comme un château de cartes, révélant les acrobaties et les escroqueries sur lesquelles elle avait été bâtie.

Les fuites organisées au profit des Israéliens par Jonathan Jay Pollard furent découvertes en novembre 1985. L'Américain et son épouse tentèrent de se réfugier dans l'ambassade de l'Etat hébreu mais se virent refuser l'asile. Convaincu d'espionnage, Jonathan a été condamné à la réclusion à perpétuité tandis que son épouse Anne écopait de cinq années de prison.

Le double jeu israélien ébranla sérieusement la confiance des Américains. L'ancien ministre des Affaires étrangères Abba Eban a même confessé que ce moment fut « le plus difficile dans l'histoire des relations internationales d'Israël ». Quant à Yitzhak Rabin, alors ministre israélien de la Défense, il a qualifié cette opération de « véritable désastre ».

Toutefois, d'importantes zones d'ombre demeurent. Un doute sérieux subsiste sur les motivations de la taupe américaine de Rafi Eitan. Pollard n'est-il qu'un sioniste exalté ayant agi seul et par idéal, comme il l'a proclamé durant son procès, ou bien a-t-il été manipulé par quelques hauts fonctionnaires américains désireux de transmettre aux Israéliens certaines informations confidentielles ?

Pour Coleman, l'épisode Promis relève encore du détail. Il n'a jamais entendu parler d'Inslaw ni des démêlés de la firme de Bill Hamilton avec le ministère de la Justice, à plus forte raison d'Earl Brian et des « issues de secours » aménagées dans le logiciel. Par ailleurs, Coleman a des soucis plus graves et plus urgents que Promis. En effet, le désastre qu'il pressentait s'est produit.

Le 21 décembre 1988, trente-huit minutes après son décollage de l'aéroport de Londres-Heathrow, le Boeing 747 du vol 103 de la Panam en direction de New York explose, victime d'une livre de Semtex dissimulée dans un poste radio-transistor de marque Toshiba. Les deux cent cinquante-neuf personnes à bord sont tuées, de même que onze habitants du paisible village de Lockerbie sur lequel s'abattent les débris de l'appareil. Au nombre des victimes, on compte au moins deux, si ce n'est cinq, agents secrets américains, dont un jeune Libano-Américain, Kalid Nazi Jafaar, membre de la communauté chiite de Detroit, qui coopère – en dépit des dénégations officielles – avec la DEA et la CIA. Le monde du renseignement américain va recevoir de plein fouet l'onde de choc tandis que

Lester Coleman, traqué, commencera à égrener ses souvenirs pour se protéger. Il parlera donc publiquement de la vente de Promis aux militaires et aux policiers du Moyen-Orient.

IV

L'heure des avocats

21 décembre 1984 – Elliot Richardson constitue l'archétype du notable républicain tel que l'avait rêvé le président Eisenhower. Originaire de Boston, cet Américain longiligne, aux cheveux lisses et aux lunettes sévères, est un parfait WASP. Fils d'un professeur de médecine du Harvard College, il est sorti de la Seconde Guerre mondiale décoré de la médaille de bronze et de deux *Purple Heart* avant de s'installer à Washington où il mène une double carrière d'avocat et de loyal serviteur de l'administration. Fort de son expérience de procureur général du Massachusetts à la fin des années 60, il avait été recommandé à Richard Nixon par William Rogers, ministre de la Défense, pour remplacer Richard Kleindienst, le premier des ministres de la Justice emportés dans la tourmente du Watergate, dès avril 1973.

Cette douloureuse expérience n'a certes pas laissé que de bons souvenirs à Elliot Richardson mais, en refusant de se prêter à un mensonge d'Etat, en refusant de céder aux ukases de Nixon, il a conforté sa réputation d'intégrité, un bien rare dans son univers professionnel.

Alors associé au cabinet new-yorkais Milbank, Tweed, Hadley & McLoy, Elliot Richardson s'était vu proposer, au début des années 80, un siège au conseil d'administration d'Inslaw. La firme était encore, à l'époque, sans but lucratif, et, en lui faisant cette offre, Roderick Hill, l'ancien président de la SEC, l'organisme de contrôle boursier américain, avait commenté en souriant : « Ça devrait vous intéresser puisque nous appartenons au même club, celui des Don Quichotte. »

Ne sachant plus comment se tirer d'affaire, Bill Hamilton, le patron d'Inslaw, se décide à mobiliser son prestigieux administrateur dont il sait le carnet d'adresses copieusement garni. Elliot Richardson accepte de rendre ce service, convaincu de pouvoir régler le différend entre l'administration et la firme d'informatique en quelques coups de téléphone. Il commence par appeler Carol Dinkins, le numéro trois du ministère de la Justice, qui lui conseille de s'adresser à Anthony Liotta, le nouvel assistant du ministre pour les questions administratives.

Elliot Richardson est d'autant plus confiant qu'il connaît Liotta et qu'il a pu apprécier, durant le triste épisode du Watergate, son honnêteté. Quand les deux hommes se retrouvent, ce 21 décembre, Anthony Liotta demande qu'Inslaw lui prépare un dossier et garantit à Richardson qu'il va réexaminer toute l'affaire et qu'il a l'autorité pour imposer une solution.

13 mars 1985 – Hélas, pour Richardson et Inslaw, Anthony Liotta a quitté son poste à l'orée de l'année 1985. Il a été remplacé par Lawrence Wallace. Pour Bill Hamilton, l'heure de l'échéance a sonné. Alors que le ministère de la Justice refuse une nouvelle fois de lui verser les 1 600 000 dollars qu'il réclame, le patron d'Inslaw n'a plus comme solution que de jeter l'éponge en

faisant jouer le chapitre 11 de la loi sur les faillites. Cette loi autorise à déposer son bilan sans pour autant fermer son entreprise. Après négociation d'un moratoire avec les créanciers, Inslaw peut repartir sans avoir à céder ses actifs et surtout conserve son nom et celui de ses produits. La solution est d'autant plus adaptée que Bill Hamilton est en pourparlers pour obtenir un prêt d'IBM.

Elliot Richardson a perdu ses illusions. Inslaw a besoin de beaucoup plus qu'un coup de pouce. Depuis février, il a multiplié les interventions auprès du successeur de Liotta, Lawrence Wallace. Ce dernier lui a confessé que son équipe entendait « jouer la montre contre Inslaw ». C'est donc délibérément que l'administration traîne les pieds et accule Bill Hamilton à la faillite.

Richardson, usant de son influence, a décidé de porter le dossier devant Lowell Jensen, le nouveau numéro deux du ministère de la Justice. Il lui réclame d'une part l'ouverture d'une enquête concernant Madison Brewer et ses agissements vis-à-vis d'Inslaw et d'autre part un règlement des problèmes pendants. Lowell Jensen s'efforce de rassurer l'ancien ministre de Nixon et prodigue des assurances, en principe apaisantes.

Ces bonnes paroles ne changent rien à la situation et, en dépit d'un véritable marathon durant ce mois de mars avec Jay Stephens, l'assistant de Jensen chargé du suivi du dossier, aucune évolution n'intervient. Plus Richardson insiste, plus il éprouve de difficultés à nouer les contacts avec ses interlocuteurs habituels. Des négociations sont en principe engagées entre les deux parties mais, dès sa première rencontre avec Janis Sposato, le représentant du ministère, Elliot Richardson constate qu'il n'y a rien à discuter. Il s'en étonne auprès de Jay Stephens, lui demandant même si l'attitude du négociateur correspond à la position du ministère ou simplement à celle de Madison Brewer, le maître d'œuvre de l'opération Aigle. L'avocat n'est pas dupe : pour une raison qui lui échappe, le ministère de la Justice ne souhaite pas régler son différend avec Inslaw. En outre, Richardson relève qu'à chaque fois que des hommes comme Anthony Liotta puis Lawrence Wallace lui ont promis d'agir, rien n'a suivi. Madison Brewer semble inattaquable même par ses supérieurs hiérarchiques. Par expérience, Richardson pressent que le dossier ne peut, dans ces conditions, se limiter à une banale dispute industrielle. A l'évidence, une dimension doit lui échapper.

2 août 1985 – Les dirigeants d'Inslaw saisissent par lettre le ministre de la Justice en personne, Edwin Meese. Ils ignorent bien sûr que Meese est financièrement associé à Earl W. Brian qui commercialise Promis dans le monde entier avec la bénédiction des autorités américaines en général et des services secrets en particulier.

15 novembre 1985 – Le négociateur du ministère, Janis Sposato, écrit à Inslaw pour exposer les contre-propositions officielles. L'administration ne reconnaît à Inslaw aucun droit sur Promis et demande, à l'inverse, à la firme d'admettre que le ministère de la Justice dispose de la propriété de toutes les versions du logiciel. Il réclame, en outre, à la firme, un dédommagement de 700 000 dollars.

Décembre 1985 – Bill Hamilton flanqué d'Elliot Richardson rencontre Lowell Jensen au ministère. L'avocat ouvre le feu de sa voix nasale au débit haché. Il semble, comme d'habitude, chercher ses mots, ce qui ne l'empêche pas de hausser le ton si nécessaire. Il cite la phrase qui orne la rotonde du bâtiment : « Les Etats-Unis remportent une victoire chaque fois que la justice est rendue à un de leurs citoyens. » Il dénonce le comportement du ministère, l'assimilant à celui d'un simple particulier impliqué dans un procès alors que l'administration devrait s'efforcer d'être juste et honnête dans ses négociations avec un tiers. Il veut savoir si la lettre de Janis Sposato constitue le point de vue officiel.

Lowell Jensen admet qu'il existe un contentieux entre le ministère et Inslaw et qu'il se trouve, à titre personnel, dans une position délicate puisque naguère, lorsqu'il était substitut du procureur du comté d'Alameda (Californie), il avait manifesté le peu de crédit que, pour sa part, il accordait à Promis. Il n'en ajoute pas moins que, par rapport aux positions énoncées dans la lettre de Sposato, les marges de manœuvre sont très étroites. Une manière comme une autre de dire que c'est à prendre ou à laisser.

Janvier 1986 – Richardson comprend que le temps des discussions est révolu. Il conseille donc à Bill Hamilton de contre-attaquer. Il faut que le patron d'Inslaw engage des poursuites contre le ministère de la Justice. Lui-même ne souhaite pas mener personnellement une procédure contre son ancienne administration, aussi recommande-t-il l'un de ses brillants collègues de Washington, Leigh Ratiner.

Lorsque le démocrate Jimmy Carter avait été élu à la Maison-Blanche, en 1976, Ratiner avait succédé à Richardson en tant que conseil de la délégation des Etats-Unis lors des négociations du traité international sur la mer. Richardson avait apprécié ses qualités professionnelles et humaines. Au demeurant, Leigh Ratiner est un avocat en vue. Ce véritable magicien du droit passe pour ne jamais lâcher sa proie. A quarante-huit ans, c'est un loup solitaire, égocentrique et agressif dont le mode de vie fascine les médias. Il porte des chaînes d'or autour du cou, roule en voiture de sport et possède trois motos de grosse cylindrée. Les journalistes l'ont surnommé « le prince noir ».

Non seulement Ratiner accepte le dossier mais encore il se met immédiatement à l'œuvre et entreprend de démontrer que la firme Inslaw a été contrainte à la faillite en raison d'une conspiration ourdie par le ministère de la Justice dans le but de voler le logiciel Promis.

Mai 1986 – Leigh Ratiner a achevé son travail. Le texte de la plainte est prêt à être déposé. Dans son projet, l'avocat cite une cinquantaine de fois le nom de Lowell Jensen, le numéro deux du ministère de la Justice, qui est ainsi personnellement mis en cause comme principal responsable de l'opération Aigle.

Avant d'agir, et comme il est d'usage, Ratiner soumet son texte à Bill Hamilton, mais aussi à Leonard Garment qui dirige le cabinet Dickstein, Shapiro & Morin auquel il s'est associé. En recommandant Ratiner au patron d'Inslaw, Elliot Richardson savait que Garment se trouverait impliqué mais il n'y avait pas prêté attention. Et pourtant, l'ancien ministre de la Justice de Richard

Nixon avait eu maille à partir avec ce personnage à l'époque du Watergate. Leonard Garment était alors l'avocat personnel du président américain. Le 20 octobre 1973, le ministre Richardson avait reçu, dans son bureau officiel, un coup de téléphone de Garment qu'il ne devait jamais oublier.

En prenant la charge du ministère de la Justice, Elliot Richardson savait qu'il aurait à gérer deux dossiers empoisonnés : négocier la démission du vice-président Spiro Agnew, impliqué dans une affaire de pot-de-vin ; apaiser les remous provoqués par l'espionnage du siège des démocrates dans l'immeuble Watergate. S'il avait néanmoins accepté le poste, c'est que Richardson pensait que le ministère était mal géré, ses prédécesseurs le conduisant comme un gros cabinet d'avocats alors que lui rêvait de redéfinir un système de justice criminelle à l'échelon fédéral. Le contexte politique ne lui permit guère de mener à bien ses projets. La Maison-Blanche avait d'autres soucis en matière de justice.

Lorsque Leonard Garment appelle directement le ministre Richardson ce samedi d'octobre 1973, c'est sur ordre de Nixon. Le président, aux abois, a suivi en direct à la télévision, comme des millions d'Américains, une conférence de presse du professeur Archibald Cox, le procureur spécial à qui avait été confiée, au mois de mai précédent, une mission sur l'affaire du Watergate. Au cours de leurs investigations, les enquêteurs avaient découvert que Richard Nixon enregistrait toutes les conversations qui se tenaient dans le bureau ovale de la Maison-Blanche. Ils avaient donc demandé à écouter les bandes afin de pouvoir déterminer le niveau d'implication du président américain dans le scandale éclaboussant son équipe et qui avait déjà entraîné l'inculpation de ses plus proches collaborateurs. En juillet, la Maison-Blanche avait refusé, arguant des nécessités du secret, mais proposé de fournir le texte résumé des propos tenus, texte qui serait élaboré par un sénateur choisi par le Président. Or, devant les caméras de télévision, Archibald Cox vient de rejeter cette offre et de réclamer, à nouveau, les bandes magnétiques. L'intègre universitaire, conscient de défier ainsi Richard Nixon, a pris soin d'ajouter que seul le ministre de la Justice dispose du pouvoir de mettre fin à sa mission, de le révoquer.

Furieux, Nixon a, dès la retransmission achevée, sommé Leonard Garment d'obtenir d'Elliot Richardson le départ de Cox. Au téléphone, l'avocat plaide donc. Il invoque, pêle-mêle, la crise au Proche-Orient résultant de la récente guerre du Kippour et les tensions Est-Ouest provoquées par le bras de fer avec Brejnev. Le Président, dans un tel contexte, ne peut tolérer d'être défié. Le ministre Richardson n'est pas vraiment surpris par la démarche. Il la pressentait tellement que, le matin même, il a adressé au Président une lettre précisant qu'il se refuserait à intervenir dans la mission confiée à Archibald Cox et laissant planer une menace de démission. Garment est d'ailleurs au courant de la missive puisqu'il propose à Richardson de renvoyer Cox puis de donner sa démission. Le ministre de la Justice refuse avec hauteur ce médiocre compromis et raccroche. Quelques minutes plus tard, sa ligne personnelle sonne à nouveau. Le chef d'état major de la Maison-Blanche, le général Alexander Haig, prend le relais de Garment. Il ordonne à Richardson de renvoyer Cox, provoquant ainsi la démission immédiate du ministre, le 20 octobre 1973.

Cet épisode du Watergate est resté dans l'histoire américaine sous le nom de « Saturday Night Massacre ». Ce massacre du samedi soir s'explique par le fait que, dans la foulée de Richardson, le numéro deux puis le numéro trois du ministère de la Justice refusèrent d'exécuter l'ordre de Nixon. Le fonctionnaire qui accepta enfin de mettre un terme à la mission d'Archibald Cox présenta, dans le même temps, lui aussi sa démission.

Bien sûr, Elliot Richardson n'a pas oublié cet épisode de même qu'il sait que, dans les années 70, le cabinet Dickstein, Shapiro & Morin, qui emploie Leigh Ratiner, a défendu les intérêts de nombreux inculpés du Watergate. Les liens ainsi tissés avec la nomenklatura républicaine peuvent, a-t-il pensé, aider à négocier le dossier Inslaw. Ils peuvent aussi avoir l'effet inverse.

De fait, lorsque Leigh Ratiner soumet à Leonard Garment la plainte qu'il compte déposer contre le ministère de la Justice, la réaction des associés du cabinet est violente. Ils sont littéralement furieux et rejettent en bloc le texte. Leonard Garment est déchaîné. Il n'a jamais aimé Ratiner. Son goût pour un luxe tapageur heurte cet homme d'ordre plus familier des salons feutrés que des boîtes de nuit à la mode. Il se montre jaloux des articles flatteurs que la presse consacre au « prince noir » et décide de saisir l'occasion pour régler une bonne fois le « problème » Ratiner. Celui-ci se trouve donc flanqué de deux collègues chargés de l'aider à reformuler sa plainte. Dans le nouveau texte, le nom de Lowell Jensen a totalement disparu.

A la lecture de ce projet modifié, Bill Hamilton s'étrangle. Il téléphone à Leigh Ratiner pour exiger que la plainte mentionne Jensen.

8 juin 1986 – Flanqué d'un membre du cabinet, le « junior partner » Michael Nannes, Leigh Ratiner se rend au ministère de la Justice pour rencontrer Stuart Schiffer, l'assistant du responsable de la division des affaires civiles. Il va lui montrer le texte remanié de la plainte. Le rendez-vous a été pris par Leonard Garment.

La plainte ainsi « visée » sera déposée le lendemain.

Septembre 1986 – Toujours à l'initiative de Leonard Garment, un nouvel avocat est recruté par le cabinet Dickstein, Shapiro & Morin. Il s'agit de Robert Wallach, ami personnel du ministre de la Justice Ed Meese, un homme qui a ses entrées dans le tout-Washington. Wallach est officiellement chargé d'« aider » Ratiner dans ses démarches.

Profitant de l'été indien, Wallach commence par prendre quelques vacances avec Ed Meese à Jackson Hole dans le Wyoming, puis il se rend en Europe pour un bref séjour. Dès son retour, il réunit Leigh Ratiner et le junior partner Michael Nannes pour parler d'Inslaw. Il informe ses collègues que le ministère de la Justice ne compte pas transiger. Il ajoute que, bien que Jensen ait quitté ses fonctions au ministère pour devenir juge fédéral à San Francisco, il continuera à suivre le dossier Promis. A l'évidence, les informations de Robert Wallach proviennent des meilleures sources.

6 octobre 1986 – Les deux hommes qui déjeunent semblent tellement absorbés par leur conversation que c'est à peine s'ils prêtent attention au contenu de leurs assiettes. Leonard Garment et Arnold Burns, le succes-

seur de Jensen au ministère de la Justice, traitent d'un sujet délicat. Inslaw ? Absolument pas, affirmera Garment. Il n'aurait été question que d'Israël. Mais s'agit-il vraiment de deux dossiers distincts ?

Garment a, en effet, été contacté par le gouvernement israélien pour sonder l'administration américaine et mesurer – et si possible colmater – les dégâts provoqués par l'arrestation de Jonathan Pollard et l'affaire d'espionnage au profit de l'Etat hébreu ainsi découverte par le FBI. Le principal souci des Israéliens consiste à limiter l'enquête afin d'éviter que les Américains ne remontent trop haut dans cette filière de renseignements. Pour y parvenir, ils comptent sur l'entregent de Leonard Garment. Pour l'instant, les enquêteurs du FBI n'ont identifié que l'officier traitant de Pollard, le colonel israélien Sella. Il convient d'en rester là et de protéger Rafi Eitan qui se trouve au cœur de l'opération cheval de Troie organisée à partir du logiciel Promis.

Les propos de table ont, de toute manière, dû être plus vastes que ne l'a admis Garment puisque, interrogé ultérieurement par une commission sénatoriale d'enquête, Arnold Burns affirmera avoir profité de cette rencontre pour se plaindre de la stratégie judiciaire retenue par Leigh Ratiner et proposer un compromis sur le dossier Inslaw.

12 octobre 1986 – Leonard Garment, accablé, repose l'article du *Los Angeles Time* qui vient de lui être faxé. Le titre est éloquent : « Une plainte en justice affirme qu'un ancien responsable du ministère de la Justice a poussé une société à la faillite. » Alors qu'il pensait avoir balisé au mieux le théâtre des opérations, voici que les médias

entrent dans la danse. Il connaît d'expérience, à cause de la douloureuse affaire du Watergate, les dégâts que de telles interventions peuvent provoquer. Le journaliste a bénéficié de solides indiscrétions sur les démêlés d'Inslaw. Et si Ratiner était derrière ce mauvais coup ? Le long texte consacré à la firme informatique parle en effet du rôle joué par Lowell Jensen.

Garment décide de prendre le taureau par les cornes. Il décroche son téléphone et appelle directement Ed Meese, le ministre de la Justice. Interrogés par la suite, les deux hommes ne seront pas d'accord sur ce que fut leur échange. A nouveau, Garment affirme n'avoir parlé que du problème israélien alors que, sous serment, Meese jure que l'échange a également porté sur Inslaw.

On comprend qu'il soit délicat pour Leonard Garment d'admettre qu'il négociait sous une double casquette, comme responsable du cabinet d'avocats chargé de défendre Inslaw victime du vol de son logiciel et, simultanément, comme représentant des services israéliens bénéficiaires de cette substitution ! A la décharge de l'avocat, il est toutefois possible qu'à cette étape de l'affaire, il ait ignoré l'incompatibilité de ce double mandat. De fait, il se dégagera rapidement du dossier Pollard.

A l'évidence, Garment préfère défendre les membres de l'administration fédérale que paraître marcher sur ses brisées. Plutôt que de partir en guerre contre le ministère de la Justice, il a choisi de prendre à bras-le-corps la défense de Robert McFarlane, vice-conseiller à la Maison-Blanche pour les affaires de sécurité nationale en 1982 et 1983, qui se trouve menacé par le scandale Irangate-Contragate. Pourtant, Robert McFarlane est lui aussi partie prenante dans l'opération Aigle puisque, en 1982, il avait, en compagnie d'Earl Brian, présenté Promis à son vieil ami Rafi Eitan. Leonard Garment se retrouve donc à nouveau en train de faire le grand écart.

14 octobre 1986 – L'atmosphère est lourde dans la salle de réunion où se sont rassemblés les membres du Senior Policy Committee du cabinet Dickstein, Shapiro & Morin. Ils doivent en effet voter sur l'expulsion de Leigh Ratiner. Bill Hamilton, affolé de voir son dossier une nouvelle fois en déshérence, tente d'obtenir des explications aussi bien auprès de Ratiner que de Garment. Sans succès. Les deux hommes restent muets. Le cabinet d'avocats lave son linge sale en famille.

Quelque temps après, le patron d'Inslaw apprendra par des indiscrétions que Ratiner aurait touché 600 000 dollars pour se retirer. La somme sera confirmée par Ari Ben-Menashe, l'agent secret israélien.

Peu avant le départ de Leigh Ratiner du cabinet Dickstein, Shapiro & Morin, Ben-Menashe travaillait pour la cellule israélienne chargée de fournir à l'Iran les armes américaines. Son œil avait été attiré par un dossier concernant le logiciel Promis. Une vieille connaissance pour lui. Il feuillette donc les documents rédigés en hébreu et tombe sur un câble en provenance des Etats-Unis dans lequel les Américains demandent aux Israéliens de transférer 600 000 dollars des fonds récoltés grâce au trafic avec l'Iran sur le compte de la société d'Earl W. Brian, Hadron. Le câble précisait que cette somme serait ensuite versée au cabinet Dickstein, Shapiro & Morin « afin de se débarrasser d'un des avocats d'Inslaw, Leigh Ratiner ». Ces accusations portées par Ben-Menashe ont été confirmées par la suite par Richard Fricker, un journaliste américain travaillant pour la revue d'informatique *Wired.* Interrogé par Fricker, Leigh Ratiner s'est borné à répondre que, par contrat, il lui était interdit de parler de cette question.

21 novembre 1986 – Bill Hamilton a été informé du départ de Leigh Ratiner et, par lettre, le cabinet Dickstein, Shapiro & Morin lui précise que l'examen du dossier fait apparaître de graves faiblesses dans la position d'Inslaw. La firme, estime le cabinet d'avocats, ne sera pas en mesure de prouver que le ministère de la Justice a volé le logiciel Promis en 1983 ; aussi paraît-il plus opportun de négocier avec l'administration.

Lowther, l'un des membres du cabinet, doit rencontrer ce jour Bill Hamilton pour lui présenter le successeur de Ratiner. Le rendez-vous est annulé au dernier moment, sans explication et sans qu'une nouvelle date soit fixée.

26 novembre 1986 – La Maison-Blanche s'enlise de plus en plus dans le bourbier de l'Irangate et du Contragate, c'est-à-dire les opérations illicites de vente d'armes à l'Iran comme aux contre-révolutionnaires latino-américains. Il devient urgent, face aux assauts de la presse et des démocrates, de dresser une ligne de défense. Et aux Etats-Unis comme dans tous les pays, l'une des méthodes les plus efficaces pour enterrer un dossier délicat demeure la nomination d'une commission. Celle qui sera chargée de faire la lumière est soigneusement composée et sa présidence confiée à un homme dont Ronald Reagan sait ne rien avoir à craindre puisqu'il s'agit du sénateur John Tower, l'ami de captain Bob.

Le sénateur Tower est trop proche des services secrets pour avoir envie de leur nuire. Un groupe de responsables de la CIA le chapeaute, parmi lesquels figure Robert Gates qui a participé, comme assistant du directeur de la CIA, aux négociations secrètes avec les Iraniens à Madrid.

Tower est, au demeurant, dans les meilleurs termes avec Leonard Garment ; aussi l'avocat chargé de la défense de McFarlane met-il le cabinet Dickstein, Shapiro & Morin à la disposition du sénateur afin de « faciliter » son travail.

15 janvier 1987 – Cette fois-ci c'est Michael Nannes qui monte au créneau pour Dickstein, Shapiro & Morin. Il propose un compromis à Bill Hamilton. Le ministère verserait un million de dollars en échange de la reconnaissance de tous les droits sur Promis. Le patron d'Inslaw hoquette d'indignation. Les seuls frais d'avocats engagés par lui s'élèvent déjà à 500 000 dollars ! « Ne me raccompagnez pas ! » lance-t-il à Nannes en quittant son bureau.

Alors que le procès faisant suite à la plainte d'Inslaw doit s'ouvrir dans quelques mois, Bill Hamilton se retrouve sans avocat. Sur le conseil d'un ami, il se tourne vers un cabinet de Chicago, McDermott, Will & Emery, où Charles Work accepte la gageure de cette course contre la montre.

17 mars 1987 – Une agitation inhabituelle règne dans le hall du Mayflower, un hôtel de luxe situé à deux pas de la Maison-Blanche. Le personnel achève de fixer

rubans verts et trèfles en l'honneur de la St. Patrick, la fête de l'influente communauté irlandaise. Le couple qui entre, à cette heure matinale, se dirige droit vers la salle de restaurant, sans prêter attention à l'activité ambiante. Bill Hamilton et son épouse ont rendez-vous pour un petit déjeuner avec Anthony Pasciuto.

Nancy, une femme un peu ronde au visage fermé et à l'allure décidée, a saisi le bras de son barbu d'époux qui, avec son costume sombre, sa cravate et son attaché-case, porte tous les signes extérieurs de l'homme d'affaires en activité. Le couple Hamilton est méfiant bien que l'entrevue ait été organisée par un ami, Mark Curniff, directeur du National Association of Criminal Justice Planners. L'homme qu'ils vont rencontrer, de manière certes informelle, est un haut fonctionnaire du ministère de la Justice. Il est l'adjoint de Thomas Stanton, directeur de l'EOUST (Executive Office for US Trustees), le bureau des administrateurs judiciaires. Or, depuis qu'Inslaw a déposé son bilan, ce bureau peut décider soit d'une faillite pure et simple de la firme soit, au contraire, d'un redressement judiciaire. Tout le problème consiste à savoir si Inslaw bénéficiera du chapitre 11 de la loi sur les faillites, c'est-à-dire le redressement, ou tombera sous le coup du chapitre 7, soit la liquidation pure et simple de la société et de ses actifs. Le chapitre 7 permettrait aux personnes qui convoitent Promis de racheter le logiciel à bas prix en conservant son nom. Le ministère entend donc appliquer cette procédure à Inslaw. Les adversaires de Bill Hamilton sont si sûrs d'eux, qu'ils n'ont même pas pris la peine de modifier le nom du logiciel qu'ils commercialisent et que la filiale de la firme canadienne IP Sharp a même choisi de s'intituler Promis. Ce qui revient à vendre la peau de l'ours avant de l'avoir tué.

Anthony Pasciuto, un quadragénaire qui porte, en bon ancien étudiant américain, sa chevalière de l'université du Massachusetts, est depuis vingt et un ans au service du gouvernement américain. Il s'exprime avec un fort accent de Boston. Après que thé, café, œufs et toasts ont été apportés sur la table, Pasciuto explique pourquoi, cédant à la demande de Mark Curniff, il a consenti à cette rencontre :

« Mark est un ami de vingt ans, alors je ne pouvais refuser de lui rendre ce service. Et il m'a indiqué que vous aviez cinq enfants ; alors j'ai voulu vous aider.

– Il paraît que vous avez des révélations à nous faire, interroge Bill Hamilton. Nous avons besoin d'aide car nous intentons deux procès au gouvernement. Le premier pour nous avoir poussés à la faillite et cherché à nous contraindre à recourir au chapitre 7 plutôt qu'au chapitre 11. Le second en raison des manœuvres de certains responsables du ministère de la Justice.

– Vous voulez des révélations ? Eh bien, le ministère de la Justice est décidé à avoir votre peau. Ils veulent couler Inslaw. »

Anthony Pasciuto raconte qu'en juin 1984, un de ses collègues de la section financière du ministère lui a décrit une étrange pratique : les factures des entreprises travaillant pour le ministère de la Justice étaient divisées en trois piles. Dans la première, les factures bénéficiaient de règlements immédiats ; dans la seconde, elles étaient payées à l'occasion ; et dans la troisième, jamais.

« Jamais ! s'exclame Bill Hamilton.

– Ces factures étaient émises par des entreprises figurant sur “la mauvaise liste”, pour reprendre une formule de mon collègue. Et quand je lui ai demandé de quel type d'entreprises il s'agissait, il m'a spontanément cité Inslaw. »

Après avoir indiqué qu'Inslaw ne vendra plus jamais d'équipements au ministère, Pasciuto raconte encore comment son chef, Thomas Stanton, fait le forcing auprès des administrateurs judiciaires pour qu'ils liquident la société de Bill Hamilton. Par chance William White, le responsable du dossier, a refusé. Stanton a tenté de le faire remplacer, mais sans succès.

Bill et Nancy Hamilton, anéantis, se regardent. Ils n'avaient pas soupçonné que le combat serait à ce point disproportionné. Et pourtant, les confidences d'Anthony Pasciuto ne font que confirmer des éléments déjà parvenus à leur connaissance. En fouillant dans les dossiers que le ministère de la Justice avait été contraint de leur ouvrir, Nancy Hamilton a relevé une note rédigée en février 1985 par Peter Videnieks, l'homme à tout faire de l'opération Aigle. Faisant référence à Madison (Brick) Brewer – le responsable du dossier Promis au ministère –, il écrivait : « Brick a parlé à Stanton. Pas question que ce soit 11, il faut que ce soit 7. » La référence était limpide et l'hostilité de l'administration patente. Bill Hamilton lance :

« Accepteriez-vous de répéter tout ceci devant le juge Bason ? Le procès est prévu pour juin. Accepteriez-vous de témoigner en notre faveur ? Ce serait décisif.

– Vous rendez-vous compte de ce que vous me demandez ? Je dois réfléchir.

– Si vous ne pouvez témoigner, insiste Bill Hamilton, peut-être connaissez-vous quelqu'un qui pourrait le faire ? Un collègue, un magistrat, que sais-je ? »

Anthony Pasciuto, concentré, joue avec sa chevalière. Il hésite.

« Oui, je crois. Cornelius Blackshear, le juge Blackshear. »

Les regards étonnés et interrogateurs du couple Hamilton témoignent de leur ignorance. Pasciuto explique donc :

« Blackshear est au courant de la manœuvre. Lorsque vous avez déposé votre bilan, il était mandataire-liquidateur à New York et Stanton lui a demandé un homme de confiance pour reprendre votre dossier et pouvoir vous appliquer le chapitre 7. Il voulait que Harry Jones, du district sud de New York, soit envoyé à Washington pour s'occuper personnellement du cas Inslaw. Je sais avec certitude que Blackshear s'est ouvert des pressions de Stanton au juge Lawrence Pierce, dans le bureau de ce dernier, Foley Square, à New York. Il n'avait pas supporté l'intervention de Stanton.

– Vous savez quand cela s'est passé ?

– En janvier dernier. Je pourrais aisément retrouver la date car nous avons déjeuné tous les trois ensemble. Harry Jones était également présent, ainsi qu'un de mes amis, Elliot Lombard. Il y a donc des témoins. Cornelius Blackshear a clairement dit que Stanton voulait mettre votre entreprise sous la tutelle du chapitre 7 et qu'il avait besoin de Jones pour réussir. »

20 mars 1987 – Le juge Blackshear commence à être sérieusement intrigué par ce dossier Inslaw. Il y a quarante-huit heures à peine, il évoquait, avec sa collègue Jane Salomon, les pressions exercées sur lui afin qu'il détache Harry Jones à Washington pour traiter du dépôt

de bilan de cette société. Jones a suffisamment de travail à New York et il ne voit vraiment pourquoi il se priverait d'un de ses meilleurs éléments. C'est pourquoi, expliquait-il en souriant au juge Salomon, il a réclamé un ordre écrit du ministère de la Justice. Rien de tel pour bloquer ce type de manœuvre. Leurs auteurs détestent, en général, pouvoir être identifiés.

Or voici qu'un des avocats d'Inslaw, Charles Docter, a sollicité un rendez-vous. Il veut savoir si le juge Blackshear accepterait de témoigner et de faire état des pressions auxquelles il a été soumis. Blackshear se montre cordial et confirme le récit d'Anthony Pasciuto. Il n'exclut pas de témoigner.

Quatre jours plus tard, Charles Docter revient voir le juge, flanqué cette fois de trois collègues. Le juge réitère ses propos. Dès le lendemain, sa déposition est officialisée. Sous serment et devant notaire, le juge Cornelius Blackshear déclare que Thomas Stanton lui a demandé de détacher Harry Jones à Washington afin de contraindre Inslaw à tomber sous le coup du chapitre 7. Au soir du 24 mars, Bill Hamilton dispose donc, enfin, d'un premier témoin.

25 mars 1987 – James Garrity, avocat personnel du juge Blackshear mais qui œuvre également pour le ministère de la Justice, reçoit un appel téléphonique de Dean Cooper, un collègue qui travaille lui aussi pour la division des affaires civiles du ministère. Cooper s'étonne de la déposition du magistrat en faveur d'Inslaw. Il doit s'agir d'une erreur. Garrity prend donc contact avec le juge Blackshear.

Ce dernier ne semble guère surpris par la démarche.

Oui, il s'est trompé et souhaite revenir sur sa déposition. La veille, il a déjà été personnellement alerté par William White, l'administrateur judiciaire de Washington qui avait refusé de traiter le cas d'Inslaw. White a dû faire usage d'arguments convaincants puisque le magistrat désire modifier son témoignage.

27 mars 1987 – Cornelius Blackshear appose sa signature au bas d'une nouvelle déposition affirmant que Thomas Stanton ne lui a jamais demandé le transfert d'Harry Jones à Washington. Il s'est trompé de société dans sa première déclaration. Il a confondu avec les pressions exercées par le fisc (l'IRS, Internal Revenue Services) pour pousser à la faillite d'United Press International (UPI).

UPI est l'une des principales agences mondiales d'information. Elle a été, elle aussi, contrainte de demander sa réorganisation, après dépôt de bilan, sous l'égide du chapitre 11 de la loi sur les faillites, comme Inslaw, et, là encore comme Inslaw, le dossier est traité par le juge Bason. Ces similitudes sont censées justifier la confusion effectuée par Blackshear.

Quelques mois après cet épisode, Cornelius Blackshear est promu juge au tribunal des faillites.

1er juin 1987 – Le front légèrement dégarni, le visage mangé par des lunettes à grosse monture d'écaille et un collier de barbe, le juge Bason fait son entrée dans la petite salle du tribunal de commerce de Washington. Agé de cinquante-six ans, ancien élève de la Harvard Law School, George Francis Bason Jr. a enseigné le droit pendant des années avant de revêtir la toge noire et de présider aux audiences. Il bénéficie d'une réputation d'intégrité et n'a accepté l'affaire Inslaw que du bout des lèvres et après de longues hésitations car il a vite deviné le caractère périlleux de ce dossier. « Il y a tout pour que cela devienne une patate chaude », a-t-il confié au président du tribunal.

Jusqu'à présent, les débats se sont déroulés sans surprise, mais aujourd'hui Anthony Pasciuto doit déposer.

Le témoin vedette semble perdu dans ses pensées. Il prête serment de manière machinale, déjà convaincu que nul n'appuiera sa version, qu'il est un homme seul, donc vulnérable. Depuis que Cornelius Blackshear s'est rétracté, il espérait pouvoir mobiliser ceux qui, comme lui, avaient bénéficié des confidences du juge. Peine perdue. Le juge Pierce, que Pasciuto considérait pourtant comme un père, lui a fait faux bond. Il ne veut plus entendre parler de cette histoire. Quant à William White, il est déjà passé à la barre et a affirmé ne se souvenir de rien. Le juge Bason n'a pu s'empêcher de souligner : « Ce que je crois, c'est que M. White a une grande capacité d'oubli. »

Sur quoi Pasciuto peut-il dès lors fonder ses affirmations ? A quoi bon raconter que, durant la période pendant laquelle William White travaillait sous ses ordres, ce dernier lui avait demandé, un jour de 1986, un nouveau meuble car, selon ses propres termes, il souhaitait « ranger tous les dossiers concernant Inslaw dans un seul et même lieu et sous clé ».

En s'avançant pour prêter serment, Anthony Pasciuto apparaît pâle, mal à l'aise, il a presque l'air traqué. Non qu'il craigne de mettre Stanton en cause. Les deux hommes n'ont guère de sympathie l'un pour l'autre, surtout depuis que Pasciuto a alerté les services d'inspection du ministère de la Justice sur des déficits au bureau des mandataires-liquidateurs et des « indiscrétions financières » qu'aurait commises Stanton. Déjà, durant l'hiver 1986, Pasciuto s'était mis en quête d'un nouvel emploi, convaincu que toute cohabitation avec Stanton était désormais impossible.

Pasciuto redoute de ne pouvoir se dépêtrer du piège dans lequel il vient de tomber il y a un peu plus d'une semaine. Alors que toutes ses demandes de mutation demeuraient lettre morte dès lors qu'il ne renonçait pas à témoigner en faveur d'Inslaw, un poste à Albany pour lequel il avait fait acte de candidature lui avait été attribué une heure à peine après qu'il eut reçu son assignation à comparaître devant le tribunal des faillites. Il avait donc aussitôt pris les dispositions matérielles nécessitées par son changement d'affectation. A la suite d'une série de malencontreuses coïncidences, il se retrouve avec deux maisons sur les bras et 250 000 dollars à débourser, tout cela pour avoir cru à une note signée Stanton spécifiant que sa mutation à Albany était acceptée. La vente de sa maison du Maryland, destinée à financer son nouveau domicile, s'est en effet trouvée annulée le jour même de son déménagement et il n'a toujours pas reçu confirmation officielle de sa nouvelle affectation. Rarement il s'est senti si vulnérable.

L'avocat du ministère de la Justice, Dean Cooper, l'interroge avec une brutalité inattendue : « Est-il exact que vous consultez actuellement un médecin pour soigner votre dépression ? »

Anthony Pasciuto, qui s'est présenté à l'audience sans avocat, blêmit. Cooper pousse son avantage et, sévère, veut savoir si ce que Pasciuto a raconté à Bill et Nancy

Hamilton lors de leur petit déjeuner à l'hôtel Mayflower était exact. Au bord des larmes, Pasciuto s'effondre : « Non, rien n'est vrai. Je n'ai dit cela aux Hamilton que pour nuire à mon supérieur Thomas Stanton. Il bloquait ma promotion. »

Pasciuto étouffe un sanglot. Le juge Bason le regarde, compatissant. Comme il l'avouera par la suite, le magistrat reste persuadé que Pasciuto est honnête mais que, employé fédéral, il se trouve soudain terrorisé à l'idée de perdre son travail et de ruiner sa vie familiale. La seule solution qui lui apparaît consiste à faire machine arrière d'urgence.

11 juillet 1987 – Anthony Pasciuto attend toujours sa mutation pour Albany. Au lendemain de son audition par le tribunal, il s'en est inquiété auprès de Thomas Stanton mais s'est entendu répondre que la décision finale dépendait désormais de Arnold Burns, lequel ne semble guère pressé de donner son accord.

Pasciuto loge à New York chez son ami Harry Jones dont Stanton et Blackshear s'étaient disputé le talent. En fin d'après-midi de cette journée estivale, il croise justement Cornelius Blackshear qui, dès qu'il l'aperçoit, se précipite et lui passe un bras protecteur autour des épaules.

« Je suis navré pour tout cela mais, à présent, tout va bien se passer.

– Sûrement pas ! Ils vont me virer.

– Certainement pas. Tu en sais trop.

– Ils s'en moquent.

– Mais tu as dit la vérité au tribunal !

– Qu'est-ce que la vérité quand tout le monde ment ? »

Blackshear cherche à tirer Pasciuto de son désarroi. Il se confie :

« Ils m'ont envoyé quelqu'un de Washington et du parquet général. Ils sont venus à mon bureau. J'ai pensé qu'en modifiant mon récit je blesserais moins de monde. Je ne savais pas que tu allais témoigner.

– Mais tu te souviens de notre conversation avec le juge Pierce ? »

Blackshear se raidit. Il ne veut pas se laisser aller plus avant. « Je te dis qu'ils m'ont envoyé des gens. La meilleure chose à faire était de me rétracter. »

Pasciuto dévisage Blackshear avec tristesse. Il n'est plus capable d'indignation ni de colère, seul un immense sentiment de gâchis l'habite. Comment va-t-il désormais éviter d'être broyé ?

De fait, Arnold Burns refuse sa mutation à Albany où pourtant il vit désormais dans la maison dont il s'est porté acquéreur. Chaque jour, il doit donc se rendre à Washington pour travailler, ce qui lui coûte 1 300 dollars par mois. Il a dû, d'autre part, prendre un avocat pour se défendre contre une hiérarchie du ministère de la Justice bien décidée à faire la peau au « traître ». Les honoraires lui ont déjà coûté 25 000 dollars. « Heureusement que ma femme et moi sommes frugaux et que nous avions un peu d'argent de côté », commente, philosophe, Anthony Pasciuto.

5 août 1987 – Le second procès intenté par Inslaw concerne la faillite proprement dite. Il s'est ouvert devant le juge Bason. Les audiences ont duré plus de deux semaines car la cour a dû non seulement digérer un dossier de plusieurs dizaines de milliers de pages mais

encore entendre une quarantaine de témoins. En dépit de la chaleur étouffante qui règne sur la capitale fédérale, la salle du tribunal de commerce de Washington dans laquelle se tient l'audience est bondée. Bill et Nancy Hamilton sont assis au premier rang, tendus, figés dans l'attente de la lecture des conclusions du magistrat chargé de l'affaire Inslaw contre le gouvernement des Etats-Unis.

D'une voix tranquille, posée, pondérée, George Francis Bason Jr. résume les étonnants démêlés de la firme d'informatique avec le ministère de la Justice. « Une chose bien étrange s'est passée au ministère de la Justice », commente le magistrat qui ne cache pas le peu de crédit qu'il accorde aux témoins produits par l'administration alors qu'à l'inverse, Bill Hamilton et Elliot Richardson lui ont paru faire montre de précision dans les faits. Le magistrat relève en particulier qu'« immédiatement après être entré en fonction en tant que responsable de l'implantation de Promis, Brewer a conduit une enquête à propos des autres contrats d'Inslaw avec le ministère de la Justice dans l'intention de torpiller autant de contrats que possible afin de couper les fonds d'Inslaw et de conduire l'entreprise à la faillite ». « Les actes du ministère de la Justice, tels que nous les avons décrits dans l'énoncé des faits, martèle le juge Bason, ont été effectués en toute mauvaise foi, de manière vexatoire en dépit de la loi et des faits, et pour des raisons oppressives afin de mettre Inslaw en faillite et s'emparer par la ruse et la tromperie du logiciel Promis. »

Après avoir dénoncé le jeu du chat et de la souris auquel l'administration s'est livrée, le magistrat qualifie ce comportement de « scandaleux, mensonger et frauduleux » et conclut qu'ainsi, le ministère de la Justice a démontré « son mépris à la fois pour la loi et tous les principes des transactions loyales ».

Nancy et Bill Hamilton n'osent en croire leurs oreilles. Après des années de cauchemar, ils entrevoient enfin une issue. Ils ont gagné en justice contre le gouvernement américain ! Dans quelques mois, ils connaîtront le montant des dommages et intérêts qui leur sera accordé.

Août 1987 – Battu, au moins provisoirement, sur le terrain judiciaire, le gouvernement américain n'est, à l'évidence, pas décidé à se laisser faire. Dans la plupart des faillites, le principal créancier est en effet le Trésor public et Inslaw n'échappe pas à la règle. Dans les usages des Etats-Unis, la règle veut que l'Internal Revenue Service (IRS), le tout-puissant service des impôts, prenne d'abord contact avec les avocats du contribuable pour négocier. Dans le cas des époux Hamilton, les services de recouvrements fiscaux font montre d'un zèle inaccoutumé. A peine le procès achevé, le fisc réclame 600 000 dollars à Bill et Nancy au titre des dettes d'Inslaw. Le couple Hamilton ne dispose pas d'une telle somme. Charles Docter, l'avocat d'Inslaw, écrit donc à l'IRS pour indiquer que la société versera une partie de la somme réclamée sous trente jours. D'ordinaire, ce type d'engagement apaise l'administraton fiscale, au moins quelques mois. Dans le cas des Hamilton, il n'en est rien. Vingt-huit jours après la lettre de l'avocat, une demande de mise en liquidation judiciaire d'Inslaw est déposée par le fisc. A son tour, il réclame que la société d'informatique passe du régime du chapitre 11 à celui du chapitre 7.

Là encore, la démarche est inhabituelle mais l'IRS est

représenté, dans ce type d'actions, par... le ministère de la Justice.

Saisi, le juge Bason bloque la procédure et signifie au fisc qu'il ne doit pas s'acharner sur les époux Hamilton. Seulement, son injonction n'a de valeur juridique que durant dix jours.

Bill Hamilton ayant, dans le même temps, obtenu qu'IBM entre dans le capital d'Inslaw à hauteur de 2,5 millions de dollars, la faillite est évitée de justesse et le ministère de la Justice doit renoncer à sa manœuvre fiscale.

Décembre 1987 – George Francis Bason Jr. en reste sans voix. Il vient d'apprendre qu'il n'est pas reconduit dans ses fonctions de juge au tribunal des faillites par décision du ministère de la Justice ! Certes, il y a un mois et alors qu'il n'a pas encore rendu son verdict dans l'affaire Inslaw contre le gouvernement des Etats-Unis, il a rejeté une demande du ministère de la Justice demandant la mise en liquidation de la société d'informatique. Jamais il n'aurait imaginé que sa décision puisse entraîner pareille conséquence. Il est en effet extrêmement rare, aux Etats-Unis, qu'un magistrat civil ne soit pas reconduit automatiquement dans ses fonctions.

Le juge Bason est persuadé d'être victime d'un règlement de comptes, surtout lorsqu'il apprend l'identité de son successeur. Il s'agit en effet de Martin S. Teel Jr., l'un des avocats du gouvernement américain dans le procès intenté par Inslaw. Même les juristes les plus blasés de Washington ne reviennent pas d'une manipulation aussi cynique.

En fin d'année, le ministre de la Justice Ed Meese se voit proposer l'attribution de primes spéciales à ses fonctionnaires. Trois des principaux acteurs de l'opération Aigle figurent sur la liste qu'il approuve :

Stewart Schiffer, chargé de superviser le dossier Inslaw, se voit octroyer 20 000 dollars.

Lawrence McWhorter, le supérieur de Brick Brewer, reçoit 10 000 dollars. Durant le procès, le juge Bason avait noté que cet homme, réputé méticuleux et consciencieux, avait répondu « Je ne me souviens pas »... cent quarante-sept fois !

Michael Shaheen touche 20 000 dollars. Chef des services d'inspection du ministère (OPR, Office of Professional Responsability), il a recommandé par écrit la mise à pied d'Anthony Pasciuto, qualifié par lui de « whistle-blower », de « balance ». Michael Shaheen ne s'est pas borné à proposer. Dès le lendemain de la rétractation de Pasciuto devant le juge Bason, l'OPR, à la demande d'Arnold Burns, s'est lancé à ses trousses. Dès lors, les jours du directeur adjoint des administrateurs judiciaires étaient comptés.

20 janvier 1988 – Anthony Pasciuto vit dans la terreur depuis des mois. A chaque instant, ses supérieurs entrent dans son bureau et vérifient sa présence. Il ne peut plus quitter les locaux du ministère sans pointer, une règle depuis longtemps tombée en désuétude pour ses collègues. Même lorsqu'il se rend aux toilettes, la vérification est effectuée dans les secondes qui suivent.

Cette traque a débouché, le 18 décembre dernier, sur

une demande de renvoi de Pasciuto émanant des services d'inspection. Le patron direct de Pasciuto, Thomas Stanton, n'a pas le pouvoir d'exécuter cette recommandation de l'OPR. Seul Arnold Burns peut prendre une telle décision. Son adjoint, Boykin Rose, vient de recevoir Anthony Pasciuto pour lui proposer de quitter le ministère.

2 février 1988 – Le juge Bason rend son verdict dans l'affaire Inslaw, mais il a perdu la maîtrise de la suite des opérations. Il condamne le ministère de la Justice à verser à la firme de Bill Hamilton quelque 6,8 millions de dollars à titre de droits commerciaux et un million de dollars pour régler les honoraires d'avocats de la partie plaignante. En revanche, faute de jurisprudence, il renvoie toute décision concernant les 25 millions de dommages et intérêts qu'il envisage de demander au ministère. Il appartiendra au juge Teel, son successeur, de trancher. Ce n'est pas demain la veille du jour où Inslaw touchera ses indemnités ! D'autant que, bien évidemment, le ministère fait appel de la décision du juge Bason.

17 mars 1988 – L'avocat de Pasciuto écrit au ministère pour préciser que, toute réflexion faite, son client est à nouveau disposé à raconter devant des magistrats sa conversation avec les Hamilton au sujet du transfert de Jones et de la manière dont le ministère de la Justice entendait pousser Inslaw à la faillite.

Conclusions provisoires

Dans l'affaire Inslaw contre le gouvernement des Etats-Unis, le juge William Bryant, de la cour du district de Columbia, confirmera en appel, le 22 novembre 1989, le jugement rendu en première instance par le juge Bason. Toutefois, il réduit très sensiblement les droits commerciaux accordés à Bill Hamilton puisque ceux-ci passent de 6,8 à 1 million de dollars.

Dans son arrêt, le juge Bryant stipule notamment : « Le gouvernement accuse la cour chargée de statuer sur les banqueroutes de se servir de procédures pour prouver la culpabilité du gouvernement. Il ressort à l'évidence des dépositions de témoins clés et de nombreux documents qu'Inslaw a réalisé son contrat dans un environnement hostile qui s'étendait des échelons les plus élevés du ministère de la Justice aux fonctionnaires qui avaient la responsabilité de superviser le travail au jour le jour. »

A la suite d'un nouveau recours du ministère, la cour d'appel du district de Columbia cassera, le 7 mai 1991, les deux précédents verdicts mais relèvera néanmoins, dans ses attendus, que les deux tribunaux ont, successivement, accusé le ministère de s'être approprié illégalement le logiciel Promis et qu'une « telle conduite, si elle a eu lieu, est inexcusable ». Seulement, elle estime que ce dossier n'est pas de la compétence d'un tribunal des faillites.

De son côté, usé par dix mois de vexations et de brimades, Anthony Pasciuto a accepté, le 1er avril 1988, de quitter le ministère de la Justice.

En ce qui concerne les remous politiques autour du scandale de l'Irangate, la commission Tower remplit au mieux son rôle d'éteignoir. Toutefois, en dépit des services rendus à la cause républicaine, le sénateur John Tower n'obtiendra pas la récompense escomptée. Sa nomination par le Président George Bush, en 1989, comme secrétaire d'Etat à la Défense n'a pu être entérinée. Sa réputation d'intempérance comme ses trop nombreuses fréquentations féminines devinrent des obstacles insurmontables, surtout lorsque son épouse menaça d'apporter des précisions sur la vie privée de son mari après que le *Time* eut révélé, le 20 février 1989, les défaillances du sénateur.

V

Commission d'enquête

29 septembre 1989 – Bill Hamilton et Elliot Richardson n'espèrent plus grand-chose des procédures judiciaires en cours. D'une part, le ministère usera des voies de recours aussi longtemps que les subtilités de la procédure le permettront ; d'autre part, les sommes attribuées à Inslaw par le juge Bason n'ont toujours pas été versées et ne sont, à l'évidence, pas près de l'être.

Richardson a convaincu Hamilton de doubler l'action judiciaire par une démarche plus politique. Le président d'Inslaw s'est donc tourné vers le sénateur Sam Nunn qui préside la sous-commission permanente pour les affaires gouvernementales. Après un an d'enquête, ce groupe vient de rendre publiques ses conclusions : il n'a pu établir de manière formelle l'existence d'une conspiration destinée à pousser Inslaw à la faillite. Et pour cause, les enquêteurs du Sénat n'ont pu interroger « de manière sereine » les fonctionnaires impliqués dans l'affaire : l'attitude intransigeante du ministère alliée aux prétextes les plus divers ont empêché nombre d'audiences. En outre, les fonctionnaires questionnés par les sénateurs sont tous venus accompagnés d'un avocat du ministère de la Justice « en violation des principes qui régissent le conflit d'intérêt, notent les sénateurs, et aussi de la relation avocat-client ».

La sous-commission tance toutefois le ministère pour avoir chargé de l'opération Aigle des personnes ayant eu, par le passé, un contentieux avec Inslaw. Il souligne également les responsabilités de l'administration fédérale dans la défaillance financière de la société informatique. Le rapport de la sous-commission constitue en définitive un monument d'hypocrisie. Si les accusations proférées par Inslaw sont largement reprises et détaillées, la même conclusion revient en leitmotiv : impossible de prouver.

Bill Hamilton est déçu mais Elliot Richardson l'entraîne vers l'autre instance du Congrès : la Chambre des représentants.

10 avril 1990 – Jack Brooks, Texan haut en couleur, est à soixante-sept ans l'un des représentants les plus en vue. Ce républicain, qui préside la commission des affaires judiciaires, s'est emparé avec gourmandise du dossier Inslaw en déclarant qu'il allait faire toute la lumière.

En août 1989, Jack Brooks et Dick Thornburgh, le nouveau ministre de la Justice, ont échangé des correspondances, le parlementaire pour annoncer l'ouverture d'une enquête, le ministre pour dénoncer le caractère superflu d'une telle démarche mais promettre la coopération de son administration. Une position de principe qui, bien sûr, se révélera sans effet dans la pratique puisque, dès le 29 septembre, les enquêteurs de la commission sont informés qu'ils ne peuvent avoir accès à la totalité des archives Inslaw détenues par le ministère. Le prétexte invoqué est, comme toujours, le caractère

« hautement sensible et potentiellement nuisible » des informations en cause. Les auditions consacrées aux démêlés de la firme de Bill Hamilton s'ouvrent néanmoins. Le patron d'Inslaw s'efforce d'aider de son mieux les enquêteurs du Congrès. Il leur signale notamment l'existence de Ronald LeGrand, un ancien agent de la DEA qui avait été chef d'enquête pour la commission sénatoriale des affaires judiciaires. Il s'était alors vanté, devant Bill et Nancy, de disposer d'une source très haut placée au sein du ministère de la Justice, un ami de quinze ans qui connaîtrait toutes les arcanes du dossier Promis. Cette source lui aurait confirmé le rôle, néfaste pour Inslaw, joué par Lowell Jensen, Peter Videnieks et Brick Brewer. Et Ronald LeGrand avait ajouté, en guise de conseil à Bill Hamilton : « Vous ne savez rien, en réalité, de cette affaire. Vous n'en connaissez ni les tenants ni les aboutissants. C'est beaucoup plus grave que le Watergate, et si vous saviez ce qu'il y a derrière tout cela vous en seriez malade de trouille. »

Aussitôt une citation à comparaître devant la commission avait été délivrée. Il faudra cinq mois de négociations pour qu'un premier entretien puisse se dérouler, le 31 mai 1990. LeGrand se refuse à dévoiler sa source sans avoir repris contact avec elle au préalable et subordonne son témoignage à un feu vert de Cardiss Collins, la présidente de la sous-commission pour les affaires gouvernementales. Cette demande sera adressée le 20 juillet 1990 à Cardiss Collins mais quand la réponse, positive, parvient aux enquêteurs du congrès, Ronald LeGrand a quitté Washington sans laisser d'adresse. Une fois localisé, le contact est renoué avec les enquêteurs le 20 novembre 1990. Une nouvelle audition se déroule donc le 14 février 1991, au cours de laquelle LeGrand confirmera du bout des lèvres certaines des déclarations du couple Hamilton mais insistera surtout sur le fait que les propos qui lui ont été prêtés ne sont que des commentaires provenant de diverses personnalités qui ont été, à tort, attribués par les Hamilton à une source unique.

18 mai 1990 – « Bill, un appel pour vous. Un certain Michael Riconosciuto. Il se présente comme directeur des recherches à la Wackenhut, et il dit qu'il a des révélations à vous faire. »

Hamilton est intrigué. Installé dans son bureau au siège d'Inslaw à Washington, il n'hésite pas longtemps. Au point où en est son dossier, il ne peut se permettre d'ignorer le moindre témoignage. L'homme avec lequel il engage la conversation semble énervé, exalté même. Il s'exprime de manière décousue et Bill Hamilton a parfois du mal à suivre son propos. Le patron d'Inslaw se demande s'il n'est pas tombé sur un illuminé mais il ne se résout pas à clore l'échange. Au fil des vaticinations de son mystérieux interlocuteur il lui semble en effet percevoir des bribes de vérité, des éléments inédits, des précisions que seul quelqu'un ayant accès de l'intérieur à l'opération Aigle peut connaître. Il va rester au téléphone deux heures et demie.

Michael Riconosciuto, sympathisant du parti républicain, se dit impliqué dans des opérations clandestines mais désireux à présent de prendre du champ, ce qui lui vaut d'être harcelé par ses employeurs qu'il se borne à désigner, de manière générale, comme le gouvernement fédéral. Il affirme avoir rencontré Bill Casey, le directeur de la CIA (1981-1987) aujourd'hui décédé, dans un country-club en 1983 et avoir enregistré leur échange. Cette bande constituerait, à l'en croire, son « assurance vie ».

Dès le début de ses propos, Riconosciuto a appâté Bill Hamilton en affirmant que tous les déboires d'Inslaw résultent de la volonté du Président Ronald Reagan de permettre à un homme d'affaires ayant participé à une opération clandestine qui a facilité son élection à la Maison-Blanche de se rembourser. Cet homme se nomme Earl W. Brian. Hamilton est dès lors tout ouïe. Son attention a, en effet, été attirée par le personnage très récemment. Il commence à soupçonner que Brian pourrait être au cœur de ses malheurs. C'est une de ses sociétés, Hadron, qui a tenté de racheter Inslaw en 1983. Il vient de découvrir que Brian est un familier d'Ed Meese, l'ancien ministre de la Justice de Ronald Reagan, et que Videnieks, qui a mené le combat contre sa société, connaît lui aussi Brian depuis les années 70. Or voici que son étrange correspondant prétend, lui aussi, bien connaître Brian et avoir travaillé avec lui en Iran, à la demande de Bill Casey et sous couvert de la Wackenhut pour des opérations de transferts de fonds. Riconosciuto s'occupait de la partie informatique tandis que Brian lui fournissait des codes. Quarante millions de dollars auraient ainsi été versés à des Iraniens « afin d'empêcher qu'un accord avec l'administration démocrate de Jimmy Carter sur la libération des otages américains retenus à Téhéran intervienne avant l'élection présidentielle de 1980 ».

Ces millions de dollars, explique Michael Riconosciuto, ont été fournis par la famille royale saoudienne et les arrangements se sont négociés entre Fahim Safar, conseiller financier des monarques, et le prince Bandar

Bin Sultan, ambassadeur saoudien aux Etats-Unis. L'argent aurait été tiré sur une agence du Crédit suisse en Géorgie puis blanchi en transitant par des comptes bancaires de diverses universités ayant toutes en commun de recevoir des bourses de la NASA. Sur l'insistance de Bill Hamilton, Riconosciuto lâche même les noms de Charles Carter, responsable de la section de la NASA chargée de la répartition des bourses de recherche et développement aux universités, et de John Van Dewerker, un ancien employé de la CIA dirigeant à présent à Orange County, en Californie, Intersec, l'une des sociétés-écrans de l'Agence. Intersec, précise Riconosciuto, est présente dans le joint-venture passé entre la Wackenhut et la tribu des Cabazons sur la réserve desquels Riconosciuto s'est installé. Intersec a d'ailleurs fait l'objet d'investigations du Congrès dans le cadre d'une enquête sur la violation par l'administration Reagan du deuxième amendement, c'est-à-dire, concrètement, dans le cadre de l'enquête sur le scandale Contragate-Irangate.

Au fil du récit de Riconosciuto, Bill Hamilton relève encore que les Israéliens sont partie prenante des négociations clandestines avec l'Iran puisqu'ils auraient fourni aux Iraniens le service après-vente nécessaire à un bon entretien du matériel militaire américain. Un magistrat, note-t-il aussi, serait également dans la confidence.

Michael Riconosciuto parle d'une autre opération financière mettant en cause le Président Ronald Reagan. Lors de sa mission en Iran en compagnie de Earl W. Brian, ils auraient travaillé avec George Pender dont, par la suite, Riconosciuto découvrira qu'il est le président de la FIDCO (First International Development Corporation), un organisme alimenté par l'argent de la monarchie saoudienne qui intervient dans l'intense marché spéculatif généré par la reconstruction de Beyrouth. Or, les époux Reagan posséderaient des titres de la FIDCO à travers la fille de Pender, Deborah, et un fonctionnaire de la Maison-Blanche membre du directoire de la FIDCO, Michael McManus.

A l'évidence, Riconosciuto veut la peau d'Earl W. Brian. Il affirme qu'il est possible de le faire tomber sur les opérations de blanchiment d'argent menées au début des années 80. Bill Hamilton, désabusé, reste sur la réserve. Tout ceci lui paraît bien flou et aléatoire, aux limites de la mythomanie. Mais voici que son interlocuteur se met à parler de Promis et fait montre d'une connaissance des plus précises du logiciel. « J'ai eu entre les mains une copie du code source de la version Vax VMS », affirme-t-il. Bill Hamilton en a le souffle coupé. Les rares journaux qui ont parlé des démêlés d'Inslaw n'ont jamais mentionné cette version de Promis pour la bonne et simple raison qu'ils en ignorent l'existence. A l'évidence, ce Riconosciuto détient des informations qui peuvent être capitales.

Bill Hamilton se fait dès lors pressant. Il veut connaître le nom des sociétés d'informatique dans lesquelles Riconosciuto a des intérêts. Celui-ci ne se fait pas prier. TCS Software, à Houston, et Park Software, dans l'Etat de Washington, ont été sollicitées par la Wackenhut pour effectuer des modifications sur la version Vax VMS de Promis. Le patron d'Inslaw est perplexe. Pourquoi être intervenu sur le logiciel puisque, depuis avril 1983, le ministère de la Justice était en possession de la version Vax VMS ? La seule réponse qui lui semble cohérente est que l'administration a voulu ainsi mettre en œuvre Promis sur d'autres sites.

C'est d'ailleurs ce que Riconosciuto confirme implicitement en racontant qu'il a entendu dire que Brian et la Wackenhut auraient proposé le logiciel à diverses instances fédérales. Durant les années 80, le rapport annuel de la Wackenhut faisait référence à cette activité puisqu'il mentionnait la livraison de logiciels de gestion de banques de données et de recherche à des administrations chargées de faire respecter la loi. Or, les deux plus gros clients de la Wackenhut sont le ministère de l'Energie, qui fournit 20 % du chiffre d'affaires de la société de surveillance, et le ministère de l'Immigration et de la Naturalisation.

Bill Hamilton est convaincu. Non que son témoin inattendu est entièrement fiable mais qu'il sait suffisamment de choses pour être un allié capital. Seulement Riconosciuto est-il disposé à déposer et pourra-t-il prouver ses dires ? Le correspondant ne se démonte pas. Il pourra fournir aux enquêteurs son passeport et la comparaison avec celui d'Earl W. Brian prouvera la simultanéité de leurs séjours en Iran. Il dispose d'une copie du formulaire 1099 des impôts montrant qu'Earl Brian et lui étaient des employés contractuels de la Wackenhut lors de leur voyage en Iran en 1980. Il possède une photographie le montrant en compagnie de Brian en Iran. Son avocat de Los Angeles, Donald Wager, détient une correspondance qui prouve qu'Earl Brian a obtenu la commercialisation de Promis en remerciement des services rendus en Iran. L'ancien sénateur James Abouzerk et son associé Glenn Feldman possèdent, eux aussi, des pièces sur ce point. Outre eux deux, John Van Dewerker, de la société Intersec, et Charles Carter connaissent les détails des opérations menées en Iran et les conséquences qui en résultèrent quant aux rapports d'Inslaw avec le ministère de la Justice.

Bill Hamilton a raccroché. Il relit les notes qu'il n'a cessé de prendre durant ces deux heures et demie. Soudain son dossier prend une nouvelle dimension. Il ne s'agit plus seulement, comme il le croyait, de la vengeance d'un concurrent malheureux, Lowell Jensen, allié à un ancien employé remercié, Madison Brick Brewer. Voici que l'ombre des services secrets se profile. Sans doute fallait-il couler Inslaw pour empêcher que soit connue la mainmise des services sur le logiciel. Mais pourquoi ne pas l'avoir acheté simplement ? Riconosciuto, là encore, a fourni une réponse. Afin de permettre à des affairistes proches du Président de s'enrichir. A moins que d'autres éléments d'appréciation ne lui fassent encore défaut.

Bill Hamilton a été formé dans le giron de la National Security Agency. Le monde du renseignement et de la clandestinité ne lui est donc pas inconnu. Elliot Richardson va continuer à tirer les sonnettes pour tenter de recouper les accusations lancées par Riconosciuto, tandis que les enquêteurs recrutés par les avocats de la firme vérifient de leur côté.

Août 1990 – Washington est désert. Les citadins ont fui un taux d'humidité qui atteint 100 %. Bill Hamilton bénit la climatisation dont les bureaux d'Inslaw sont équipés. Il a sacrifié ses vacances, accaparé par la vérification des accusations portées par Michael Riconosciuto. Certes, il a communiqué le témoignage de l'ancien directeur des recherches de la Wackenhut aux enquêteurs du Congrès, mais il sait à présent d'expérience que rien ne vaut ses investigations personnelles. Aussi s'applique-t-il, chaque jour, à dépouiller la presse nationale. C'est ainsi qu'il est tombé en arrêt sur une brève information relatant les démêlés d'un revendeur de matériel informatique d'occasion, Charles Hayes, avec le ministère de la Justice. L'homme menacerait de faire des révélations, notamment concernant Inslaw mais sans plus de précisions. A l'évidence, ses propos ressemblent à un appel du pied.

Bill Hamilton est parvenu à joindre Charles Hayes au téléphone. L'homme, qui s'exprime avec un lourd accent du Sud, joue les mystérieux et laisse entendre qu'il aurait naguère travaillé pour la CIA. Il interpelle le patron d'Inslaw : « L'armée américaine vous doit beaucoup d'argent. Ils se servent de votre logiciel. Connaissez-vous Groton ? Vous devriez enquêter par là-bas. »

Bien que la véritable personnalité de Hayes constitue une énigme pour Bill Hamilton, il déduit de cet échange que Promis doit être en service à Groton, l'une des principales bases de l'US Navy qui sert en particulier de port d'attache aux sous-marins nucléaires. Il n'apprendra que des années plus tard, par un informaticien dont l'identité est tenue secrète, qu'en réalité chacun de ces sous-marins disposait d'un exemplaire de son logiciel. Par une curieuse coïncidence, Hadron, la société d'Earl Brian, est un des fournisseurs en logiciels des sous-marins nucléaires Trident. Le second plus gros client de Hadron en matière de logiciels est... la CIA. Elliot Richardson découvrira de son côté que les informaticiens des bureaux des shérifs fédéraux (US Marshall) sont entraînés au maniement de Promis par leurs collègues de la Marine... au quartier général de la flotte sous-marine !

Toutefois, Charles Hayes n'a pas limité à la Défense ses confidences. C'est abasourdi que Bill Hamilton entend proclamer :

« Je viens d'acheter au ministère de la Justice du matériel informatique usagé. Sur des disquettes de cinq pouces un quart, devinez ce que j'ai trouvé : votre logiciel.

– Avez-vous encore ces disquettes ? interroge le patron d'Inslaw.

– Bien sûr.

– Etes-vous prêt à témoigner officiellement ?

– Pas de problème. »

Une fois de plus, Hamilton vient à la rescousse de la commission du Congrès et lui signale ce témoin inattendu. Les enquêteurs officiels, après s'être penchés sur la biographie du personnage, concluent que Hayes en sait long sur le monde du renseignement et prennent très au sérieux son apport. La source d'approvisionnement du revendeur de matériel informatique d'occasion est identifiée : il s'agit des bureaux du procureur du district est du Kentucky situés à Lexington.

Une nouvelle piste s'ouvre.

5 novembre 1990 – Patricia, la fille de Nancy et Bill Hamilton, travaille elle aussi à Inslaw, où elle a le titre de directeur régional. Elle a notamment en charge les questions de commercialisation au Canada. Or, voici qu'au bout du fil un fonctionnaire de ce pays, Marc Valois, lui demande soudain des précisions sur un logiciel qui est utilisé par l'administration canadienne : Promis !

Le sang de Patricia se fige. Elle sait mieux que quiconque que jamais Inslaw n'a vendu le logiciel au Canada. En s'efforçant de dissimuler son émotion, elle laisse parler son correspondant. Ce dernier est en quête d'une version française du logiciel. Le Canada, rappelle-t-il, est une fédération bilingue et tous les logiciels en usage dans les administrations doivent donc être accessibles en français.

« Je comprends, opine Patricia.

– Vous savez que votre logiciel est largement diffusé chez nous, poursuit Marc Valois en toute innocence. Sauf erreur, il est implanté sur neuf cents sites. »

Patricia Hamilton note fébrilement. Elle a toutefois le réflexe de demander à l'officiel canadien de bien vouloir confirmer par écrit sa demande.

21 janvier 1991 – Les enquêteurs du Congrès se rendent à New York, au siège d'une agence de détectives : Interfor. Ils ont rendez-vous avec son directeur, Juval Aviv, dont Bill Hamilton a de bonnes raisons de croire qu'il possède des informations sur l'emploi de Promis par les Israéliens. Ancien agent secret israélien, il s'est reconverti dans les enquêtes internationales et ses activités semblent lucratives à en juger par sa montre et son costume italien. Il travaille notamment pour le compte de la Panam, sur l'explosion, le 21 décembre 1988, au-dessus de Lockerbie en Ecosse, du Boeing assurant le vol 103, entre Francfort et New York via Londres. Un attentat qui a fait deux cent soixante-dix morts.

Aviv, fort de son ancienne participation au Mossad, parle d'Earl W. Brian et de ses liens avec les Israéliens et se déclare prêt à fournir la preuve que Brian a vendu Promis à diverses agences fédérales américaines – CIA, NSA, NASA, NSC (Conseil national de sécurité) – mais aussi aux Israéliens – Mossad, armée de l'air –, ainsi qu'à d'autres gouvernements étrangers comme l'Egypte. Sur les bords du Nil, le logiciel fonctionnerait sous l'intitulé Data plus ou Promis plus. Cette vente par Brian aux Egyptiens aurait été financée grâce à des crédits du programme américain d'assistance militaire aux gouvernements étrangers.

Le témoignage de Juval Aviv est si précis qu'il indique même que le logiciel d'Inslaw a été modifié afin de pouvoir être embarqué sur les sous-marins nucléaires américains et britanniques pour gérer leurs banques de données secrètes.

Aux questions des envoyés du Congrès, le détective répond qu'il peut appuyer chacune de ses assertions par des documents ou des témoins. Toutefois, lorsque Juval Aviv sera, quelque temps plus tard, invité à effectuer une déposition officielle, il refusera en bloc.

Janvier 1991 – Patricia et Bill Hamilton sont assis côte à côte dans l'avion qui les emporte pour l'un de ces innombrables voyages d'affaires exigés par la commercialisation des produits d'Inslaw. Avant de quitter, le 21 janvier, le siège de Washington, Patricia a récupéré une volumineuse enveloppe en provenance d'Ottawa. Depuis l'appel téléphonique de Marc Valois, les responsables d'Inslaw restaient sans nouvelles. Ils ont toutefois pris soin d'alerter la commission d'enquête du Congrès et de signaler cet étrange coup de téléphone. Ils ont également mobilisé des correspondants au Canada afin de tenter de retrouver la trace de leur logiciel et de localiser les administrations susceptibles de l'utiliser.

Patricia ouvre l'enveloppe et en sort un épais questionnaire flanqué de sa lettre d'accompagnement. Celle-ci émane du CWARC, le Centre de recherche sur l'informatisation du travail. Cet organisme a été chargé par le ministère canadien du Trésor de dresser un relevé des logiciels susceptibles d'être utilisés dans les deux langues, l'anglais et le français. La lettre du CWARC fait référence au fait que le logiciel d'Inslaw est employé « dans des départements et agences fédéraux » et demande, en conséquence, aux responsables de la société de bien vouloir remplir et retourner le questionnaire joint. Pour plus d'informations, les destinataires peuvent prendre contact avec Marc Simoneau au département communications du gouvernement fédéral.

Le 30 janvier, Patricia pénètre dans le bureau de Marc Simoneau à Montréal. L'officiel canadien reçoit la représentante d'Inslaw en compagnie de son adjoint, Denis Lachance. Ce dernier explique que la police montée canadienne est enchantée des performances du logiciel et qu'elle implante Promis dans ses commissariats. Comme Patricia Hamilton manifeste le désir de prendre directement contact avec les utilisateurs, Denis Lachance se charge de lui organiser un rendez-vous avec T. Caulters au quartier général de la police. Patricia espère ainsi savoir comment les Canadiens sont entrés en possession du logiciel et qui a effectué les adaptations. De son côté, Bill Hamilton se documente sur les ordinateurs de la police montée. Il s'agit de plates-formes IBM et le patron d'Inslaw en déduit que la version de Promis qui est utilisée doit correspondre à celle qu'il a vendue au département terre et ressources naturelles du ministère de la Justice. Reste à savoir comment le logiciel est parvenu à la police montée.

1er février 1991 – Sur le chemin du retour vers Washington, Patricia fait escale à Ottawa. Elle expose au responsable des questions d'informatique au sein de la police montée les raisons de sa démarche, montre le questionnaire reçu et s'inquiète de savoir si Promis tourne bien dans neuf cents commissariats. T. Caulters écoute en silence. Sa seule réponse, glacée, se résume en quelques mots. A sa connaissance, Promis n'est pas utilisé par la police montée et la seule destination des lettres du département communications devrait être la poubelle.

De retour au siège d'Inslaw, Patricia appelle Marc Valois et lui raconte son entretien avec T. Caulters. A quel jeu jouent les Canadiens ? s'étonne-t-elle. Valois tombe des nues et plaide le malentendu. Il explique que le gouvernement d'Ottawa a chargé, en 1989, une société privée de dresser l'inventaire des différents logiciels utilisés par les départements ministériels et les agences fédérales. A l'en croire, cette recension est exhaustive et le mystère devrait être rapidement éclairci.

11 février 1991 – Patricia Hamilton appelle Denis Lachance, l'homme qui l'avait mise en contact avec le représentant de la police montée, et lui fait part de la réaction négative de Caulters. Lachance confirme qu'à sa connaissance, Promis est utilisé par au moins une agence fédérale ou un département ministériel canadien et qu'il croit savoir qu'il s'agit bien de la police. En outre, pense-t-il, un autre organisme a installé le logiciel sur cinq sites différents mais il ignore l'identité de cette structure.

Patricia rend compte de toutes ces précisions. A l'évidence, le service canadien des communications a commis un impair en s'adressant directement à Inslaw. La réaction de Caulters montre que, dans la foulée de la police montée, tout sera fait désormais pour réparer l'erreur et replonger Promis dans une clandestinité dont il n'aurait jamais dû sortir.

Fidèle à sa ligne de conduite, Bill Hamilton communique l'ensemble de ces nouveaux éléments à la commission du Congrès, à charge pour elle de remonter cette nouvelle piste.

12 février 1991 – La commission d'enquête du Congrès ronge son os. Par lettre officielle en date du 28 novembre 1990, elle a réclamé au ministère des éclaircissements sur le témoignage de Charles Hayes et demandé l'accès aux matériels mis en cause. La réponse ne parvient que deux mois et demi plus tard. Elle est signée Lee W. Rawls, assistant du ministre de la Justice pour les affaires législatives. Si l'administration consent à montrer les équipements réformés et vendus à Hayes ainsi que les notices les concernant, elle oppose une fin de non-recevoir à tout démontage de ces appareils, à tout tirage des disques qu'ils pourraient contenir, au prétexte que les services du ministère ne possèdent pas le double du contenu exact de ces disques et que les informations éventuellement divulguées pourraient compromettre des enquêtes criminelles.

A ce premier refus, Lee W. Rawls en ajoute un second. Toujours au nom de la protection du secret des enquêtes, il refuse aux envoyés du Congrès l'accès à certains documents de la division pour les affaires civiles du ministère de la Justice, en particulier la fraction des témoignages non rendus publics ainsi que les notes des procureurs les concernant, les échanges entre les procureurs et leurs substituts.

13 février 1991 – Charles Hayes dépose officiellement devant la commission d'enquête parlementaire et répète les propos déjà tenus à Bill Hamilton, à savoir qu'il a entre les mains des copies de Promis qui ont été effectuées par des membres du parquet à partir du logiciel original. A l'appui de ses dires, Hayes remet un jeu de disquettes cinq pouces un quart.

Ce triomphe théorique pour Inslaw tourne pourtant à la confusion de Bill Hamilton. Peu avant l'audition de Hayes, il a en effet dû informer la commission du Congrès que, selon les techniciens de sa firme, il se révèle « hautement improbable » que des disques cinq pouces un quart puissent contenir la version contestée de Promis et que, dès lors, Charles Hayes n'a probablement entre les mains qu'une version classique du logiciel.

De fait, dès que les informaticiens du Congrès expertisent les disques fournis par Hayes, ils constatent que les ordinateurs Lanier revendus par le parquet de Lexington ne contenaient que des programmes d'une grande banalité et ne correspondent pas à la controverse sur la propriété industrielle qui oppose Inslaw et le ministère de la Justice.

Charles Hayes, dépité, n'en tente pas moins de relancer le mystère en affirmant aux enquêteurs qu'il disposait d'une autre version du logiciel mais qu'elle lui aurait été volée à la suite d'une substitution de disquettes.

Sans pouvoir trancher et savoir si cette explication correspond à une réalité ou à une nouvelle palinodie, Bill Hamilton et les enquêteurs du Congrès sont convaincus que Hayes ne peut avoir inventé entièrement cette histoire et que sa fréquentation assidue du monde du renseignement rend probable une bonne connaissance par lui des dessous du dossier. Resterait dès lors à déterminer ses motivations : manœuvre de désinformation, d'intoxication, de chantage ? mais dans ce cas à destination de qui et pilotée par qui ?

La commission du Congrès ne rejette donc pas en bloc ce témoignage et retient, dans ses conclusions, les affirmations de Charles Hayes selon lesquelles Promis aurait été illégalement installé par les services du gouvernement fédéral dans trois cents sites et que le docteur Brian aurait, dès 1983, vendu le logiciel à la CIA. Il tourne sur les ordinateurs de l'Agence sour l'appellation Promis Datapoint. Hayes précise que « le docteur Brian a vendu pour 20 millions de dollars de licences à des départements du gouvernement fédéral mais que les responsables ont été mis en garde par la CIA et qu'ils nient se servir de Promis ».

Bien qu'il ignore tout des péripéties simultanées de la fille de Bill Hamilton avec les autorités canadiennes, Charles Hayes indique que, selon des sources anonymes, Brian a également vendu, en 1987, le logiciel d'Inslaw au gouvernement fédéral du Canada.

15 février 1991 – Les enquêteurs du Congrès ont enfin obtenu de rencontrer des représentants de la CIA. Depuis trois mois, ils négocient pied à pied. Dès le 20 novembre 1990, Jack Brooks, le responsable de l'enquête parlementaire avait écrit à William H. Webster, le directeur de l'Agence, pour demander sa coopération. La réponse du directeur chargé des relations avec

le Congrès, E. Norbert Garrett, parvenue le 11 décembre 1990, spécifiait : « Nous avons vérifié auprès des membres de l'Agence qui se servent de nos programmes de recherches de données, ou auprès de ceux qui seraient susceptibles d'utiliser Promis, et nous n'avons pu obtenir aucune indication que l'Agence ait jamais possédé le logiciel. »

Lors de l'entretien avec les enquêteurs de la commission, les représentants de la CIA précisent qu'en dépit de recherches intensives, ils n'ont trouvé aucune copie du logiciel au sein de l'Agence. De même, il ne leur a pas été possible d'établir que Promis a été vendu au gouvernement égyptien.

26 février 1991 – La commission du Congrès écrit à Son Excellence Derek H. Burney, ambassadeur du Canada aux Etats-Unis, pour lui demander sa collaboration à l'enquête parlementaire en cours et, plus précisément, pour qu'il contacte qui de droit dans son pays afin de savoir quelle version du logiciel est utilisée par l'administration canadienne. La réponse est signifiée par Jonathan Fried, le conseiller d'ambassade chargé des relations parlementaires. Les Canadiens posent leurs conditions :

1) les auditions de fonctionnaires canadiens ne pourront se dérouler hors de la présence d'un conseiller juridique et de leur supérieur ;

2) aucun fonctionnaire canadien ne peut témoigner devant une juridiction étrangère.

La commission prend acte, par lettre du 19 mars, de ce cadre et demande néanmoins à entendre Marc Valois et Denis Lachance.

Février 1991 – Michael Riconosciuto, qui vit désormais près de Seattle dans l'Etat de Washington, reprend contact avec Bill Hamilton. Il a l'impression d'être surveillé et commence à prendre peur. Son inquiétude s'est encore accentuée depuis qu'il a reçu un coup de téléphone de Peter Videnieks le menaçant de représailles s'il acceptait de témoigner devant la commission du Congrès. Le ministère de la Justice, aurait-il insinué, pourrait exercer des pressions et faire en sorte que sa femme ne conserve pas la garde de son fils d'un premier lit. L'administration pourrait également impliquer Riconosciuto et son père dans un dossier criminel lié à des opérations de crédit dans le comté d'Orange. Enfin, Videnieks aurait averti Riconosciuto que, s'il persistait à vouloir témoigner, d'autres dépositions, plus crédibles, seraient suscitées par l'administration et qu'en conséquence il pourrait être poursuivi pour parjure.

Riconosciuto affirme à Bill Hamilton que non seulement il ne compte pas céder à ces pressions mais qu'en outre il a enregistré la conversation avec Peter Videnieks. Rendez-vous est donc pris pour une déposition officielle de Riconosciuto.

21 mars 1991 – Les avocats d'Inslaw procèdent, devant John M. Rosellini, notaire, à un interrogatoire de Michael J. Riconosciuto. Dans l'acte qui est dressé à cette occasion, le directeur des recherches du joint-venture passé entre la Wackenhut et les Indiens Cabazons précise notamment :

« Le joint-venture Wackenhut-Cabazon maintenait des

liens étroits avec certains membres du gouvernement des Etats-Unis dont des représentants des agences de renseignements, militaires ou chargées de faire respecter la loi.

« Parmi les visiteurs habituels du joint-venture Wackenhut-Cabazon, il y avait Peter Videnieks du ministère de la Justice à Washington (DC) et un proche associé de Videnieks, nommé Earl W. Brian. Ce dernier est un homme d'affaires du secteur privé qui vit dans le Maryland et qui a maintenu des liens commerciaux avec la communauté du renseignement américain depuis de nombreuses années.

« En liaison avec mon travail pour Wackenhut, j'ai effectué des développements et des modifications sur le logiciel Promis en 1983 et 1984[1]. La version de Promis sur laquelle je travaillais provenait du ministère de la Justice. Earl Brian me l'a procurée par l'intermédiaire de la Wackenhut après l'avoir obtenue de Peter Videnieks qui était alors le responsable du ministère chargé de suivre le contrat concernant Promis. J'ai effectué les modifications du logiciel à Indio (Californie), Silver Spring (Maryland) et Miami (Floride).

« Le but des modifications que j'ai effectuées en 1983 et 1984 s'inscrivait dans un plan destiné à installer Pro-

1. Lors d'une longue série d'entretiens réalisés à la prison d'Estill (Caroline du Nord) en avril 1996, Michael Riconosciuto nous a confirmé avoir travaillé sur Promis dès 1982 et non 1983 comme il est précisé dans le document que nous citons. En 1982, Michael Riconosciuto a effectué des modifications sur la version Promis destinée à tourner sur les plates-formes IBM (mainframe), version qui a été livrée dans un premier temps aux Canadiens. Un an plus tard, toujours à la demande d'Earl Brian, Michael Riconosciuto s'est attaqué à la version 32 bits pour Vax VMS de Promis. Dans sa déposition, Riconosciuto mélange les deux modifications.

mis au sein de services secrets et de polices dans le monde entier. C'est Earl Brian qui s'est chargé de cette diffusion mondiale.

« Certaines de ces modifications devaient faciliter l'installation de Promis au sein de deux agences du gouvernement du Canada : la police royale montée canadienne (RCMP) et les services de sécurité et de renseignements canadiens (CSIS). De temps à autre, Earl Brian s'inquiétait de mon travail et s'assurait que tout serait prêt à temps afin de respecter l'échéancier fixé avec la RCMP et le CSIS.

« Les versions de Promis ainsi modifiées par moi ont été, de fait, installées à la RCMP et au CSIS, au Canada. J'ai cru comprendre qu'Earl Brian a vendu ces versions au gouvernement du Canada. »

22 mars 1991 – Les enquêteurs du Congrès s'entretiennent avec Valois et Lachance. Le conseiller juridique qui les accompagne précise d'entrée que les deux fonctionnaires canadiens ne pourront répondre qu'à des questions concernant précisément le logiciel Promis et qu'il est hors de question qu'ils se prononcent sur les allégations selon lesquelles les autorités canadiennes auraient dérivé quatre programmes à partir de Promis.

Au demeurant, Marc Valois et Denis Lachance s'empressent d'indiquer qu'ils se sont trompés et que c'est à tort qu'ils ont identifié le logiciel utilisé par les autorités canadiennes comme étant Promis. La confusion résulterait d'un autre logiciel également intitulé Promis, actuellement en cours d'élaboration par la Strategic Software Planning Corporation. Pour leur part, ils n'ont jamais entendu parler de l'utilisation, au Canada, du produit conçu par Inslaw.

Bien sûr, le président de la Strategic Software Planning Corporation confirmera avoir vendu, en mai 1986, quelques exemplaires de son logiciel Promis aux autorités canadiennes.

Le même jour, les détectives embauchés par la défense de Bill Hamilton recueillent le témoignage de Richard H. Babayan, un trafiquant d'armes en attente de jugement en Floride. Babayan travaille notamment avec le Chilien Carlos Cardoen qui est l'un des principaux fournisseurs de l'Irak en matériels militaires. A l'époque, les livraisons étaient encore effectuées avec la bénédiction de la CIA. Il se trouve que Babayan est un ami d'enfance de l'agent israélien Ari Ben-Menashe. Il a eu l'occasion d'entendre parler du logiciel d'Inslaw et se montre d'autant plus disposé à coopérer qu'il espère aussi arranger sa situation judiciaire.

Devant notaire, en l'occurrence Melissa J. Corbett, Richard Babayan indique donc que, lors d'un séjour à Bagdad en octobre ou novembre 1987, il a appris de Abu Mohammed, l'un des responsables des services secrets irakiens, qu'un Américain, le docteur Earl W. Brian, avait présenté le logiciel Promis aux autorités irakiennes en vue d'une vente. Earl Brian était accompagné du général Richard Secord.

Secord est un personnage mystérieux, très lié à la CIA et au trafic d'armes. Sorti de West Point en 1955, il s'est illustré comme pilote de chasse durant la guerre du Viêtnam, notamment dans le cadre des interventions secrètes au Laos, avant de devenir, en 1975, le conseiller de l'aviation militaire iranienne. Au début des années 80, il s'occupe des ventes d'armes au Pentagone avant d'être nommé conseiller au secrétariat d'Etat à la Défense dirigé alors par Caspar Weinberger, poste dont il doit démissionner à la suite de l'affaire Wilson – des ventes d'armes à la Libye effectuées par un agent de la CIA – et des purges qui en résultèrent au sein de l'agence de renseignements.

Tout au long de sa carrière, Richard Secord a travaillé avec la CIA. Au début des années 70, il a même été impliqué dans des opérations douteuses menées, en Australie, pour le compte de l'Agence, par la banque Nugan Hand. A présent Secord possède ses propres sociétés et se trouve ainsi associé à Richard Babayan. Il travaille pour son compte, sans avoir pour autant coupé les liens avec son gouvernement, ce qui lui permet, en tant qu'industriel privé, de fournir des armes à l'Iran et de financer les contre-révolutionnaires du Nicaragua pour le compte de l'administration Reagan, bref d'être au cœur du scandale Irangate-Contragate.

En 1988, Richard Babayan apprend que Earl W. Brian a effectivement placé Promis aux services secrets irakiens grâce à l'intervention de Sarkis Saghanalian. Abu Mohammed lui signale que le logiciel avait été vendu, au préalable, à la Libye et que les autorités de ce pays s'en montrant très satisfaites, les Irakiens s'étaient décidés à suivre l'exemple.

Richard Babayan déclare en outre qu'à l'occasion d'un entretien à Singapour, début 1988, avec Y.H. Nam, un représentant de la Korea Development Corporation, une société connue pour servir de paravent aux services secrets sud-coréens (KCIA), son interlocuteur lui avait indiqué que la KCIA avait acheté Promis au docteur Brian.

Enfin, Babayan confirme l'existence de liens étroits

entre Earl W. Brian et la CIA puisque, en décembre 1988, à Santiago du Chili, il déclare avoir appris de Carlos Cardoen que ce dernier venait de recevoir, pour une réunion de travail, le docteur Brian et Robert Gates, l'un des piliers de la CIA.

Pour Bill Hamilton cette mise en cause d'Earl W. Brian peut être capitale à condition qu'il parvienne à établir un lien entre les sociétés de Brian et le ministère de la Justice.

29 mars 1991 – Michael J. Riconosciuto quitte la marina de Lakebay sur la péninsule de Key, au sud du détroit de Puget, à proximité de Seattle, où il possède plusieurs bateaux. A trois kilomètres de la marina, sur la route qui le ramène chez lui, il est intercepté par plusieurs véhicules de police. Tiré sans ménagement hors de sa voiture, il est fouillé au corps tandis que les deux amis qui l'accompagnent sont poussés dans l'un des véhicules de police. La voiture de Riconosciuto est fouillée avec une minutie exceptionnelle tandis que des dizaines de policiers surveillent les alentours. Les menaces de Videnieks n'étaient donc pas vaines. Sur certains blousons, Riconosciuto distingue les initiales DEA, c'est donc une affaire de drogue qu'ils vont lui coller sur le dos. Après avoir été informé de ses droits, il est menotté, embarqué, et le cortège s'ébranle en direction de son domicile.

Le gros informaticien doit assister à la mise à sac de sa maison : ordinateurs, disquettes, bandes magnétiques... tout est saisi et emmené dans les bureaux de la DEA à Seattle. Là, les agents étalent les pièces à conviction sur une table avant de les photographier. On distingue sur les clichés des produits chimiques, des cornues, des alambics, des éprouvettes reliées entre elles par un réseau de tubes de verre, un véritable laboratoire. Bien que l'installation ne corresponde pas aux montages habituels des trafiquants, la DEA conclut néanmoins qu'elle est destinée à produire de la drogue. Selon les agents fédéraux, les talents de chimiste de Riconosciuto lui auraient permis d'élaborer et de distribuer des amphétamines et de l'héroïne de synthèse. Pour justifier ses accusations, la DEA se fonde notamment sur des caméras de surveillance. Une personne ressemblant effectivement à Riconosciuto a été filmée en pleine opération de revente. L'homme de la Wackenhut risque dès lors trente-cinq années de prison.

Parmi les pièces à conviction photographiées figurent également une cassette de magnétophone et une liasse de documents. Michael Riconosciuto affirme que cette cassette correspond à l'enregistrement de sa conversation avec Peter Videnieks. Quant aux documents, il s'agirait de photocopies prouvant qu'Earl Brian a vendu Promis aux Canadiens. La cassette comme les photocopies ont mystérieusement disparu. Alors qu'elles sont visibles sur les photos publiées par la presse au lendemain de l'arrestation de Riconosciuto, elles n'apparaissent pas sur le relevé des pièces saisies par la police antidrogue !

Par une coïncidence elle aussi étrange, l'opération des policiers fédéraux intervient sept jours après que Michael J. Riconosciuto a officiellement témoigné devant les avocats d'Inslaw et une semaine avant son audition par la commission d'enquête du Congrès.

Un autre fait trouble Michael Riconosciuto : au moment de son arrestation, il a eu l'impression de reconnaître une silhouette familière parmi les policiers, celle de Mike Hurley, le chef de l'antenne de la DEA à Chypre. Il se croit toutefois victime d'une hallucination. Qu'est-ce que Mike Hurley ferait à Seattle ?

4 avril 1991 – La commission d'enquête du Congrès ne se laisse pas sans réaction priver du témoignage de Michael J. Riconosciuto. Les négociations avec le ministère de la Justice sont rudes. Dans un premier temps, le procureur en charge du détenu refuse d'organiser l'enregistrement de la déposition. Celle-ci intervient néanmoins et Riconosciuto raconte, à nouveau, les pressions dont il aurait été l'objet de la part de Peter Videnieks. Toutefois, les enquêteurs du Congrès se trouvent face à une difficulté inattendue. L'enregistrement que Riconosciuto dit avoir fait de cette conversation aurait disparu lors de son arrestation. La DEA refuse de coopérer avec la commission du Congrès et de fournir le moindre document figurant dans son dossier sur Riconosciuto sous prétexte que l'affaire est toujours en cours d'instruction.

Début mai 1991 – Lester Coleman, l'agent de la DIA chargé de surveiller la DEA à Chypre, téléphone à Michael Riconosciuto en prison. Son arrestation le trouble. Pour tout dire, il la juge suspecte. Son attention a été attirée par le fait que, peu avant l'interpellation de Riconosciuto, Mike Hurley est arrivé à Seattle pour diriger l'antenne renseignements du bureau local de la DEA. Michael Riconosciuto n'avait pas eu d'hallucination. Le responsable d'Eurame Trading Company Ltd, la société qui sert d'intermédiaire pour la diffusion de

Promis au Proche-Orient, était bien sur les lieux au moment de son arrestation. L'ombre de Promis plane donc nécessairement sur cette nouvelle péripétie.

Lester Coleman est persuadé que la mutation de Hurley de Chypre dans l'Etat de Washington correspond à une opération tendant à éliminer un témoin gênant. La manœuvre porte au demeurant ses fruits. Du fait de son inculpation pour trafic de drogue, le directeur des recherches de la Wackenhut a perdu l'essentiel de sa crédibilité. En outre, confronté à la perspective de passer trente-cinq ans sous les verrous, il peut être tenté de négocier une libération anticipée contre son silence.

Les avocats de Michael Riconosciuto ont beau crier au scandale, la DEA réplique que Mike Hurley n'a rien à voir avec ce dossier. On peut en douter : l'affaire Riconosciuto a en effet été présentée sur le moment comme la plus grosse prise de la DEA à Seattle.

29 mai 1991 – Faute d'avoir pu obtenir le témoignage du détective d'origine israélienne Juval Aviv, les enquêteurs du Congrès se voient offrir sur un plateau un acteur de choix en la personne d'Ari Ben-Menashe. L'agent israélien a, en effet, été arrêté à Los Angeles le 3 novembre 1989, alors qu'il était en train d'organiser la vente de trois avions militaires C-130 au gouvernement de Téhéran. Cette opération illégale, organisée pour le compte du Mossad avec la complicité de la CIA, place Ben-Menashe devant un choix simple : croupir quelques années en prison ou parler.

Bien évidemment, par l'intermédiaire de ses avocats, les Israéliens l'incitent au silence contre la promesse d'une confortable rétribution lors de son élargissement.

Toutefois, Ari Ben-Menashe est sceptique. Il connaît trop bien les habitudes de ses collègues et il sait que sa connaissance des tenants et aboutissants de l'Irangate est trop étendue pour que certains, dès lors qu'il est identifié, ne cherchent pas à le rendre définitivement silencieux. Certains des marchands d'armes participant aux opérations avec l'Iran n'ont-ils pas été assassinés après leur inculpation ?

Courant 1990, Ben-Menashe choisit donc de se mettre à table. Certes, le gouvernement israélien tente, dans un premier temps, de se dédouaner en affirmant que Ben-Menashe n'est qu'un mythomane, que jamais il n'a travaillé pour les services secrets de l'Etat hébreu, mais la manœuvre fait long feu puisque l'agent est en mesure de produire d'innombrables documents prouvant le caractère officiel de ses activités et même quatre lettres de félicitations émanant de l'état-major israélien et valant certificats d'embauche. Dès lors, le gouvernement israélien se trouve contraint d'admettre qu'effectivement Ari Ben-Menashe a travaillé au sein de ses services secrets.

A la veille de l'ouverture de son procès, les enquêteurs du Congrès avaient souhaité, à leur tour, interroger l'agent israélien sur les points qui les intéressaient. Ce dernier avait posé deux conditions à sa coopération : la première était d'obtenir une prolongation de son visa lui permettant de rester aux Etats-Unis, la seconde consistait en une garantie d'abandon des poursuites à son égard pour tout ce qui concernait les ventes illégales du logiciel Promis par Earl Brian. Ces demandes avaient été rejetées.

Ce n'est qu'une fois obtenu son acquittement dans l'affaire de la vente de C-130 qu'Ari Ben-Menashe accepte enfin de témoigner devant la commission du Congrès. Paria en Israël, peu assuré de sa sécurité personnelle, il est convaincu que plus son cas sera médiatisé, moins sa vie se trouvera menacée. Un calcul qui n'est pas absurde.

A la différence des informations jusqu'à présent recueillies, celles que fournit Ben-Menashe proviennent d'un témoin direct, d'un acteur. Or, les propos de l'agent israélien sont accablants et recoupent nombre d'accusations déjà avancées. Sous serment, il confirme en effet la fourniture du logiciel par Earl Brian et Robert McFarlane, en 1982, aux services secrets israéliens. Il ajoute qu'en 1987, Promis fut vendu en sa présence par Brian à la centrale de renseignements israélienne et aux forces armées de Singapour, et que 5,5 millions de dollars furent, en conséquence, versés sur un compte à l'étranger auquel Earl Brian avait accès.

Promis, indique-t-il encore, a également été vendu, toujours par Earl Brian, aux services secrets de l'armée jordanienne en 1983 et au gouvernement irakien en 1987. Ben-Menashe ajoute que, selon ses renseignements, les autorités israéliennes ont revendu le logiciel à l'Union soviétique en 1986 et que Promis a également été fourni, par Earl Brian, au gouvernement canadien.

14 juin 1991 – Les enquêteurs du Congrès multiplient les questionnaires et les réponses officielles se succèdent, mais qu'elles soient canadiennes ou américaines, toutes ressemblent à des fins de non-recevoir. Les responsables du programme d'assistance militaire, interrogés sur le point de savoir s'ils n'auraient pas fourni Promis à l'armée égyptienne, se déclarent incapables de

le préciser. Les réponses des fonctionnaires du Trésor ne sont guère plus édifiantes : la comptabilité ne prend en compte que le montant global des marchés et il est pratiquement impossible de reconstituer le détail des ventes.

Cette difficulté est, au demeurant, réelle et Inslaw n'est pas la seule firme d'informatique à s'être heurtée à de tels obstacles. En janvier 1992, par exemple, le directeur de la société de logiciels Santa Cruz Operations Inc. est alerté par un fax du gouvernement lituanien qui parle du logiciel SCO. Or, Jim Beaupré, le directeur de cette société, sait ne pas avoir vendu ce logiciel en Lituanie. Il apprendra avec étonnement que la cession a été effectuée par... la CIA.

18 juillet 1991 – La commission se réunit pour auditionner le ministre de la Justice, Dick Thornburgh. Le président de la commission informe les parlementaires que la veille au soir, le ministre s'est décommandé en prenant prétexte du communiqué de presse annonçant sa venue, jugé par lui « injustement agressif ». Le président ajoute que « le ministre ne semble pas accepter un échange de vues robuste » pourtant essentiel.

25 juillet 1991 – La sous-commission du Congrès chargée des affaires économiques se réunit afin d'autoriser l'envoi d'une injonction au ministère de la Justice le sommant de fournir toute la documentation en sa possession sur l'affaire Inslaw. La motion est votée par dix voix contre six.

31 juillet 1991 – La sous-commission reçoit la documentation exigée. Après étude, il ressort qu'il manque cinquante et une pièces. Le ministère ne s'expliquera jamais sur cet « oubli », pas plus qu'il ne fournira copie des actes « omis ».

Août 1991 – En quelques semaines, Bill Hamilton se retrouve nanti d'une impressionnante documentation qui, pour l'essentiel, étaye les propos de Michael Riconosciuto. La littérature officielle n'apporte aucune surprise. Bien que le patron d'Inslaw ait lu et relu le rapport de la commission d'enquête sur l'Irangate-Contragate, il n'a jamais vu apparaître le nom d'Earl W. Brian. En plaçant le sénateur John Tower à la tête de cette commission, Ronald Reagan ne s'était pas trompé !

Du côté de la réserve des Cabazons, en revanche, plusieurs témoignages ont, sous le couvert de l'anonymat, confirmé la présence de la Wackenhut et de la FIDCO dans des projets industriels concernant l'armement et la sécurité nationale. Au passage, mention est faite de l'existence, en Europe, d'un ensemble de documents secrets prouvant le rôle des Américains et de leurs alliés occidentaux dans les ventes d'armes à l'Iran. Ce dossier aurait été rassemblé par certains des acteurs, écœurés par les méthodes des responsables du parti républicain. Comment y avoir accès ? Bill Hamilton exprime son désir de rencontrer les diverses sources contactées par les enquêteurs qui travaillent pour lui. Un peu comme on jette une bouteille à la mer. Un jour enfin, le téléphone sonne. L'interlocuteur de Bill Hamilton est méfiant. Il interroge le patron d'Inslaw sur les raisons de sa démarche et veut tout connaître du dossier Promis. Alors seulement, il confie que les documents concernant l'Irangate et le rôle joué par les dirigeants du parti républicain sont déposés dans une banque suisse et que les détenteurs ne peuvent être contactés que par correspondance. Selon lui, ils suivent les péripéties d'Inslaw et pourraient prochainement adresser par la poste à Bill Hamilton « des pièces provenant de l'étranger ».

23 octobre 1991 – Dans une lettre à l'ambassadeur canadien à Washington, la commission d'enquête du Congrès renouvelle sa demande de coopération. Elle demande des précisions sur l'emploi de Promis par la police montée et les services secrets canadiens et souhaite auditionner les responsables informatique de ces deux administrations.

18 novembre 1991 – Dans une lettre au Congrès, le directeur adjoint de la CIA, Richard Kerr, admet que l'Agence utilise des « composants d'un logiciel appelé Promis » qui lui a été vendu par la Strategic Software Planning Corporation établie à Cambridge (Massachusetts). Richard Kerr reconnaît également que la CIA a signé des contrats avec la firme Hadron mais soutient que ceux-ci n'ont rien à voir avec le logiciel contesté. D'après lui, rien dans les dossiers de l'Agence n'établit un lien entre Promis et Earl W. Brian.

Richard Kerr ajoute, avec une ironie involontaire : « Bien sûr, nous n'avons aucun moyen de savoir si des personnes en affaires avec l'Agence ont acquis le logiciel Promis ; si tel était le cas, aucun ne l'aurait fait au nom de l'Agence. De plus, bien que nous n'ayons aucune preuve qu'une telle acquisition ait pu avoir lieu, nous ne pouvons exclure qu'un employé de l'Agence, agissant en son nom propre et sans autorisation ni fonds de l'Agence, ait pu acquérir Promis pour son usage personnel. » A croire que les employés de la CIA sont royalement rétribués puisque le prix du logiciel varie de 300 000 à un million de dollars selon les versions !

4 décembre 1991 – L'ambassadeur canadien répond à la commission d'enquête que ni la police montée ni les services de sécurité de son pays ne se servent de Promis. Si l'on en croit l'ambassadeur, aucune administration gouvernementale canadienne ne se sert du logiciel. Les élus américains ne peuvent que prendre acte de cette réponse et conclure : « L'ambassadeur n'a pas proposé de vérifier les allégations concernant le gouvernement canadien. Faute d'un accès direct aux responsables de la RCMP et du CSIS, la commission ne peut démontrer ou rejeter l'affirmation d'Inslaw selon laquelle son logiciel a été transmis au gouvernement canadien. »

Janvier 1992 – Désormais persuadé qu'une partie de la réponse aux questions qu'il se pose se trouve au Canada, Bill Hamilton prend contact avec la presse de Toronto. Eric Reguly pour le *Financial Post*, Zuhair Kashmeri pour *Globe and Mail*, tout comme Charles Greenwell, de la chaîne de télévision CJOH à Ottawa, s'investissent dans l'enquête. Tous confirmeront à Hamilton qu'en privé, les responsables de la police montée canadienne reconnaissent qu'ils utilisent Promis. Ils ont seulement débaptisé le logiciel qui se nomme pour eux PIRS (Police Retreaval System).

Par contrecoup, John Belton, l'homme d'affaires canadien qui estime s'être fait escroquer au début des années 80 par Earl W. Brian, est alerté par l'enquête des médias. Méticuleux, à la limite de la maniaquerie, Belton a rassemblé un dossier et reconstitué par écrit toutes ses rencontres avec Brian. En relisant ses notes à la lumière des articles publiés par la presse canadienne, il se rend compte qu'il a consigné sans le savoir des éléments relatifs à Promis, à la police montée et à la CIA.

John Belton prend donc contact avec le patron d'Inslaw et lui raconte comment, de 1980 à 1982, il a été en tant que banquier en relation d'affaires avec diverses sociétés d'Earl Brian, notamment Hadron, pour le compte de certains de ses clients soucieux d'investir dans ce secteur. Le temps passant, John Belton a pris conscience que Brian et ses associés avaient fraudé massivement. Faute de voir aboutir l'enquête officielle, il s'est constitué son propre dossier et ses notes font apparaître que les liens entre Earl Brian et la CIA étaient parfaitement connus des responsables de la police montée canadienne. Selon lui, c'est cette proximité qui expliquerait que les investigations sur les fraudes dont il accuse Earl Brian n'aient pas débouché. L'un des enquêteurs, l'officier Wayne Dunn, lui aurait même dit : « Nous ne souhaitons pas que la CIA vous élimine. »

Ce qui intrigue le plus Bill Hamilton dans le récit de Belton concerne Promis. A en croire les notes produites par le banquier canadien, lors d'un dîner à Montréal le 23 février 1981, Earl Brian aurait annoncé la reprise d'une société produisant, pour le ministère de la Justice, un logiciel plein de « promesses ». Sa firme, Hadron, devait tirer de cette acquisition de substantiels profits. Belton pense – et Bill Hamilton est prêt à le suivre dans cette conclusion – qu'à l'époque, Earl Brian pensait mettre la main sur Inslaw et obtenir ensuite, grâce à son ami Edwin Meese, de nombreux contrats fédéraux. Il en veut pour preuve qu'au cours de cette même visite à Montréal, Brian lui avait proposé d'organiser une rencontre entre Meese et un financier canadien.

Excité par cette nouvelle affaire mettant en cause Earl Brian, John Belton exploite ses relations pour pousser l'enquête au Canada. Il apprend, en faisant jouer l'Access to Information Act, que le logiciel PIRS a fait son apparition dans vingt-six bureaux de la police en Colombie britannique entre mai et août 1982, donc peu après que Riconosciuto eut, sur le territoire des Cabazons, modifié Promis à la demande d'Earl Brian. En outre, PIRS a été installé par les sociétés IP Sharp à Toronto et SystemHouse à Ottawa. Curieusement, IP Sharp, nouvelle venue sur le marché et liée à la firme Hadron, débute avec un logiciel nommé Promis. Cela fait beaucoup de coïncidences, surtout si l'on ajoute que le vice-président de Hadron chargé des ventes était, en 1983, un ancien de la police montée, George Davies.

1er avril 1992 – En creusant le dossier, John Belton met au jour l'étroitesse des liens entre Hadron, IP Sharp et SystemHouse. William Stamey, un informaticien de Virginie, lui raconte au téléphone une conversation, qu'il situe approximativement en 1984, avec son collègue George Davies. Ce dernier aurait quitté Hadron après que Dominic Laiti l'eut privé d'une commission « substantielle » sur la vente d'un logiciel au gouvernement canadien. Après sa conversation avec Stamey, Belton a griffonné quelques notes. Huit ans plus tard, il les exhume. Il est question des liens entre Hadron et les deux sociétés qui commercialisent Promis au Canada. « SystemHouse et Hadron ont un paquet de codes sources... », « IP Sharp, SystemHouse et Hadron sont liées entre elles », « Hadron a modifié des logiciels pour SystemHouse et IP Sharp », « SystemHouse a dans sa poche un responsable des services secrets ». Selon Stamey, Promis a été introduit au Canada avec la complicité d'un responsable gouvernemental – affirmation confirmée, par la suite, par plusieurs agents secrets interrogés par des journalistes canadiens. Il s'agirait de Michael Pitfield qui suivait les questions de renseignements auprès du Premier ministre Pierre Trudeau.

2 avril 1992 – John Belton téléphone à George Davies pour vérifier les propos de Stamey. L'ancien responsable de Hadron est embarrassé. Il nie avoir perdu une commission mais reconnaît avoir entendu parler d'IP Sharp et de SystemHouse. Davies ajoute : « Brian et Meese, dont je ne pense pas grand bien, sont impliqués dans l'affaire. »

6 avril 1992 – John Belton appelle Paul Wormeli, qui fut un cadre de Hadron entre 1982 et 1983. Wormeli dit se souvenir parfaitement du fait que Davies a été privé

de la commission sur la vente du logiciel au Canada et que ce marché impliquait IP Sharp et SystemHouse...

18 mai 1992 – Second entretien téléphonique entre John Belton et Paul Wormeli. Ce dernier surenchérit :

« Nous savions tous que Hadron fricotait avec IP Sharp.

– Comment établir un lien ? demande Belton.

– On m'a demandé de mettre au point une affaire avec eux, la voilà votre connexion », réplique Wormeli.

16 décembre 1992 – Un journaliste canadien interroge Roderick M. Bryden, fondateur et ancien président de SystemHouse. A la fin de l'interview, il en vient à parler d'Inslaw et de Promis. Bryden se laisse aller à une confidence : « Nous avons eu ce logiciel par l'intermédiaire d'IP Sharp. C'est Clark qui s'est chargé de tout. »

23 mars 1993 – Un associé de Belton interroge un de ses amis, employé de SystemHouse, à propos de Promis : « Bien sûr que nous l'avons, mais nous l'avons acheté légalement. »

Conclusions provisoires

D'après les recherches effectuées dans le cadre du Congrès par la commission Brooks, le logiciel d'Inslaw a été utilisé non seulement par la CIA mais aussi par d'autres agences fédérales. Sans que la commission d'enquête en ait établi la preuve formelle, des témoignages précis et circonstanciés indiquent que le FBI et la DEA font tourner des logiciels de type Promis mais rebaptisés Foims pour l'un et Cast pour l'autre.

Profitant des luttes de clans qui ne cessent d'agiter la CIA, notamment à propos de l'Irangate et du Contragate qui exacerbent la volonté de certains membres de l'Agence de rompre avec la corruption républicaine, Bill Hamilton a cherché à en savoir plus. De l'intérieur de l'Agence, un informateur, une « gorge profonde », lui fait parvenir, par l'intermédiaire d'une amie, des réponses aux questions que le patron d'Inslaw doit poser par écrit. Aucun contact direct n'est accepté par le ou les dissidents de la CIA. De ces renseignements clandestins, dont la valeur doit donc être relativisée, il ressort que :

– La CIA a secrètement obtenu une copie de Promis du ministère de la Justice afin de voir si le logiciel pouvait être employé pour répondre à un besoin, resté depuis longtemps sans réponse, de la communauté du renseignement : disposer d'un outil de gestion compatible avec toutes les bases de données.

– Le premier emploi, non autorisé, de Promis par la communauté américaine du renseignement a été effectué dans le cadre d'une opération d'espionnage à bord des sous-marins nucléaires.

– La CIA a implanté Promis dans ses ordinateurs après l'avoir couplé avec un autre logiciel. Elle utilise Promis pour surveiller les opérations clandestines des Etats-Unis et d'autres gouvernements.

– Promis est aussi employé pour gérer le parc des missiles nucléaires intercontinentaux, aux Etats-Unis aussi bien que dans d'autres pays qui possèdent l'arme nucléaire.

– Le gouvernement américain a chargé un nommé Lindsay de remettre une version réduite de Promis à Earl Brian afin qu'il la vende à des services secrets étrangers.

– Le bureau exécutif du ministère de la Justice est l'un des endroits où la version de Promis est installée sans licence.

– Comme condition à sa nomination au poste de ministre de la Justice, William Barr a dû garantir au Président Bush qu'il serait capable de maintenir le secret sur l'affaire Inslaw.

– Il existe un emploi de Promis par le gouvernement des Etats-Unis qui est plus délicat encore que tous ceux qui ont été révélés aux Hamilton. Seuls sont au courant les membres statutaires du Conseil national de sécurité, c'est-à-dire le Président, le vice-président, les ministres des Affaires étrangères et de la Défense.

Quel pourrait être l'usage du logiciel qui exigerait un secret aussi strict ? Bill Hamilton s'est, bien sûr, posé la question. Une piste a été proposée par un journaliste américain, Richard Fricker. Dans un article publié dans la revue *Wired*, il accuse :

« Le lieutenant-colonel Oliver North[1] pourrait avoir été l'un des utilisateurs du programme Promis. Selon diverses sources de l'intérieur de la communauté du renseignement, Promis était en service au centre de commandement du sixième étage du ministère de la Justice. Selon une des personnes qui a équipé le centre et les informations révélées lors de l'enquête parlementaire sur l'Iran-

1. Ancien officier des Marines, Oliver North était membre du Conseil national de sécurité sous Reagan. A ce titre, il a été l'un des artisans des ventes clandestines d'armes à l'Iran afin de financer, illégalement, la contra nicaraguayenne.

Contragate, il apparaîtrait qu'Oliver North possédait un bureau semblable, mais plus petit, dans la salle des opérations de la Maison-Blanche et qu'il était connecté au centre de commandement du ministère de la Justice. En se servant de ces équipements informatiques, North traquait les dissidents et les trublions potentiels à l'intérieur des Etats-Unis, dans le cadre d'un programme financé par l'Agence fédérale de contrôle des urgences (FEMA, Federal Emergency Management Agency). Grâce à Promis, affirment nos sources, North pouvait obtenir les listes de toutes les personnes arrêtées dans le cadre de manifestations politiques par exemple, ou de toutes les personnes qui refusent de payer leurs impôts. Comparé à Promis, la liste des ennemis de Richard Nixon ou les listes noires du sénateur Joe McCarthy semblent rudimentaires. Cette opération est tellement sensible que, lorsque le député Jack Brooks a interrogé North à ce propos, à l'occasion des investigations consacrées à l'affaire Iran-Contragate, les auditions ont été immédiatement suspendues pour laisser place à une réunion restreinte à huis clos. Quand les auditions ont repris, il n'a plus été question des rapports entre North et la FEMA[1]. »

Après deux ans de travail, la commission consacrée à l'affaire Inslaw adopte son rapport final le 11 août 1992. Il est transmis au président de la Chambre des représentants avant d'être rendu public un mois plus tard. La commission, après avoir retracé l'historique des démêlés d'Inslaw avec le ministère de la Justice, résume, tout naturellement, le débat à un conflit de propriété industrielle. Puis les représentants rappellent les accusations

1. Richard Fricker, in *Wired*, avril 1995.

de Bill et Nancy Hamilton contre la société Hadron Inc., contrôlée par la Biotech Capital Corporation du docteur Earl Brian, qui a récupéré la version améliorée de Promis et l'a commercialisée à travers le monde. Ils relèvent que, grâce au logiciel, les agences de renseignements américaines auraient pu utiliser une issue de secours, une « back door », pour pénétrer dans la mémoire des ordinateurs utilisant Promis.

En raison de la complexité des accusations portées, la commission a tenté de répondre à deux questions :

1) De hauts responsables du ministère de la Justice ont-ils volé Promis et poussé Inslaw à la faillite ?

2) Le ministre Ed Meese et son collaborateur Lowell Jensen ont-ils vendu Promis à des agences fédérales et des gouvernements étrangers ?

Sur le premier point, le rapport conclut qu'il existe une preuve évidente, confirmée par deux décisions de justice, que le ministère de la Justice a, « de manière délibérée et frauduleuse », agi en vue de « récupérer, transformer et vendre » Promis en usant « de fourberie, de fraude et de supercherie ». Cette entreprise, est-il ajouté, a été conduite dès l'origine du contrat et sous la direction des plus hautes autorités du ministère. En conséquence, Inslaw s'est trouvée acculée à la faillite et contrainte, en février 1985, de se placer sous la protection du chapitre 11 du code des faillites pour survivre. A ce stade, les responsables de la mise en place du logiciel au ministère de la Justice, l'opération Aigle, C. Madison Brick Brewer et Peter Videnieks, sont accusés d'avoir, avec l'accord des dirigeants du ministère, mené des actions tendant à « détourner la version améliorée du logiciel Promis ».

Les conclusions sont accablantes pour l'administration fédérale. Le rapport indique en effet :

« Des enquêtes de la commission et des deux sentences de justice, il ressort que de hauts fonctionnaires du ministère de la Justice ont délibérément ignoré les droits de propriété d'Inslaw sur la version améliorée de Promis et se sont indûment approprié le logiciel pour s'en servir dans des endroits qui n'étaient pas couverts dans le contrat avec la compagnie. Le ministère a alors contesté les droits d'Inslaw devant les tribunaux tout en sachant que ces droits étaient valables et qu'il perdrait sa cause. Après sept années de procès, le ministère ne reconnaît toujours pas sa culpabilité. Au lieu de mener une enquête sur les méfaits de ces hauts fonctionnaires, les ministres de la Justice Meese et Thornburgh ont bloqué et entravé les enquêtes du Congrès, ignorant les découvertes des deux tribunaux et refusant de nommer un conseil indépendant, alors que s'accumulaient les preuves que les méfaits étaient commis au plus haut niveau du ministère. Les preuves admises par la commission lors de ses enquêtes font naître de sérieux soupçons sur l'existence possible d'une conspiration de haut niveau contre Inslaw, d'autant que le ministère a déployé d'immenses efforts pour bloquer toute enquête extérieure sur le sujet [...].

« Le ministre de la Justice devrait prendre des mesures immédiates pour dédommager Inslaw du préjudice que lui a causé indûment le ministère. Le dédommagement devrait inclure les dépenses légales et les autres dépenses non liées aux contrats, imposées aux Hamilton en raison des actions du ministère. Afin d'éviter de futures représailles, le ministre de la Justice doit empêcher le personnel du ministère impliqué dans le litige avec Inslaw de toute intervention sur le dossier à l'avenir. Pour le cas où le ministère ne se déciderait pas à dédommager rapidement Inslaw, le Congrès devrait saisir la justice.

« En définitive, la commission croit que la seule manière d'enquêter sur les allégations d'Inslaw est de nommer un conseil indépendant. La commission sait que le 13 novembre 1991, le nouveau ministre de la Justice Barr a finalement nommé Nicholas Bua, un juge fédéral de Chicago à la retraite, afin d'enquêter et de le conseiller sur la controverse qui l'oppose à Inslaw. A l'époque, le ministère n'a pas conféré à Bua de pouvoirs coercitifs sur les témoins, il ne l'a pas autorisé à lancer des inculpations ni à forcer le ministère à remettre des documents clés. [...] Cette absence de moyens préoccupa Bua et, à la suite d'une audience, le 22 janvier 1992, le ministre a élargi son autorité en lui conférant des pouvoirs de coercition sur les témoins et la possibilité d'entamer des procédures d'inculpation. Toutefois, en raison des pressions du ministère à l'encontre d'indicateurs potentiels, comme Anthony Pasciuto, il est vraisemblable que les témoins seront toujours intimidés. Ce problème s'est posé tout au long des enquêtes de la commission et reste toujours pendant. Sans statut de conseil indépendant, le juge Bua demeure un employé du ministère de la Justice. Ce problème est illustré par une récente interview de Roger M. Cooper, assistant du ministre pour l'administration, au *Government Computer News*, dans laquelle il affirme : “Le juge Bua fera ce que le ministre voudra et c'est très bien ainsi. Je crois que tout le monde au sein du ministère veut résoudre l'affaire Inslaw.”

« M. Cooper peut avoir voulu dire que le ministre souhaite que le juge Bua conduise une enquête sérieuse. La commission n'a pas de raisons de douter ni de l'intention du juge Bua ni de celle du ministre Barr. Cependant, tant que l'enquête sur des méfaits commis par de hauts responsables du ministère, aujourd'hui ou hier, reste sous le contrôle de l'administration, il y aura toujours de sérieux doutes sur l'objectivité et le sérieux du travail mené.

« Cette affaire a causé de grands torts à diverses personnes impliquées et a largement miné la crédibilité et la réputation du ministère. Le Congrès et l'exécutif doivent prendre les mesures nécessaires et immédiates afin de restaurer la confiance du public et sa foi en notre système judiciaire qui ont été sévèrement érodées par cette malencontreuse et douloureuse affaire. »

De manière plus concrète, le rapport adresse une série de reproches ponctuels aux responsables de l'opération Aigle :

– Avoir ignoré l'avis des vendeurs, dont Inslaw, concernant l'impossibilité d'adapter Promis aux traitements de texte et, lorsque surgirent les difficultés, en avoir profité pour liquider une partie du contrat en faisant retomber la faute sur Inslaw.

– Avoir chargé Madison Brewer de superviser le contrat d'installation de Promis sans tenir compte d'un conflit d'intérêts potentiel ni du manque d'expérience de l'intéressé.

– Avoir négocié la modification 12 du contrat – au terme de laquelle Inslaw accepta de remettre sa version améliorée du logiciel – en toute mauvaise foi. Le rapport indique explicitement que « Brewer et Videnieks, appuyés par l'assistant du ministre, Jensen et d'autres hauts fonctionnaires, ont conclu de manière unilatérale que le département n'était pas tenu par les lois régissant la propriété pour un logiciel développé et financé de manière privée ».

– Avoir ignoré les droits d'Inslaw sur la version améliorée du logiciel et dévoyé les capacités d'enquête afin de masquer son méfait et de lui donner une légitimité.

– Avoir expédié une « version du domaine public » du logiciel Promis à des entités nationales et internationales, dont Israël.

– Avoir perturbé l'enquête du Congrès en dissimulant de nombreux documents significatifs.

Les rapporteurs relèvent que plusieurs témoins, dont l'ancien ministre de la Justice Elliot Richardson, ont, sous serment ou devant notaire, mis en cause de hauts responsables du ministère dans un complot visant à voler le logiciel Promis et à le transmettre secrètement au docteur Earl Brian afin de le transformer en vue de son emploi par des services secrets nationaux et internationaux. « Ces témoignages, souligne le rapport du Congrès, ont été fournis par des individus qui savaient que le ministère de la Justice tendrait à les poursuivre pour parjure s'ils mentaient en étant sous serment. Aucune poursuite n'a eu lieu. » A l'inverse, les dépositions favorables à l'administration fédérale semblent suspectes. Le rapport note même qu'« il est très possible que le juge Blackshear se soit parjuré » ; les explications sur la rétractation de son témoignage sous serment en faveur d'Inslaw sont « extrêmement suspectes ».

Alors que les responsables du ministère estiment qu'en raison des décisions de la cour d'appel et du refus de la Cour Suprême de traiter le cas Inslaw, les conclusions du juge des faillites George Bason et du juge de district William Bryant sont sans effet, le rapport rappelle que les conclusions de la juridiction d'appel n'annulent en rien les conclusions de la section du tribunal du commerce chargée des faillites selon lesquelles le ministère a « volé par la ruse, la fraude et la supercherie » le logiciel d'Inslaw. En conséquence, le ministère continue de se servir indûment de Promis, au mépris des droits de propriété d'Inslaw.

En conclusion, la commission recommande que le ministre Barr règle les revendications d'Inslaw de manière juste et équitable. « Les paiements devraient tenir compte de l'emploi continuel et non autorisé de la version améliorée de Promis par le ministère et des autres coûts imputés à Inslaw dans sa tentative d'obtenir justice dans son combat contre le ministère, y compris de raisonnables honoraires d'avocats, précise le rapport. Si les efforts pour repousser un résultat équitable et honnête continuent, la commission devrait déterminer si une loi est nécessaire afin d'autoriser la requête d'Inslaw contre les Etats-Unis. »

En dépit de l'extrême sévérité de ce document à l'égard des responsables du ministère de la Justice, on peut se demander si le Congrès a tout fait pour aller au bout de son enquête. N'a-t-il pas refusé de pousser certaines portes par peur de compromettre une brillante opération de renseignement qui dépasse, et de loin, une banale affaire de droits de propriété industrielle ? En effet, avant le début des travaux de la commission, le président Jack Brooks s'était fixé une date limite qu'il s'est empressé de respecter en refusant certains compléments d'enquête. « Dans cette affaire, se justifie l'un des responsables des enquêteurs, Brooks a témoigné avant tout du souci de ne pas dépenser indûment l'argent du contribuable. »

La cheville ouvrière des enquêteurs, John Cohen, un

ancien policier de Los Angeles spécialisé dans la lutte contre les cartels latino-américains de la drogue, se montre réservé sur les travaux menés par la commission. Les enquêteurs n'étaient pas des professionnels habitués à l'infiltration des organisations criminelles, ils manquaient d'expérience et d'agressivité. John Cohen est convaincu que si Brooks l'avait laissé faire, il ne lui aurait pas fallu six mois pour résoudre l'affaire.

Michael J. Riconosciuto est encore plus critique. Et pour cause. Le Congrès aurait pu le faire sortir de prison alors que, dans la pratique, il s'est contenté de remarquer que l'arrestation de l'ancien directeur des recherches de la Wackenhut à la veille de son audition était pour le moins curieuse. Riconosciuto reproche à la commission Brooks de n'avoir rien fait pour forcer la DEA à lui rendre la cassette contenant l'enregistrement des menaces de Videnieks.

Non seulement cet enregistrement a disparu, mais les disquettes saisies sont devenues illisibles par suite d'une... malencontreuse erreur de manipulation ! Riconosciuto affirme avoir remis à la commission un double de certaines de ses disquettes assorti d'un mode d'emploi très précis. Par souci de sécurité ou paranoïa, le gros informaticien protège tous ses dossiers en se servant d'un système de gestion qu'il a lui-même conçu. C'est au cours d'une tentative de lecture que les disquettes se seraient trouvées effacées. En conséquence, les informaticiens commissionnés par le Congrès n'ont pu les lire.

VI

« La pieuvre »

Août 1990 – Dany Casolaro n'est pas un journaliste comme les autres. Ses amis le comparent à Peter Pan et pas seulement en raison de sa blondeur et de ses allures d'éternel adolescent. C'est un poète doué pour le bonheur. Après treize ans de mariage ponctué par un divorce, il s'occupe de son fils Trey, âgé de vingt-deux ans, et collectionne les aventures en sachant demeurer en bons termes avec chacune de ses maîtresses successives. Fils aîné d'une famille d'origine italienne, il vit à McLean, près de Washington, dans une riche demeure de la campagne virginienne. Ce touche-à-tout s'est essayé à la littérature et aux scénarios, à la poésie et au dessin. Il vient de déposer le bilan de sa société Computer Age, qui publiait une lettre quotidienne consacrée à l'informatique, moins pour des impératifs financiers que par lassitude. Il préfère revenir à son métier d'enquêteur, comme à l'époque où il travaillait pour *Globe* ou le *National Enquirer*. Ce grand cavalier, sportif accompli, s'est trouvé une nouvelle passion, au point d'en oublier son jogging quotidien. Terry D. Miller, président d'une société de conseil, avec lequel il réalisait sa lettre sur l'informatique, lui a parlé d'un de ses amis, Bill Hamilton, et des problèmes que sa firme rencontre. Les aventures du logiciel Promis ne font pas encore les titres de la presse américaine mais le dossier commence à filtrer. Dany Casolaro, qui a déjà eu l'occasion d'enquêter sur des marchés informatiques passés par le gouvernement américain, perçoit aussitôt les odeurs de soufre. Il décide de rencontrer Bill Hamilton et débarque au siège d'Inslaw.

Non seulement Bill Hamilton lui dresse un historique des événements, mais encore, à peine sera-t-il contacté par Michael Riconosciuto, le 18 mai 1990, qu'il en informera Dany Casolaro et lui remettra une copie des notes prises durant leur conversation. Aussitôt, Casolaro appelle l'ancien directeur des recherches de la Wackenhut. Le journaliste est littéralement fasciné, et ses factures de téléphone témoignent que les conversations entre les deux hommes furent longues et fréquentes. Dans ses écrits, Dany Casolaro surnomme Riconosciuto « Dangerman », l'homme-danger. L'histoire qu'il découvre est trop fascinante pour que le journaliste ne s'y jette pas à corps perdu. Bientôt il ne raisonne plus qu'en termes de complot et se montre disposé à voir partout la main de la CIA. Son ambition est d'écrire « le » livre qui fera la lumière définitive. Il a déjà trouvé un titre : *La Pieuvre.*

A l'époque, quiconque cherche des dossiers sulfureux ne tarde guère à tomber sur William Richard Turner, un ancien d'Honeywell qui se répand dans tout Washington en affirmant posséder les preuves d'un scandale mettant en cause le ministère de la Défense et la Hughes Aircraft. Les deux hommes se lient d'amitié et Turner présente Casolaro à divers fonctionnaires travaillant pour des services de renseignements. L'un d'entre eux se nomme Alan David Standorf. Il est employé par la NSA.

Décembre 1990 – Alan David Standorf retrouve Casolaro et Turner dans un restaurant de la banlieue de Washington, conformément à l'habitude qui s'est créée entre eux. Une fois de plus, ils vont tenter de rassembler des données pour combattre « la pieuvre ». Car Standorf a informé ses deux compères que la NSA est mouillée dans le dossier Promis. Et cette fois, il détient un élément matériel : il a apporté un listing informatique concernant le logiciel d'Inslaw.

30 janvier 1991 – Les policiers qui effectuent, ce lundi soir à 21 h 45, leur ronde traditionnelle sur l'aire de stationnement de courte durée, située à proximité du terminal nord de l'aéroport national de Washington, passent à côté d'une petite Ford grise. L'un d'entre eux s'étonne de voir des bagages encore empilés à l'arrière du véhicule. Intrigué, il s'approche. Si, en principe, les plaques des voitures en stationnement sont relevées chaque soir, les véhicules ne sont inspectés que s'ils demeurent un mois sur le parking. En balayant du faisceau de sa torche l'intérieur de la Ford, l'agent aperçoit un corps sous les bagages. Ce n'est pas, à proprement parler, une nouveauté puisque, depuis juillet 1989, c'est la quatrième fois qu'un cadavre est découvert sur une aire de stationnement de l'aéroport et qu'il s'agit du troisième depuis ces douze derniers mois. La différence tient au sexe de la victime. Jusqu'à présent, toutes étaient des femmes. Cette fois, c'est un homme qui, bien que dépourvu de toute blessure apparente, a été tué à l'aide

d'un instrument contondant sans que la police soit en mesure d'identifier plus précisément l'arme.

L'enquête aussitôt ouverte permet d'établir que la victime a probablement été assassinée ailleurs et abandonnée sur le parking le 4 janvier. Elle avait quitté son emploi civil pour effectuer une période comme premier lieutenant à la 450ᵉ compagnie Civil Affairs à Fort Bragg (Caroline du Nord). Spécialiste de l'entretien d'équipements électroniques, la victime, âgée de trente-cinq ans et originaire de Willwood près de Winchester, était employée à Vint Hill près de Manassas (Virginie) dans une base secrète de la NSA spécialisée dans les communications avec les satellites espions. Elle se nomme Alan David Standorf.

Février 1991 – Dany Casolaro et William Turner, déjà très inquiets de sa disparition, apprennent l'assassinat de leur ami avec une angoisse profonde. Ils décident aussitôt de dresser un inventaire des documents en leur possession et de sélectionner les pièces les plus délicates afin de les mettre à l'abri.

Dans une déclaration qu'il fera devant notaire le 15 mars 1994, William Turner indique que Dany Casolaro possédait « des listings d'ordinateurs et d'autres documents reçus de diverses sources dont Alan Standorf. Ces documents concernaient la vente de la version modifiée de Promis au Canada, en Australie et en Israël. Il y avait la preuve que le logiciel avait été modifié par Michael Riconosciuto et des copies de virements bancaires sur des comptes d'Earl Brian aux îles Caïmans et en Suisse. Ces virements provenaient d'agents et de gouvernements étrangers. Il était également question, dans les documents, de la Banque mondiale, de la BCCI et d'Ed Meese. Des copies de chèques émis par la BCCI portaient la signature Adan K. Ils étaient destinés à des sociétés du général Richard Secord et d'Earl Brian. D'autres documents concernaient des envois d'armes et de logiciels ; ils étaient signés par l'officier des douanes Peter Videnieks[1]. Certaines pièces prouvaient, selon Dany, l'implication du patron de la NSA, Bobby Inman, et de Robert McFarlane dans la vente de Promis à Israël. Des documents concernaient, en outre, des logiciels dérivés de Promis mais rebaptisés et qui avaient été vendus dans des pays arabes ». Et Turner de préciser à ce propos : « Dany était en contact avec de nombreux Arabes qu'il rencontrait en Virginie, à Washington ou en Pennsylvanie. Je connais l'un d'entre eux, l'imam Mashad. »

On comprend qu'avec une telle charge explosive entre les mains, les deux amis se soient inquiétés pour leur sécurité. Casolaro décide donc de placer les pièces les plus compromettantes dans deux grosses enveloppes qu'il scelle avec du ruban adhésif avant d'apposer sa signature sur le rabat extérieur. Convaincu que le vol de Promis constitue le « chaînon manquant » qui lui permettra d'établir le lien entre tous les grands scandales de l'ère Reagan – « surprise d'octobre », Irangate-Contragate, et banqueroute de la BCCI, un établissement financier spécialisé dans le blanchiment de l'argent de la drogue –, Dany Casolaro s'enferme de plus en plus dans l'élaboration de son ouvrage *La Pieuvre* et bascule dans le camp des « conspirationnistes », cette minorité d'Américains activistes qui veulent expliquer l'ordre du

1. En conséquence, ces documents douaniers devaient dater des années 70. *(N.d.A.)*

monde par un seul et gigantesque complot. Cette vision paranoïaque ne doit toutefois pas conduire à jeter le discrédit sur les éléments que ces fouineurs peuvent mettre au jour, même s'il convient de faire preuve de la plus extrême circonspection face aux explications qu'ils en proposent.

Mars 1991 – Certes, Dany Casolaro n'est pas regardant sur l'origine de ses sources mais son enquête progresse, plus vite même que celle de Bill Hamilton et des parlementaires. Dans les couloirs du Sénat, à l'occasion d'une séance d'auditions, il a notamment pris contact avec des membres du groupe de Lyndon Larouche[1], inquiétant réseau qui, durant l'ère Reagan, a créé une sorte de service secret privé. Cette officine ne tarde pas à s'emparer du dossier Inslaw et à le transformer en étendard de la croisade qu'ils entendent mener contre la Maison-Blanche et les diables qui l'occupent. Trop heureux de cette aide inattendue, et n'en mesurant pas l'aspect négatif, Bill Hamilton laisse faire.

Avec le groupe Larouche, Dany Casolaro trouve de nouveaux tenants du complot mondial. Il les reçoit chez lui, échange et confronte dossiers et documents, passe des soirées à réécrire avec eux son grand œuvre. C'est lors d'une de ces rencontres qu'un informateur du groupe est présenté à Casolaro. Son identité est tenue secrète. Il répond au nom de code « Chips ». Il s'agit

1. En 1991, Larouche sera arrêté pour évasion fiscale, conspiration et... escroquerie à l'affranchissement postal. Lors de l'élection présidentielle française de mai 1995, l'un des candidats, l'énarque Jacques Cheminade, bénéficiait du soutien de Larouche.

d'un ancien agent des douanes. Selon le témoignage des hommes de Larouche, l'entretien entre Chips et Casolaro aurait porté sur les liens existant entre la CIA et la famille Gambino qui contrôle un pan de la mafia newyorkaise. L'analyse des relevés téléphoniques de Casolaro a confirmé qu'à cette époque il conversait régulièrement avec des trafiquants de drogue liés à cette famille.

Au rang des informateurs du Peter Pan du journalisme figurent également des hommes d'affaires douteux, pour ne pas écrire véreux, originaires d'Iran ou du Pakistan, en compagnie desquels il s'efforce de reconstituer le dossier de la Banque pour le commerce et le crédit international, la trop fameuse BCCI – temple du blanchiment de l'argent sale – tombée à la suite d'une provocation montée par les douanes américaines. Avec quatre cents agences réparties dans soixante-treize pays, et plus de 20 milliards de dépôts, la BCCI était l'une des premières banques privées de la planète et comptait au nombre de ses clients Jimmy Carter et Indira Gandhi mais aussi le « narco-président » du Panamá, Noriega, et le terroriste palestinien Abu Nidal.

En réalité c'est moins la BCCI elle-même qui intéresse Dany Casolaro qu'un troc qu'il a imaginé : échanger des documents qu'il a rassemblés sur la banque contre d'autres concernant Promis. Selon son ami William Turner, les pièces que Casolaro propose en marché établiraient qu'aux Etats-Unis la BCCI était protégée par l'ancien ministre de la Défense de Johnson, Clark Clifford, personnage toujours influent et par ailleurs avocat de grosses firmes américaines comme ATT et la Standard Oil. Elles mettraient en cause l'un des associés de Clifford, Robert Altman. En échange, Casolaro souhaite récupérer des preuves de la dissémination de Promis à laquelle Clifford et Altman auraient contribué.

Dans ses recherches comme dans ses échanges de documents ou offres de transactions, Dany Casolaro ne fait montre d'aucune discrétion ni de la prudence la plus élémentaire. Il raconte son aventure à ses amis, leur parle de ses découvertes, explique, par exemple, qu'il a obtenu Howard Hunt en personne au téléphone. Or, Howard Hunt, ancien agent de la CIA, est le bras armé de Howard Hughes, le milliardaire excentrique enfermé dans ses luxueuses résidences et devenu un mythe vivant – de réputation du moins –, une sorte de *deus ex machina* de tous les coups tordus, des tentatives de débarquement à Cuba à l'affaire du Watergate en passant par l'assassinat de Kennedy.

Avril 1991 – Dès qu'il a appris l'arrestation, le 29 mars, de Michael Riconosciuto, Dany Casolaro s'est envolé pour Tacoma, dans l'Etat de Washington, où est détenu l'ancien directeur des recherches de la Wackenhut. Il prend contact avec les avocats du prisonnier et propose son aide à titre d'« enquêteur bénévole ». Il lui est, dès lors, possible d'assister aux premières audiences de la procédure de mise en accusation. Sur ses cahiers de notes, il écrit : « Dangerman emplit la salle d'audience de sa présence. Il est immense – plus d'1,80 m – mais agile comme un lapin blanc géant, ou peut-être une créature hybride et fugitive qui s'apparenterait à un renard. »

Accusé de fabrication et de vente d'amphétamines, Riconosciuto plaide la vindicte politique. A l'en croire, les produits chimiques saisis à son domicile ne servaient qu'à l'extraction du platine.

Casolaro passe des heures à discuter avec Riconosciuto, à chercher à l'aider, à vérifier les éléments que lui fournit l'homme de la Wackenhut. C'est ainsi, par exemple, qu'il tente de récupérer l'enregistrement de la conversation de février 1991 au cours de laquelle Videnieks avait menacé Riconosciuto de représailles s'il acceptait de témoigner devant la commission du Congrès. Casolaro pense que la cassette a pu être jetée par la fenêtre de la voiture de l'homme de la Wackenhut peu avant son arrestation, aussi fouille-t-il, des jours durant, les bas-côtés de la route. Sans succès.

Les policiers, bons bougres, mettent l'« enquêteur bénévole » en garde : « Riconosciuto est un drôle de zigue. Si vous écoutez sa merde, vous finirez empêtré dans une toile d'araignée et vous deviendrez fou. »

Juin 1991 – Dany Casolaro est rentré dans la capitale fédérale, découragé. Les flics de l'Etat de Washington ont sans doute raison : Riconosciuto est fou. Toutefois, cette enquête occupe trop de place désormais dans sa vie pour qu'il puisse y renoncer, aussi décide-t-il de rencontrer l'un des protagonistes dont Riconosciuto lui a longuement parlé et dont, à l'évidence, il semble avoir peur : Robert Booth Nichols, l'homme qui, en 1982, avait joué les Zorro sur la route de Yuma en Arizona. Déjà, Bill Hamilton avait prévenu le journaliste : « Attention, ce type est dangereux. »

Nichols n'a pourtant pas l'apparence d'une brute. Il évoque plutôt Clark Gable. D'ailleurs, il fréquente, à Hollywood, les milieux du cinéma et il a même tenu un rôle dans *Under Siege*, un film dans lequel jouait également Steven Seagal. Nichols se pose toutefois plus volontiers en conseiller technique qu'en acteur. Il a, par exemple, offert ses services à Jack Valenti, le tout-puissant président de la Motion Picture Association of America, pour l'aider à lutter contre le piratage vidéo. « Nichols m'a dit qu'il travaillait pour la CIA et qu'il avait beaucoup opéré en Asie », raconte Valenti qui, méfiant, a préféré décliner l'offre. La réputation de Robert Booth Nichols est en effet sulfureuse. Une enquête menée par le FBI en 1987 sur du blanchiment d'argent sale l'associe à la famille mafieuse new-yorkaise des Gambino.

Dany Casolaro se montre, quant à lui, moins regardant. La personnalité de Robert Booth Nichols fascine le journaliste. Les deux hommes ne tardent pas à sympathiser. L'un comme l'autre fils de bonne famille, amateurs de jolies femmes et de bonne chère, ils se retrouvent régulièrement au Four Season, un hôtel de Georgetown situé à proximité de l'immeuble du Watergate. Casolaro conserve toutefois le minimum de prudence consistant à prévoir des témoins pour ces rencontres. Il vient flanqué d'un ami ou d'une compagne à qui il présente Robert Booth Nichols comme un important industriel de l'armement basé, selon les jours, soit au Proche-Orient soit en Amérique latine. A l'évidence, il prend plaisir à ces rencontres. L'une de ses cavalières d'occasion, Wendy Weaver, raconte que, lors d'un de ces repas, les deux hommes avaient surtout parlé de Michael Riconosciuto. « Tu ne peux pas savoir à quel point il peut être dangereux, ne cessait de répéter Robert Booth Nichols. Si tu dis du mal de lui, il ne répliquera pas tout de suite mais, un ou deux ans plus tard, il te tuera. » Mais le même homme qui prêche la prudence et dénonce la violence de Riconosciuto se précipitera à la fin du repas sur un client qui, à ses yeux, aurait manqué de respect à l'accompagnatrice de Casolaro. Cette violence, se souvient Wendy Weaver, avait arraché à Dany Casolaro cette confidence : « Ce type me fait peur. »

Un autre jour, Casolaro invite l'un de ses amis à le retrouver au bar du Four Season. Quand ce dernier arrive, le journaliste est en grande conversation avec Booth Nichols. Les trois hommes vont déjeuner à quelques encablures, chez Clyde's, à Tyson's Corner. La conversation est banale jusqu'à ce que Booth Nichols demande à ses deux compagnons s'ils ont écouté la radio et entendu parler de la situation en République dominicaine. A l'en croire, il participerait à l'organisation d'un coup d'Etat dans ce pays pour le compte de la CIA. Et Booth Nichols de tracer l'avenir d'une île transformée en véritable porte-avions au service de l'agence de renseignements, équipée d'une usine de dessalement de l'eau de mer de la taille d'un stade de football américain... L'ami de Casolaro se croit transporté en plein James Bond. Seulement quand, après le départ de Booth Nichols, le journaliste lui montre le rapport du FBI faisant état des liens du convive qui vient de s'éclipser avec les milieux du crime organisé, il explose : « Tu aurais pu me prévenir ! Me dire avec qui j'allais déjeuner ! D'ailleurs, je ne serais pas venu si j'avais su. »

Début juillet 1991 – Entre Riconosciuto et Booth Nichols, Dany Casolaro sait qu'il joue avec le feu. Seulement, il n'arrive pas à déterminer de quel côté se situe le danger immédiat. Chaque fois qu'il s'entretient au téléphone avec Riconosciuto, ce dernier le met en garde.

Selon lui, Robert Booth Nichols aurait travaillé avec l'un des parrains du cartel de Cali, prénommé Gilberto, l'un des patrons du trafic de la cocaïne colombienne.

Le journaliste décide de prendre contact avec Tom Gates, l'agent du FBI auteur du rapport de 1987 sur Nichols. Ce dernier lui confirme que les liens de Nichols avec le trafic de drogue et le blanchiment d'argent remontent à 1978. En 1976, à la mort de Howard Hughes, il a tenté de prendre le contrôle de sa holding, Summa Corporation, pour le compte d'investisseurs anonymes et en liaison avec les financiers saoudiens du groupe Ali et Fahd Shobokshi, groupe représenté à Londres par Joseph Cicippio, lequel sera par la suite pris en otage au Liban.

Selon Cicippio, les intérêts que représentait Nichols lors de l'offensive ratée contre Summa Corporation seraient liés au gouvernement américain. Robert Booth Nichols se serait, à l'époque, présenté comme appartenant au ministère de la Justice et possédait, à l'évidence, des informations confidentielles sur Summa Corporation.

En 1981, Robert Booth Nichols s'associe au marchand d'armes Peter Zokosky pour créer une fabrique de munitions intitulée Meridian Arms – société et protagonistes que nous avons déjà vus à l'œuvre, en compagnie de Riconosciuto, sur le territoire de la réserve Cabazon.

Mi-juillet 1991 – Dany Casolaro est installé au Hunter's, l'un de ses bars de prédilection, et bavarde avec un nommé Joseph Cuellar. Les verres favorisant, comme chacun sait, les confidences, ils se racontent. Dany ne cache pas qu'il est journaliste et qu'il travaille sur le dossier Inslaw. Son interlocuteur affirme, quant à lui, être officier de renseignements des forces spéciales de l'armée, un métier dont il est fier et qu'il n'a aucune raison de cacher. Dès qu'il entend parler d'Inslaw, il s'exclame :

« Mais je connais très bien cette affaire. C'est l'histoire du logiciel Promis, n'est-ce pas ? Le ministère de la Justice est mouillé jusqu'au cou. Et il n'est pas le seul !

– Qui vous a parlé de ce dossier ?

– Connaissez-vous Videnieks ?

– Je l'ai eu au téléphone il y a quelques semaines. Il a refusé de me rencontrer et m'a renvoyé sur son avocat.

– Je le connais très bien. C'est même un de mes amis. Je vais vous organiser une rencontre. Il faut que vous lui parliez.

– Il est trop impliqué. Il ne voudra jamais.

– Je connais quelqu'un qui doit pouvoir régler le problème. Savez-vous qui est Barbara Videnieks ?

– Une parente de Peter ?

– Sa femme. Elle aussi est mouillée. Barbara travaille pour le sénateur Byrd, comme mon ex-épouse. En réalité, mon ex-femme travaille avec Barbara Videnieks qui n'a pas de secrets pour elle. D'ailleurs, toute une partie des opérations s'est jouée dans le bureau du sénateur. »

Sénateur de la Virginie occidentale, Byrd est le chef de la majorité démocrate au Sénat où il dirige la commission du budget (Senate Appropriation Committee). A ce titre, c'est l'un des hommes les plus puissants des Etats-Unis.

Dany Casolaro et Joseph Cuellar décident de se revoir rapidement. De fait, ils dînent plusieurs fois ensemble, le journaliste tenant Bill Hamilton régulièrement informé de ses contacts et de leurs implications, et prenant soin, là encore, de se faire accompagner lors des rendez-vous. A deux reprises, sa cavalière sera Lynn Knowles.

A la fin du mois, le patron d'Inslaw a presque chaque jour Casolaro au téléphone. Le journaliste lui confie que Cuellar a organisé la rencontre avec Videnieks. De son côté, il cherche à en savoir plus sur le sénateur Byrd et ses collaborateurs. Dany Casolaro est persuadé que la clé du mystère se trouve dans cette équipe et il n'a de cesse de pouvoir l'infiltrer.

3 août 1991 – Dany Casolaro est à présent convaincu d'arriver au terme de son enquête. Il a rassemblé, pense-t-il, assez de documents pour pouvoir reconstituer l'histoire du vol du logiciel d'Inslaw puis la transformation de Promis en cheval de Troie informatique et sa dissémination à travers le monde. Joseph Cuellar lui a prévu un rendez-vous à Martinsburg le 9 août prochain avec un « informateur » décisif. En attendant, Casolaro tente de joindre, en Suède, l'ancien agent de la DIA, Lester K. Coleman.

Depuis l'attentat contre le Boeing 747 du vol 103 de la Panam au-dessus de Lockerbie, en décembre 1988, Coleman est en fuite. Il attend le résultat de sa demande d'asile politique en Suède et envisage de s'installer en France dans la mesure où Paris a pris la tête des opposants européens à la thèse officielle américaine d'un attentat libyen. L'administration Clinton attribue en effet l'attentat de Lockerbie aux agents libyens Abdel Basset Ali al-Magrahi et al-Amin Khalifa Fhimah. Or, Coleman est convaincu que cette théorie est fausse et croit avoir rassemblé suffisamment d'éléments pour accuser les Syriens. Seulement Damas est alors courtisé par Washington dans le cadre des grandes manœuvres en vue d'établir la paix avec les Israéliens au Proche-Orient, tandis que Kadhafi demeure le Diable régulièrement dénoncé par les Américains.

A l'appui de sa thèse, et bien que la DEA et le FBI aient nié ses liens avec les services américains, Lester K. Coleman peut produire un témoignage démontrant que le jeune chiite américano-libanais Kalid Nazir Jafaar, victime de l'attentat de Lockerbie, se trouvait sous la protection de la brigade des stupéfiants de la police chypriote lorsqu'il voyageait à bord du ferry *Suny Boat* qui assure la liaison entre Chypre et le Liban. Une situation naturelle pour un informateur de la DEA surtout lorsqu'il transportait de l'héroïne, mais qui n'aurait aucun sens sinon. Seulement les officiers américains ne peuvent admettre qu'ils contrôlaient, dans le but de remonter les filières, un trafic de drogue au départ du Liban et à destination des Etats-Unis, via Francfort, trafic qui empruntait le vol 103 de la Panam. Des pratiques de ce type ont pourtant, en 1986, valu à Michael T. Hurley, responsable de la DEA à Chypre, des ennuis avec la justice italienne puisque deux de ses convoyeurs, Zouher et Nadim Kabbara, furent arrêtés à l'aéroport de Rome transportant 500 grammes d'héroïne libanaise depuis Port Mina à Tripoli, c'est-à-dire depuis la zone contrôlée par les Syriens. Le ministre des Affaires étrangères italien protesta auprès du gouvernement américain. Les enquêteurs italiens avaient en effet découvert que Nadim Kabbara travaillait aussi pour une société de Springfield (Massachusetts) spécialisée dans la vente de matériels militaires et dirigée par Spiro T. Agnew, ancien vice-président de Richard Nixon. Par ailleurs, les notes de téléphone de la société Kabbara Italian Trading Company (Kinex), basée à Rome, étaient réglées par... l'ambassade des Etats-Unis. Les magistrats italiens conclurent que la véritable mission de Kabbara consistait à relayer les services spéciaux des Etats-Unis dans la livraison clandestine d'équipements militaires à l'Irak dans le cadre de la guerre Irak-Iran. La mise au jour de ces trafics contraignit les Américains à rapatrier leur agent Michael T. Hurley de Chypre aux Etats-Unis où il fut affecté à la tête de la branche renseignements de la DEA à Seattle, c'est-à-dire dans la ville où résidait Michael Riconosciuto, l'homme qui s'apprêtait à parler et menaçait donc les secrets de la société Eurame.

Lester K. Coleman sait aussi que Sami Jafaar, un cousin de Kalid, et Jamal Hamadan, un de ses amis, figurent parmi les honorables correspondants de la DEA à Paris. La capitale française est d'ailleurs frappée par des attentats terroristes d'origine islamo-libanaise. Le rêve de tous les services de sécurité occidentaux serait de mettre la main sur Abu Nidal. Seulement, faute de grives, il faut bien manger des merles. Aussi, lorsque Sami Jafaar et Jamal Hamadan signalent, en septembre 1987, qu'ils peuvent approcher Fawaz Younes, ancien garde du corps de Nabih Berri, chef des milices pro-syriennes, les Américains se mobilisent aussitôt. Younes a en effet participé, en juin 1985, à la prise d'otages du vol 847 Athènes-Rome de la TWA et, à ce titre, il est complice de l'assassinat d'un plongeur de la marine américaine, Robert Stetham.

Fawaz Younes, tout comme Jafaar et Hamadan, travaille dans la drogue. Après l'avoir invité à Chypre et sous prétexte de lui faire rencontrer un gros bonnet du trafic international, les deux Libanais œuvrant pour la DEA parviennent à faire embarquer Younes sur un luxueux yacht qui s'éloigne des côtes pour gagner les eaux internationales. Au large, le trafiquant se révèle être un agent du FBI et le terroriste est aussitôt arrêté, transféré sur le navire de guerre *USS Saratoga* et, de là, expédié par avion jusqu'à la base d'Andrews, à Washington, où, sur le tarmac, l'attendent les représentants de la justice américaine. Ronald Reagan triomphe.

Seulement, l'enlèvement de Younes en haute mer et le rôle joué par les Jafaar n'ayant rien de discret, les services syriens mettent sous étroite surveillance la famille libanaise. Et lorsque, le 3 juin 1988, le navire de guerre américain *USS Vincennes* abat par erreur un appareil iranien, tuant deux cent quatre-vingt-dix pèlerins en voyage à La Mecque, les Iraniens se tournent vers leurs seuls alliés au Moyen-Orient pour obtenir vengeance : les Syriens. Sachant que les Jafaar travaillent avec les services américains, six mois plus tard, et quatre jours avant Noël, c'est le vol de la Panam qui est choisi afin, d'une part, de contrecarrer les actions de la DEA et, d'autre part, de respecter la lettre de la loi islamique en s'assurant une juste et égale revanche : deux cent soixante-dix morts dans l'avion américain contre deux cent quatre-vingt-dix dans l'avion iranien.

Si Dany Casolaro a réussi à se procurer le téléphone de Coleman en Suède, c'est, bien sûr, pour intégrer ces nouveaux épisodes des turpitudes américaines dans *La Pieuvre*, son grand œuvre, mais c'est surtout parce qu'il sait que l'agent a des révélations à faire sur Promis. Il l'a appris par une de ses sources à l'intérieur des services secrets. Sur ce coup, le journaliste a une longueur d'avance sur tout le monde, qu'il s'agisse des enquêteurs de Bill Hamilton ou de ceux du Congrès.

Face à l'appel de Casolaro, Lester Coleman réagit avec

une prudente réserve. Sur ses gardes, il écoute son interlocuteur lui raconter, à grands traits, son futur ouvrage et détailler ses principales trouvailles. Le côté fouineur de Casolaro intéresse Coleman. Coincé en Suède, il a besoin de documents et de témoignages pour justifier sa demande d'asile. Il souhaite notamment retrouver la trace d'un avocat, James McCloskey, qui l'avait fait embaucher par la DIA. Si Casolaro le retrouve, Coleman lui promet des révélations sur Promis.

4 août 1991 – Sous le soleil, un groupe se presse autour de la piscine de Danielle Stalling. Même le dimanche, l'agent immobilier ne perd pas une occasion de faire avancer ses affaires. La réception qu'elle offre est aussi une forme de promotion. Dany Casolaro a promis de passer. Danielle est une amie et, en outre, elle a accepté de vendre par lots la propriété du journaliste qui a besoin de nouveaux revenus pour continuer son enquête.

Dès qu'il arrive, Danielle Stalling se précipite pour l'accueillir. Elle s'inquiète de le voir tendu et préoccupé. Casolaro lui avoue qu'il dort mal. Il est inquiet. Depuis quelque temps, il reçoit régulièrement des coups de téléphone anonymes qui sont autant de menaces. Par prudence, Dany a d'ailleurs convaincu son frère John, qui partage la maison avec lui, de déménager.

« Mais que se passe-t-il, pourquoi t'en voudrait-on ? s'alarme Danielle Stalling.

– Ma chérie, tu n'as pas idée de l'affaire dans laquelle je me suis embarqué. »

5 août 1991 – Olga, la vieille voisine, fait glisser la clé dans la serrure de Casolaro. Il est midi. En pénétrant dans cette maison, elle éprouve le sentiment d'être chez elle. Olga, en effet, est bien plus qu'une femme de ménage. Elle tient la maison de Dany depuis dix ans, depuis son divorce et c'est elle qui a élevé Trey, le fils du journaliste. Son travail n'est pas une sinécure, compte tenu du fatras permanent dans lequel se meut Dany Casolaro. Arrivée aux Etats-Unis en 1952, cette rescapée de Dachau parle toujours l'américain de manière rudimentaire et avec un accent à couper au couteau. Quand elle pénètre dans la cuisine, Dany Casolaro s'y trouve, en compagnie d'un volumineux personnage de type méditerranéen vêtu d'un costume sombre. En la voyant, les deux hommes se taisent.

Quelques heures après, Dany Casolaro appelle Bill McCoy, un ancien des services secrets de l'armée recyclé comme enquêteur privé. Le journaliste est euphorique. *Time Magazine*, explique-t-il, lui a commandé un article sur *La Pieuvre* et la maison d'édition du groupe accepte de participer au financement de l'enquête. Casolaro va donc pouvoir, comme il le souhaite, partir en Arkansas, au Texas et en Californie mais aussi en Asie du Sud-Est, pour procéder à divers recoupements et vérifications. Fidèle à sa théorie du complot global, il glisse à Bill McCoy qu'il a identifié « la pieuvre » : il s'agit d'un groupe de sept personnes.

En réalité, Dany Casolaro, comme à son habitude, prend ses rêves pour la réalité. *Time* n'a pris aucun engagement mais s'est borné à nouer le contact. Les soucis financiers du journaliste ne sont donc pas dissipés. Soucis au demeurant relatifs car, en cas d'absolue nécessité, Dany sait pouvoir faire appel à la solidarité familiale.

Dany Casolaro appelle ensuite Bob Bickel, un autre de ses informateurs. Bickel, ingénieur des pétroles, vit au Texas. C'est lui qui a raconté au journaliste les livraisons d'armes au profit de l'Irak effectuées clandestinement en 1989. A lui aussi, Casolaro annonce qu'il est sur le point de tout mettre au jour et qu'il a, près de Washington, à Martinsburg, un rendez-vous décisif d'où il rapportera « la tête de la pieuvre sur un plateau ».

Le soir, Dany croise l'un de ses frères, Tony :

« Tu as l'air fatigué, s'inquiète ce dernier, mû par son instinct professionnel de médecin.

– Que veux-tu, je suis réveillé toutes les nuits par des appels anonymes et je ne parviens pas à me rendormir.

– Encore ! Tu ne crois pas que tu devrais alerter la police ? »

Cela fait maintenant trois mois que le journaliste est soumis à cette épreuve. Il en déduit qu'il parvient au but mais cette torture le ronge. Souvent l'interlocuteur ne profère aucune menace. Il se borne à respirer lourdement avant de raccrocher.

Dany prend Tony par le bras : « Ne t'inquiète pas. Tout va bientôt se calmer. Je touche au but. »

Puis, dans un souffle, le journaliste ajoute : « Seulement, si jamais il devait m'arriver quelque chose, ne crois surtout pas qu'il s'agirait d'un accident. »

Casolaro, comme souvent, se rend au Hunter's, le bar d'Oakton, pour passer la soirée. Il y rencontre une productrice de télévision, Ann Klenk, et lui confie : « J'ai résolu l'affaire Inslaw. Je vais à Martinsburg pour récupérer les dernières preuves. Si tu veux le dossier pour ton émission, je suis d'accord. »

Ann Klenk est, pour l'instant, mobilisée par un autre sujet. Elle monte un document sur l'Irangate au cours duquel le général Secord et Oliver North doivent s'exprimer. L'émission sera diffusée en direct jeudi, c'est-à-dire dans trois jours. Dany précise qu'il ne la manquera pour rien au monde.

Avant de se coucher, Dany Casolaro passe encore un coup de téléphone. A Robert Booth Nichols, cette fois. Depuis un an, les deux hommes ont bavardé ainsi une bonne centaine d'heures. Le journaliste est toujours aussi jovial. Une fois encore, il annonce avoir touché au but : « Je sais tout ce qu'il y a à savoir sur le dossier Promis. Les Hamilton vont être aux anges. Je dois juste rencontrer encore une fois ma source pour qu'elle me remette des documents. »

La réplique de Booth Nichols est sans fioritures : « Laisse tomber, sinon tu vas mourir. »

6 août 1991 – Dany Casolaro décroche une fois de plus le téléphone. Il est 16 heures et il cherche à joindre son ami et néanmoins informateur William Turner qui habite à proximité de Martinsburg. Il demande à le voir et précise qu'il doit, le lendemain, se rendre dans le secteur pour rencontrer un proche de Barbara Videnieks, collaborateur lui aussi du sénateur Byrd. « C'est ma source sur Inslaw », précise-t-il. Casolaro souhaite récupérer les deux grosses enveloppes qu'il a confiées à Turner après la découverte du corps d'Alan Standorf sur un parking de l'aéroport national à Washington.

Après avoir raccroché, Dany Casolaro se cale derrière son ordinateur et travaille sans lever la tête des heures durant. Quand il s'étire enfin, il est heureux. Il a terminé de mettre ses notes à jour.

Olga entre dans la pièce pour faire le ménage. Elle

tente de déplacer un gros sac noir, mais parvient à peine à le soulever.

« Dieu que c'est lourd ! Mais qu'est-ce que tu as fourré là-dedans ?

– Il y a tous mes documents. Mon enquête est terminée. Souhaite-moi bonne chance, nous ne nous reverrons que dans deux ou trois jours. »

La vieille femme s'exécute et croise les doigts, puis Dany et Olga s'étreignent. Ils ne se reverront plus.

7 août 1991 – Il est 15 heures lorsque la secrétaire de Bill Hamilton l'informe que Dany Casolaro est en ligne et souhaite lui parler. Le patron d'Inslaw, qui est déjà en communication, répond de faire attendre. Quand il est disponible, Casolaro a raccroché.

Une demi-heure plus tard, Dany a réintégré ses pénates. Il est descendu au sous-sol avec l'un de ses amis, Ben Mason, et déballe des dossiers pour lui soumettre des documents, en particulier des photocopies de chèques de la BCCI, totalisant plusieurs millions de dollars, tirés sur le compte du marchand d'armes saoudien Adnan Khashoggi. Il exhibe également la photocopie d'un passeport égyptien, celui d'un des principaux pourvoyeurs de l'Irak en armes. Sur une volumineuse note, Dany a résumé son futur ouvrage en vingt-deux points et annonce à nouveau le terme de l'enquête lors d'un rendez-vous le lendemain à Martinsburg.

Après le départ de Ben Mason, Dany Casolaro passe une série d'appels téléphoniques. Il joint à Los Angeles Tom Gates, l'agent du FBI qui a enquêté sur Robert Booth Nichols. Il lui fait part de son inquiétude en raison des menaces anonymes dont il est l'objet, mais aussi de ce que lui a dit Booth Nichols. S'agirait-il, demande-t-il, d'une menace de mort déguisée ou n'est-ce qu'une inquiétude légitime de la part d'un ami ? Gates ne peut que répéter qu'il faut se méfier de Booth Nichols.

Casolaro tente ensuite de joindre Bill Hamilton mais le patron d'Inslaw n'est pas à son bureau. Dany laisse un message expliquant qu'il a besoin d'un complément d'informations sur certains avocats du ministère de la Justice. Quand Bill Hamilton rappelle, Casolaro n'est plus chez lui.

8 août 1991 – Danielle Stalling, l'agent immobilier chargée de la vente de la propriété de Casolaro, reçoit à 10 heures un appel de Dany. Il lui demande de prendre rendez-vous pour lui avec un ancien policier qui aurait des informations sur les liens existant entre Khun Sa, le plus gros trafiquant de drogue du « triangle d'or », et la CIA.

Une heure plus tard, Dany Casolaro passe chez son agent d'assurances pour régler la prime de sa maison. Il est joyeux. Dans sa voiture, à côté de lui, un volumineux sac noir est posé.

Dans l'après-midi, Casolaro s'installe dans la chambre 517 du Sheraton de Martinsburg. Il laisse son sac noir et sort se promener dans ce haut lieu du tourisme américain, au pied des Appalaches. La bataille d'Anteltam, durant la guerre de Sécession, s'est déroulée à proximité. Au-delà des Blue Ridge Mountains se trouvent Camp David, une ancienne base des services secrets devenue la résidence du Président des Etats-Unis, mais aussi Camp Richie, le quartier général souterrain du Pentagone capable, en principe, de résister à une attaque nucléaire.

Sur les hauteurs, se dressent les « grandes oreilles » de l'oncle Sam, la centrale d'écoutes de Forest Ranger, contrôlée par les services secrets de l'armée.

En se rendant à Martinsburg, Dany Casolaro a vraiment le sentiment d'entrer dans le repaire de « la pieuvre »... Pourtant, il consacre l'essentiel de son après-midi à flirter avec la serveuse d'un Pizza Hut. Il est 17 heures lorsqu'il retourne au Sheraton. Il a rendez-vous, au bar de l'hôtel, avec un homme de type levantin. « Un Arabe ou un Iranien », témoignera la barmaid qui se souvient d'autant mieux du personnage qu'il s'est plaint, d'une manière particulièrement désagréable, de la lenteur du service. « Ne faites pas attention, l'a rassurée Casolaro, il a eu une dure journée. » Les deux hommes se sont quittés à 18 heures et Dany est remonté dans sa chambre.

A 20 heures, il revient au bar et bavarde avec deux jeunes femmes blondes. Puis, reconnaissant son voisin de chambre, Mike Looney, il s'attable en sa compagnie. Rapidement, la conversation glisse vers la politique. Dany Casolaro expose sa théorie de « la pieuvre » que son interlocuteur accueille avec scepticisme. Il ne peut croire qu'une poignée d'hommes puisse être responsable de tous les scandales de la planète. Casolaro insiste et confie que, dans une heure, « une source très importante » va lui remettre des documents décisifs.

21 heures sonnent sans qu'aucune « source » se manifeste. Aux environs de 22 heures, Casolaro se lève pour aller téléphoner. Lorsqu'il revient, il semble soulagé.

9 août 1991 – Dès 9 heures, Olga a entrepris de nettoyer consciencieusement le bureau de Dany. Elle est

seule, enfin, et va pouvoir tenter de mettre un peu d'ordre. Elle remarque que le sac noir, si lourd, a disparu. Lorsque le téléphone sonne, sachant la maison vide, elle décroche : « On va couper ton corps en morceaux et le donner aux requins. »

Olga n'a pas eu le temps de réagir que le mystérieux interlocuteur a déjà raccroché. Une heure plus tard, nouvelle sonnerie :

« Crève !

– Crève toi-même ! » a, cette fois, pu répliquer la vieille femme.

Une heure encore et, à nouveau, le téléphone sonne. Personne ne s'exprime. Olga ne perçoit, en arrière-fond, qu'un peu de musique. Une radio peut-être. « Qui est là ? interroge-t-elle. Ça suffit, maintenant. Arrêtez d'appeler ! »

Une heure s'écoule et, pour la quatrième fois, le téléphone de Dany sonne. Cette fois encore, l'interlocuteur choisit de garder le silence. Seule la radio est perceptible dans le lointain.

A 13 heures, Bill Hamilton s'étonne que Dany Casolaro ne se soit pas encore manifesté alors qu'il est demandeur d'informations. Le journaliste est plutôt du genre collant et son silence est anormal. Le patron d'Inslaw décide de joindre Robert Booth Nichols à Los Angeles afin de savoir où se trouve Casolaro.

« Il m'a effectivement appelé lundi soir, indique Nichols. Il était euphorique. On aurait dit un chat ayant croqué un canari. D'habitude, il est toujours mystérieux et s'exprime par sous-entendus, comme s'il jouait aux échecs avec moi, mais cette fois il a été direct. Il m'a dit tenir une source décisive et qu'il savait tout sur Promis.

Il m'a même précisé que vous seriez aux anges. Il devait téléphoner en Europe et avoir un ultime rendez-vous. »

Bill Hamilton, guère plus avancé, est de plus en plus inquiet.

Dany Casolaro est pourtant toujours en vie. A 14 h 30, il traverse le parking du Sheraton de Martinsburg et s'arrête à côté d'un véhicule. Il s'installe à bord et salue le chauffeur qui n'est autre que son ami William Turner. Dany avait lui-même fixé les modalités de cette rencontre car il redoute que la chambre qu'il occupe n'ait été équipée de micros. Turner lui tend les deux enveloppes qu'il a en dépôt depuis l'assassinat d'Alan Standorf. Souriant et détendu, Casolaro s'en empare et s'excuse de ne pouvoir dîner, comme convenu, avec Turner. Il confirme que son mystérieux rendez-vous est prévu avec un collaborateur du sénateur Byrd. Il doit aussi rencontrer prochainement, explique-t-il, des officiels dont Peter Videnieks et il va tenter de joindre l'homme d'affaires Robert Altman, impliqué dans le scandale de la BCCI, afin d'échanger les documents dont il dispose sur ses opérations de blanchiment contre des pièces concernant le vol de Promis.

« J'en ai encore pour une semaine, conclut Dany Casolaro, et je te raconterai. Bon, excuse-moi, mais il faut que j'y aille... Salut ! Eh Bill ! fais attention à toi. Regarde bien par-dessus ton épaule ! »

A 17 heures, Ann Klenk téléphone chez Casolaro pour savoir ce qu'il a pensé de l'émission de la veille sur l'Irangate. Pas de réponse. Elle appelle, par sécurité, au Hunter's, mais personne au bar n'a vu Dany depuis plusieurs jours.

A 22 heures, Olga constate que le perron de la maison des Casolaro est allumé. Elle pense que Dany est rentré et traverse pour lui parler des coups de fil anonymes qu'elle a reçus durant la matinée. Elle sonne mais n'obtient aucune réponse. Elle ouvre et découvre la maison plongée dans l'obscurité.

Le téléphone retentit. Olga décroche. Silence. Elle attend une dizaine de secondes et, furieuse, raccroche.

De plus en plus angoissée, Olga rentre chez elle.

10 août 1991 – La productrice Ann Klenk continue de tenter de joindre Dany Casolaro. Sans succès. Elle décide de faire un saut chez lui. Pas de réponse à ses coups de sonnette. Elle laisse un mot sur la porte : « Dany, où es-tu ? Je me fais du souci. Ann. »

A 12 h 30, la responsable en second des femmes de chambre du Sheraton de Martinsburg attaque son cheeseburger. Enfin la pause. A peine mastique-t-elle la première bouchée qu'une blanchisseuse entre, affolée : « Il faut aller au 517 ! Il paraît qu'il y a du sang partout. »

Barbara Bittinger abandonne son burger et se précipite. Depuis sept ans qu'elle travaille au Sheraton, elle croyait avoir déjà tout vu. Erreur. La salle de bains du 517 est maculée de sang. Le rideau de douche est tiré et elle ne voit donc pas l'intérieur de la baignoire mais remarque un cendrier placé sur le rebord. A côté des toilettes, une bouteille de vin à moitié vide est posée à proximité d'un verre cassé. Au pied du lavabo, deux serviettes ensanglantées ont sans doute servi à éponger les traces sur le sol.

La police ne tarde pas à prendre possession des lieux. Dans la baignoire gît le cadavre d'un homme blanc d'une quarantaine d'années. Ses poignets sont profondément entaillés et il a une cordelette autour du cou. A ses côtés, flottent deux sacs plastique. Tandis qu'un inspecteur prend des photos, ses collègues procèdent aux premières constatations : aucune contusion apparente, pas de traces de lutte.

Lorsque les hommes du médecin-légiste retirent le corps de la baignoire, on découvre, au fond, une canette de bière Milwaukee, une feuille de papier et une lame de rasoir.

Dans la chambre, les policiers ne trouvent que quelques linges de rechange. Le lit n'est pas défait et les vêtements sont soigneusement pliés sur une chaise. En évidence, un mot manuscrit : « A mes bien-aimés, s'il vous plaît pardonnez-moi – tout spécialement mon fils – et soyez compréhensifs. Dieu m'accueillera[1]. »

Les papiers d'identité sont au nom de Dany Casolaro, profession : journaliste.

Le suicide est évident. Pourquoi les enquêteurs devraient-ils s'inquiéter et compromettre un week-end déjà par trop perturbé ? Parce que Dany Casolaro était désordonné et jetait ses vêtements n'importe où ? Parce que deux enveloppes remises par William Turner ont disparu ? Parce que le volumineux sac noir que Dany avait emporté n'est plus là ? Tout cela, ils l'ignorent. Le cas est simple et les policiers ne font aucune objection à ce que la baignoire soit vidée. Ils n'ont pourtant effectué aucun prélèvement et ne filtreront pas la vidange. Pour faciliter le travail des légistes, la porte de la salle de bains est démontée sans précaution. Dès que les opérations de police sont achevées, les enquêteurs se retirent sans même apposer de scellés. La chambre est donc nettoyée

---

1. « To my loved ones, please forgive me – most specially my son – and be understanding. God will let me in. »

de fond en comble par une entreprise spécialisée sur ordre de la direction de l'hôtel. A 16 heures, il n'existe plus une trace des faits tragiques qui se sont déroulés dans la chambre 517.

Le soir même, avant que la famille n'ait été informée de sa mort, le corps de Dany Casolaro est embaumé. Charles Brown, le croque-mort, n'a pas voulu attendre. Passe encore de travailler un samedi après-midi, mais le dimanche est sacré. Il semble ignorer le caractère illégal de son geste en l'absence de toute autorisation de la famille du défunt. Une chose est sûre : à présent, toute autopsie approfondie n'aura plus de sens.

12 août 1991 – Le lundi, à sa grande surprise, la police de Martinsburg voit se succéder les appels téléphoniques concernant le suicidé du Sheraton. Le premier émane d'un des informateurs de Casolaro, l'agent du FBI Tom Gates. Dès qu'il apprend les événements, il émet les plus vives réserves quant à la thèse du suicide et le dit sans ambages au chef de la police locale.

Deux autres appels suivent, qui émeuvent sérieusement les policiers de Martinsburg. Tour à tour le *Washington Post* et la chaîne de télévision NBC réclament des précisions sur le décès de Dany Casolaro et s'étonnent de découvrir que la police locale ignore tout des activités du journaliste et de l'enquête sur laquelle il travaillait. Le chef de la police locale commence à réaliser que ses hommes ont probablement commis une bourde énorme.

Trop tard, le mal est fait. Tous les indices ont été détruits. Le 25 janvier 1992, la police de Martinsburg classera définitivement le dossier en officialisant la thèse du suicide. Les psychiatres mobilisés justifient cette version en affirmant que Dany Casolaro, déprimé par ses difficultés financières et le fait qu'il n'avait pas trouvé d'éditeur pour son ouvrage, se savait en outre malade. De fait, le journaliste souffrait de sclérose multiple, une maladie qui n'est mortelle que dans 1 % des cas, et ne s'en était jamais montré particulièrement préoccupé.

14 août 1991 – Une infirmière avertit le docteur Tony Casolaro qu'il est demandé au téléphone. Le frère de Dany prend le récepteur :

« Docteur Casolaro, j'écoute.

– Je vous appelle d'une cabine téléphonique. J'ai quelque chose d'important à vous dire.

– Qui êtes-vous ?

– Un témoin. Disons, un témoin. Je veux vous parler de votre frère. J'étais samedi sur le parking du Sheraton. Il était aux environs de midi. J'ai failli être renversé par une grosse limousine noire. En lisant les journaux, j'ai fait le lien avec la mort de votre frère Dany.

– Qui était dans cette voiture ?

– Clark Clifford et Robert Altman.

– Comment les connaissez-vous ? Qui conduisait ? »

L'interlocuteur se tait et raccroche.

Fin août 1991 – Lynn Knowles, qui avait accompagné Dany Casolaro lors de deux de ses rencontres avec Joseph Cuellar, reçoit un choc terrible en apprenant le décès de son ami. Elle est d'autant plus tétanisée qu'elle n'ignore pas que l'ancien officier s'était chargé d'organiser pour Dany le mystérieux rendez-vous de Martinsburg. Après avoir longuement hésité, elle rassemble son courage et se décide à téléphoner à Cuellar. La réponse de l'ancien des services secrets de l'armée est catégorique : « Ce sur quoi enquêtait Dany est une énorme affaire commerciale. Si tu ne veux pas connaître la même fin, ou la mort horrible de ce journaliste au Guatemala, surtout reste en dehors de tout ça. Tous ceux qui poseront trop de questions seront tués. »

Après avoir raccroché, Lynn Knowles est hantée par cette référence à un journaliste tué au Guatemala. Elle entreprend de dépouiller les archives des journaux et en tire la conclusion que Joseph Cuellar devait faire allusion à un pigiste du *Financial Times* de Londres, Anson Ng. Elle s'en ouvre à Bill Hamilton.

Le patron d'Inslaw décide de faire creuser la piste. Il ne tarde guère à recueillir une rumeur aussi déconcertante qu'inquiétante. Anson Ng aurait été tué non parce qu'il enquêtait sur Promis, mais parce qu'il tentait de joindre un ancien agent de la CIA réfugié en Amérique latine : James Hughes Jr. Or, qui est James Hughes ? L'ancien chef de la sécurité des Cabazons, celui dont les révélations sur l'assassinat des trois Indiens hostiles à la mainmise de la Wackenhut sur leur réserve accusaient l'administrateur du territoire, John Philip Nichols.

4 septembre 1991 – Trey, le fils de Dany Casolaro, attend au commissariat de Martinsburg qu'on lui restitue les clés de la voiture de son père. Deux hommes présentent des plaques de police et demandent à parler au responsable du dossier Casolaro.

Trey se lève et révèle son identité. Les deux hommes, policiers à l'aéroport de Washington, expliquent qu'ils enquêtent sur l'assassinat d'Alan Standorf, l'agent de la

NSA avec lequel Dany Casolaro était en contact. Selon un informateur, le décès de Casolaro serait lié à celui de Standorf, aussi sont-ils venus pour tenter de vérifier cette indication.

L'informateur dont les policiers ont parlé à Trey est en réalité William Turner. Depuis la mort de Dany, son ami ne cesse de s'agiter, alertant les médias, prévenant la police de l'aéroport, téléphonant à droite et à gauche.

26 septembre 1991 – Des dizaines d'agents du FBI, munis de gilets pare-balles et armés jusqu'aux dents, encerclent le petit pavillon de Winchester, près de Martinsburg. Les sommations faites, ils investissent la maison sans rencontrer la moindre résistance. Peu après, William Turner, les mains menottées dans le dos, est poussé dans une voiture. D'autres agents sortent les bras chargés de colis. Les fédéraux raflent tout ce qu'ils peuvent trouver : documents, disquettes informatiques... Y compris les dossiers concernant Casolaro. Bientôt, le convoi s'ébranle, sirènes hurlantes.

William Turner est accusé d'avoir, la veille, braqué une banque des environs. La police locale affirme l'avoir identifié à partir du dépouillement des films des caméras de surveillance. Le FBI produit également un témoin, une femme qui affirme avoir vu Turner s'enfuir en courant de la banque.

En courant ? Il y a des années que William Turner, à présent âgé de cinquante-cinq ans, a perdu une partie de sa jambe gauche : un accident de chasse. Il ne peut pas courir. Au mieux, il s'agit donc d'une méprise. Au pire... Confronté à cette donnée, le témoin se rétracte.

Bien des semaines s'écouleront encore avant que les

charges soient abandonnées et que William Turner soit libéré après six mois de détention. Les documents saisis ne lui ont pas été restitués.

7 novembre 1991 – Marguerite Z. Randolph, la secrétaire d'Elliot Richardson, décroche. Un homme demande à parler à l'avocat d'Inslaw, momentanément absent. Il se présente comme agent des douanes mais refuse de donner son nom. Il a un message à transmettre à l'ancien ministre de la Justice : « Inslaw est une affaire très très importante et très très dangereuse... Je vous conseille de vous concentrer sur Videnieks, ses employeurs passés et ses anciens amis. »

25 mars 1992 – Le décès de Dany Casolaro ne laisse pas indifférente la commission du Congrès chargée du dossier Inslaw. Toutefois, ses délais de réaction demeurent particulièrement longs puisqu'elle ne peut procéder à des auditions de fonctionnaires sans l'accord préalable des directeurs des services concernés. Le directeur du FBI, William Sessions, est donc contacté afin qu'il autorise l'agent Thomas Gates à être entendu par les parlementaires. A la surprise des représentants, Sessions accepte sans barguigner.

Thomas Gates descend donc d'avion à Washington pour se rendre devant la commission, en compagnie de son avocat Richard Bauer, lorsqu'il est hélé dans le hall de l'aéroport. Son interlocutrice, Faith Burton, du ministère de la Justice, tient à lui faire savoir qu'elle est chargée de suivre les travaux du Congrès et que toutes les dépositions effectuées à propos d'Inslaw sont systématiquement dépouillées. Or, en principe, les travaux de la commission se déroulent à huis clos. Le message est donc clair : l'agent Thomas Gates est invité à se montrer prudent et à modérer ses propos.

Dès qu'il se trouve face aux enquêteurs de la commission, Thomas Gates leur rapporte l'incident. Puis, sous serment, il rend compte des conversations téléphoniques qu'il a échangées avec Dany Casolaro durant les quatre semaines précédant son suicide supposé.

Sur la nature du décès, l'agent du FBI émet en effet les plus extrêmes réserves. D'une part, Casolaro, au téléphone, se montrait plutôt euphorique et nullement déprimé ; d'autre part, le journaliste possédait un carnet rassemblant des numéros de téléphone, dont celui de Thomas Gates, or ce carnet a disparu. La police ne l'a pas retrouvé dans la chambre du Sheraton. Enfin, la police de Martinsburg lui a indiqué que Dany portait aux bras des blessures qu'un homme s'étant tailladé lui-même les poignets ne peut s'infliger.

Thomas Gates s'étonne aussi que le contenu de la bouteille de vin retrouvée dans la salle de bains n'ait pas été analysé. Il précise que, non seulement il a fait part de ses doutes à la police de Martinsburg, mais qu'il a, en outre, alerté le bureau local du FBI et suggéré un complément d'enquête.

26 mars 1992 – Sans attendre, les enquêteurs du Congrès rencontrent Faith Burton pour obtenir des éclaircissements sur son attitude. La fonctionnaire du ministère de la Justice nie les faits et déclare que les allégations de Thomas Gates et de son avocat sont « totalement fausses ». Elle attribue l'incident dans le hall de l'aéroport à un quiproquo, à une mauvaise compréhen-

sion de ses propos par deux hommes fatigués après un long trajet en avion. Les enquêteurs insistent. Ils veulent savoir si Faith Burton a pu dire que son ministère recevait ou consultait les dépositions faites sous serment devant la commission. La réponse est catégorique : « Absolument pas. »

Thomas Gates et son avocat sont donc aussitôt informés de ces mises au point et l'agent du FBI s'entend demander s'il n'aurait pas pu faire une erreur : « C'est toujours possible, mais ce qu'elle a dit était très clair pour moi. »

Et l'avocat Richard Bauer ponctue : « Elle a clairement indiqué qu'elle recevait une transcription des dépositions. »

Fin 1993 – William Turner a choisi de déménager après ses démêlés avec le FBI. Il s'est installé à Knoxville. Or, voici qu'à nouveau, les agents fédéraux débarquent et mettent son domicile sens dessus dessous. Cette fois, ils saisissent la collection d'armes de sa femme et le conduisent en prison au motif qu'un condamné en période probatoire n'a pas le droit de détenir une arme.

En effet, durant les six semaines qui s'écoulèrent entre la mort de Dany Casolaro et son arrestation pour hold-up, William Turner avait été condamné à soixante jours de prison et cinq ans de probation pour avoir fraudé l'administration des anciens combattants.

En conséquence, le juge de district James Jarvis révoque sa probation et le condamne à six mois de centre de rééducation, tout en autorisant son épouse à conserver, pour sa sécurité personnelle, un Colt calibre 38.

Juillet 1994 – Douze membres du Congrès, emmenés par le républicain George « Buddy » Darden, réclament l'ouverture d'une enquête criminelle dans le cadre de l'affaire Inslaw. Ils sont en effet convaincus que Dany Casolaro a été assassiné. De son côté, l'ancien ministre de la Justice, Elliot Richardson, toujours mobilisé aux côtés d'Inslaw, s'étonne de la confiscation des documents de William Turner par le FBI et estime que les dossiers ainsi subtilisés constituent la clé de l'affaire.

Officiellement, les services fédéraux justifient leur attitude par le fait que le hold-up commis contre la banque fait toujours l'objet d'une enquête et que leurs investigations ne sont donc pas achevées. En outre, ils remarquent que rien ne prouve que Turner ait jamais détenu des documents se rapportant à Casolaro et à ses enquêtes. Seule sa parole est opposable. Turner prétend que, même après avoir restitué deux enveloppes à Casolaro, il conservait des dossiers et notamment des notes sur ses entretiens avec le journaliste. Or, dans les documents qu'ils ont dépouillés, les agents du FBI affirment n'avoir rien trouvé qui concerne le journaliste découvert mort dans la chambre 517 du Sheraton de Martinsburg.

Conclusions provisoires

Si Dany Casolaro avait été confronté à l'énigme de sa propre mort, il y aurait certainement vu une nouvelle illustration de sa thèse du complot qui domine le monde, une preuve de la malfaisance de « la pieuvre ». Nous nous garderons de le suivre dans cette voie.

Certes, la légèreté de la police et du croque-mort de Martinsburg peut suffire à expliquer la disparition des éléments d'enquête. En revanche, la thèse du suicide du journaliste, compte tenu du contexte des journées qui ont précédé son décès, est difficile à admettre. Un meurtre semblerait plus logique.

Les poignets du cadavre étaient, en effet, profondément entaillés : douze fois au total. Des entailles inhabituelles pour un suicide puisque certaines avaient atteint les tendons. En règle générale, les désespérés procèdent à tâtons, progressivement et pas d'une manière si déterminée que, selon le médecin, le sujet aurait dû s'évanouir dès la première blessure. Cette absence d'hésitation a d'ailleurs été relevée par le docteur James Starts de l'université George-Washington qui s'en est étonné. Il convient d'ajouter que, selon les proches de Dany Casolaro, celui-ci avait une peur maladive du sang et redoutait les piqûres. On peut aussi noter qu'une des sœurs de Casolaro s'était suicidée lorsqu'il était enfant et que, très marqué par cet épisode tragique, il avait coutume de dire qu'il ne pourrait jamais commettre un tel geste.

Plus grave encore : même si on ne veut pas retenir le témoignage de William Turner sur les deux grosses enveloppes que lui aurait confiées Casolaro et qu'il aurait restituées au journaliste quelques heures avant sa mort, les indications d'Olga, la femme de ménage, sont plus difficiles à écarter. Qu'est donc devenu le gros sac noir bourré de dossiers que Dany Casolaro avait emporté ? La réponse policière consiste à dire que le journaliste aurait cherché à maquiller son suicide en assassinat pour accréditer la thèse qu'il voulait voir triompher. N'est-ce pas renverser la charge de la preuve ? Car, enfin, d'autres anomalies auraient pu être relevées par les enquêteurs. Pour un homme atteint de loghorrée et qui couvrait de notes cahier sur cahier, son dernier message est particulièrement laconique. Et quel étonnement de le voir évoquer Dieu, lui qui s'était toujours affirmé agnostique ! Sans doute faut-il admettre qu'à l'instant suprême, Dany Casolaro avait modifié ses comportements, au point même de plier des vêtements que, toute sa vie, il avait laissés traîner en boule.

La police ne s'est pas préoccupée des serviettes ensanglantées, ayant vraisemblablement servi de serpillières, remarquées par Barbara Bittinger lorsqu'elle avait été alertée par l'une des femmes de chambre du Sheraton. Ernie Harrison, un des employés de Le Scrub, la société qui s'était chargée du nettoyage de la chambre 517, a confirmé la présence de ces serviettes, qu'il se souvenait avoir ramassées. N'est-il pas étrange, pour un homme en train de se suicider dans une baignoire, d'avoir le souci d'éponger le sol ?

La seule analyse toxicologique effectuée, et qui a pu être affectée par l'embaumement, fait apparaître une forte quantité d'alcool dans le sang de Casolaro. En outre, des résidus de diverses substances chimiques ont été observés, dont un produit proche de la codéine, la Vicodine. Certes, Dany Casolaro s'en était vu fournir six cachets par son dentiste, mais en... 1988 ! La présence de Tricyclic a également été décelée, or aucune prescription de cet antidépresseur fourni uniquement sur ordonnance, ni la moindre trace de son achat par le journaliste n'ont été retrouvées dans les affaires de Dany Casolaro.

VII

La NSA

25 juin 1991 – Ce n'est pas sans lassitude que Bill Hamilton ouvre le dossier déposé sur son bureau et faisant le point de l'enquête sur le vol de Promis. Sur le dessus de la pile est placé un article du service économique du *Globe and Mail* de Toronto. Machinalement, le patron d'Inslaw jette un œil sur la signature : Lawrence Surtees, puis sur la date : 28 mai 1986. Quelle efficacité ! Il va devoir parcourir un article d'il y a cinq ans...

L'auteur relate que la plus importante et la plus secrète des agences de renseignements américaines, la NSA (National Security Agency), qui possède ses propres puces électroniques, vient d'acquérir, pour en développer la production, la Promis Systems Corp., une unité récemment créée par IP Sharp Associates Ltd, société basée à Toronto. Promis, précise le journal canadien, est déjà basé à Santa Clara (Californie) et vend ses logiciels depuis deux ans.

Bill Hamilton, songeur, se remémore les événements de 1986. A l'époque, Inslaw était au bord de la faillite. A l'évidence, ceux qui, au sein de l'administration fédérale, l'y poussaient utilisaient déjà sans précaution le nom de Promis, convaincus que le problème de sa propriété industrielle serait réglé du fait de la disparition d'Inslaw. Plus intéressant encore, l'article du *Globe and Mail* met en évidence le fait qu'en dépit de la récession affectant à l'époque l'industrie des semi-conducteurs, Promis, selon son responsable Don Smith, a été l'unité d'IP Sharp ayant connu la plus forte croissance. Le journal canadien ajoute : « La compagnie est bien placée pour une croissance future grâce au nouveau logiciel qui relie des ordinateurs situés dans des lieux différents ; grâce à une version compatible IBM ; grâce à un accord au Japon et à un contrat avec l'agence d'espionnage. »

Le *Globe and Mail* se montre précis : « La NSA est un bras indépendant du ministère de la Justice américain qui gère toutes les communications et les activités électroniques du gouvernement américain. Pour espionner électroniquement les communications des pays étrangers et des individus, l'Agence doit casser leurs codes. La NSA développe aussi et protège les codes américains. En raison de la complexité des tâches, l'Agence a longtemps été un sponsor pour les recherches avancées en informatique et en communication. Bien des activités de la NSA en matière d'encodage ou de décodage, qui sont réalisées par des ordinateurs, peuvent maintenant être améliorées par de nouvelles générations de micro-puces très puissantes et très rapides. Les codes sont créés sur des formules mathématiques, pour les casser, il faut répéter des combinaisons des millions de fois. L'augmentation de puissance et de mémoire des nouvelles puces permet d'y placer des logiciels de cryptage.

« "Par souci de sécurité, la NSA a développé et fabriqué sa propre puce", explique M. Smith. Le logiciel Promis a été amélioré afin de permettre plus de recherches intelligentes à partir des flots d'informations gérés par la NSA. “Notre logiciel traquera tout matériel quel que soit son état”, dit-il. [...]

« Parmi les clients de Promis, on trouve American Telephone & Telegraph de New York, General Electric de Fairfield (Connecticut), International Business Machines Corp. de Armok (New York), LST Logic Corp. de Milptas (Californie), Rockwell International Corp. de Pittsburgh (Pennsylvanie) et Texas Instruments Inc. de Dallas. Malgré la récession des semi-conducteurs, les revenus de Promis sont passés à 5,9 millions de dollars en 1985 contre 3 millions en 1984, soit plus de 10 % du revenu d’IP Sharp (55 millions), affirme Douglas Scott, le président de Promis. “Parmi nos concurrents, les quatre cinquièmes ont déserté le marché, soit en raison de la récession, soit parce qu’ils n’ont pas la compétence voulue”, ajoute-t-il. Cela laisse Promis face à Consilium Associates Inc., de Moutain View en Californie. [...]

« Promis a lancé deux nouvelles versions de son logiciel au début du mois et M. Smith croit qu’elles viendront à bout du scepticisme quant à l’avenir de sa compagnie. Une version fonctionnera sur de l’équipement IBM. Auparavant, Promis ne tournait que sur des machines fabriquées par Digital Equipment Corp. de Maynard (Massachusetts). La seconde modification, la version 4.1, reliera des équipements situés en plusieurs lieux. “Il acceptera à la fois du matériel IBM et DEC, quelle que soit leur combinaison ou le pays où ils trouvent”, dit M. Scott. La plupart des nouveaux clients souhaitent relier des équipements distincts, ce qui entraîne une augmentation des gros contrats. M. Scott prédit une augmentation du revenu pour 1986 de près de 50 %, comme l’année précédente.

« Promis fait son chemin en Europe et en Asie. La

compagnie a signé un accord de distribution avec Tokyo Electron Ltd of Japan. Avec cent quatre-vingt-dix-huit ventes pour 530 millions de dollars, TEL est le troisième plus gros fabricant de semi-conducteurs du monde. TEL et Promis ont adapté le logiciel pour qu'il fonctionne sur des terminaux japonais. Cette version sera commercialisée cet été. TEL se sert du logiciel Promis et son usine est à Yokohama. »

Bill Hamilton repose la coupure. Des années de procédures n'ont pas émoussé son indignation. En 1986, il existait donc une société canadienne baptisée Promis et officiellement chargée de commercialiser un logiciel qui ressemble étrangement au sien : même nom, mêmes fonctions et tournant surtout sur les mêmes machines, des DEC au début puis des IBM à partir de 1982. Inslaw a effectivement développé une version pour les grosses plates-formes IBM puis, après l'entrée d'IBM dans son capital, remis à la multinationale informatique une version prévue pour des installations plus petites, les AS 400. Surtout, Hamilton a relevé avec effarement que son logiciel a été intégré au sein des micro-puces fabriquées par la NSA. Il y voit une confirmation supplémentaire du rôle majeur joué par la NSA dans cette affaire.

Ce n'est pas à Bill Hamilton qu'il faut expliquer la puissance de cette agence fédérale : il y a fait ses classes. Discrète autant que la CIA est publique, la NSA est, bien plus que sa trop célèbre rivale, un Etat dans l'Etat. Son siège de Fort Meade occupe une superficie équivalant à celle de Langley et du Capitole réunis. Dans cette véritable ville miniature, avec ses bars, ses restaurants, son bureau de poste, son école et même une petite cité dortoir, des spécialistes traquent jour et nuit les signaux électroniques émis sur la planète. Officiellement, la NSA emploie vingt-six mille salariés mais on estime, en réalité, qu'elle mobilise quelque deux cent mille correspondants, à partir de ses quatre mille bases disséminées sur le globe, des îles Aléoutiennes au désert australien. Le satellite Rhyolite capte pour elle les micro-ondes sur les territoires russes et chinois. Les avions espions et les capacités d'écoute des autres services américains – CIA et services d'espionnage électronique de la Marine et de l'armée de l'air – peuvent être mis à son service. Si la plupart des stations de l'Agence nationale de sécurité couvrent, comme aux Chicksands en Grande-Bretagne, une bonne quinzaine d'hectares afin que soient déployées les gigantesques antennes Wullenweber, d'autres tiennent dans un camion. Grâce à ce dispositif, la NSA fournit, à elle seule, 80 % des données emmagasinées par les divers services de renseignements américains. Tout ce qui peut être écouté doit l'être : communications téléphoniques, télégrammes diplomatiques, consignes militaires, échanges entre ordinateurs, signaux radars, émissions satellites... Et qu'importe que l'émetteur soit un allié. Pendant la crise de Suez en 1956, bien que les Britanniques (comme les Australiens) accueillent officiellement une base de la NSA, les Etats-Unis les ont écoutés sans retenue afin de contrer leurs initiatives. Il est vrai que depuis le mémorandum d'Eisenhower en 1953, la position des Américains est claire : rien ne doit limiter la capacité d'investigation des Etats-Unis et les informations secrètes ne sont communiquées aux alliés que si cette diffusion sert les intérêts de Washington.

L'avalanche des messages captés par la NSA s'abat sur Fort Meade où de puissants ordinateurs aux logiciels top-secret s'efforcent d'inventorier, classer et sélectionner la manne. La légende veut que ce super-service d'espionnage dispose non seulement des ordinateurs les plus rapides et les plus puissants actuellement disponibles, mais qu'en outre ses techniciens soient parvenus à mettre au point un système de réfrigération évitant la surchauffe des appareils et améliorant encore leur rendement.

Ce n'est qu'en 1975 que l'opinion a découvert l'existence de cette monstrueuse entreprise. A cette date, en effet, les Américains, stupéfaits, apprennent que, dans le cadre d'une opération Shamrock, la totalité des télégrammes et télex qui sortaient des Etats-Unis était interceptée par la NSA. L'émotion est d'autant plus grande que, depuis Harry Truman, aucun des Présidents qui se sont succédé, quarante ans durant, à la Maison-Blanche n'avait été informé de ce « détail » ! Quelques mois plus tard, on apprenait que, durant la guerre du Viêt-nam et sous le nom de code Minaret, la NSA avait écouté systématiquement de nombreuses conversations de personnalités américaines, dont Jane Fonda, au nom de l'identification d'un hypothétique « ennemi de l'intérieur ».

Indépendamment de ses actions dans le domaine du renseignement, la NSA est également partie prenante dans l'avance technologique des Etats-Unis en matière de supports magnétiques et dans le développement de cette branche industrielle. De la poupée parlante à la disquette glissée dans un ordinateur individuel en passant par la musique à la mode diffusée sur un baladeur, chacun de ces objets dérive des premières cassettes mises au point dans les années 60 par les ingénieurs de la NSA dans le but d'obtenir un accès plus rapide aux bandes indiscrètes. Puis les millions de dollars de la NSA soutinrent les premiers pas d'une industrie américaine d'ordinateurs à l'époque dépourvue de clients. Le *Baltimore Sun*, dans une série d'articles consacrés à l'Agence, raconte par exemple :

« La plus grosse contribution de la NSA à l'avancée de la technologie se situe incontestablement aux débuts de l'informatique. Dans les années 50, les "machines informatiques" semblaient encore un objectif lointain. Les casseurs de codes admettaient toutefois que même un ordinateur primitif dépasserait les humains dans la recherche des séries aléatoires de nombres et de lettres destinées à déchiffrer des messages codés.

« Au début était Abner, un monstre volumineux développé par l'Agence de sécurité de l'armée et cédé à la NSA au moment de la création de l'Agence en 1952. "Abner ne payait pas de mine", se souvient Samuel S. Snyder, quatre-vingt-trois ans, un casseur de codes à la retraite qui a écrit plusieurs articles sur la NSA et les ordinateurs. "Mais c'était l'ordinateur le plus sophistiqué de l'époque."

« Baptisé du nom du personnage de bande dessinée *Li'l Abner* – "un gars grand et costaud qui ne sait rien" –, l'ordinateur des premiers casseurs de codes avait un cerveau constitué de tubes vides et une mémoire de fioles de mercure. Il était énorme, "de la taille de ces deux pièces", dit M. Snyder en montrant le salon et la salle à manger de sa maison de Silver Spring. "La machine a fonctionné, ainsi qu'une copie construite par les ingénieurs, pendant huit ans, se souvient M. Snyder, mais nous n'avons jamais pris de photo de la chose."

« A la fin des années 50, la NSA avait installé Bogart et Solo, les premiers ordinateurs "bureau", dit M. Snyder. Non des micro-ordinateurs de bureau, mais "une machine-bureau car elle pouvait tenir dans un bureau".

« Travaillant avec IBM, la NSA a financé Harvest, un ordinateur doté de transistors livré en 1962, cent fois plus rapide que tout ce qui existait sur le marché. Alors que Harvest était encore en construction, la NSA a lancé un projet appelé Lightning, qui permit à Sperry Rand, RCA, IBM, Philco et General Electric de recevoir des millions de dollars afin de financer la recherche sur les semi-conducteurs et les circuits à haute vitesse. “Nous étions toujours en avance pour ce qui était du nombre d'ordinateurs et de leur puissance.”

« Au milieu des années 60, les ingénieurs de la NSA ont financé certains des premiers super-ordinateurs conçus par Seymour Cray, qui avait appris à construire des ordinateurs-casseurs de codes dans les années 50. Le premier super-ordinateur de Cray a fait ses débuts dans un sous-sol de la NSA en 1976.

« Durant les deux dernières années, la NSA a commencé à promouvoir environ 40 % de ses inventions pour des adaptations commerciales, dont des appareils capables de reconnaître les visages et les empreintes digitales, ainsi que des logiciels multimédias d'apprentissage des langues, élaborés sur des comédies de trente minutes. Elle a déjà commercialisé auprès de onze sociétés une méthode de gestion des ordinateurs à grande vitesse baptisée Splash. Aujourd'hui, un casseur de codes de la NSA, prêté à l'école médicale John-Hopkins, explore comment les techniques de l'Agence peuvent contribuer à casser l'ultime code, l'ADN, les plans génétiques de la vie. L'Agence étudie avec les astronomes de l'université de Californie comment ses spectres radio peuvent quadriller l'univers afin de rechercher une vie extraterrestre, selon Dennis J. Sysko, un ancien ingénieur de la NSA qui dirige le nouveau programme de transferts de technologies.

« Même si la plupart des technologies de l'Agence restent secrètes, le désir de la NSA de partager certaines de ses inventions avec le secteur privé constitue une brèche dans sa traditionnelle armure. "Les connexions sont beaucoup plus évidentes maintenant, depuis que tout le monde est dans l'âge de l'informatique, dit M. Sysko. Après tout, nous sommes dans l'âge de l'information depuis trois décennies." »

La puissance technologique de la NSA comme son rêve permanent de contrôler l'ensemble des messages qui s'échangent sur la planète sont apparus au grand jour lorsque Bill Clinton a proposé au Congrès d'installer sur chaque appareil de communication aux Etats-Unis (téléphone, ordinateur, fax...) une puce fabriquée par la NSA et appelée Clipper. Censée protéger la transmission des données, Clipper intéresse au premier chef les services secrets et la police puisqu'elle enregistre systématiquement toute conversation. En imposant la « Clipper chip », l'administration Clinton prétendait lutter contre la criminalité, en permettant aux forces de l'ordre d'avoir régulièrement accès aux conversations téléphoniques les plus secrètes. Après un an de vigoureux débats, le Sénat a rejeté la directive.

Si, concrètement, ce veto parlementaire interdit d'équiper de la puce Clipper les appareils de communication vendus aux Etats-Unis, l'administration fédérale l'a installée sur un certain nombre de ses équipements. Bill Hamilton suit de près ce dossier car tout ce qui touche la NSA le mobilise désormais.

Un de ses informateurs au sein de l'administration

fédérale lui a en effet expliqué que l'Agence ne se contentait pas de diffuser des versions piégées de Promis mais que le logiciel créé par Inslaw se trouvait à présent associé à du hardware, c'est-à-dire à de gros ordinateurs au sein desquels les informaticiens de la NSA ont introduit une puce Smart[1], une puce intelligente baptisée Petrie. Cette puce a pour fonction d'enregistrer régulièrement les données gérées par Promis puis de les expédier, via des satellites de communication géostationnaires, au siège de la NSA. Bref, il s'agit d'un véritable Watergate planétaire.

La réalité de cette opération d'espionnage à l'échelle mondiale a été confirmée à Bill Hamilton par une de ses relations, une jeune femme qui, après avoir travaillé un temps pour la CIA, a monté sa propre société opérant sur l'Extrême-Orient. Au cours d'un dîner avec Bill Hamilton, elle lui a raconté : « Il est vrai que nous avons, dans le monde entier, truffé les ordinateurs avec la puce Petrie. Et quand le matériel n'a pas été préalablement équipé, la NSA dispose d'équipes capables d'intervenir en un temps record sur tout type d'ordinateur afin d'y connecter Petrie. »

Par une troisième source – un ancien collègue de la NSA – le patron d'Inslaw apprend que les puces Smart sont fabriquées dans un établissement de la Silicon Valley, contrôlé par la NSA, et qu'elles sont placées sur les ordinateurs à Hendron, dans les chaînes d'assemblage de la General Electric. Les ordinateurs piégés sont

1. Smart, pour Special Management Automate Resoning Tools (instruments spéciaux de contrôle automatique par résonance). En américain, *smart* signifie également piquant, élégant, mais aussi intelligent.

ensuite acheminés vers l'aéroport Dulles de Washington d'où ils s'envolent vers le pays destinataire.

En dépit de ces sources convergentes qui expliquent l'ampleur de l'opération pour laquelle le contrôle de Promis était indispensable à l'administration fédérale – et donc l'élimination d'Inslaw nécessaire –, Bill Hamilton souhaite recouper le plus possible les éléments dont il dispose. Que la CIA laisse filtrer des informations pouvant nuire à la NSA ne le surprend pas. Par expérience, il connaît les rivalités qui opposent les multiples agences fédérales et la difficulté que le pouvoir rencontre pour les faire coopérer. La guerre de tranchées que se livrent la NSA et la CIA est de notoriété publique. Ce qui ne veut pas dire qu'elles ne puissent jamais travailler ensemble.

Bob Woodward, le célèbre journaliste du *Washington Post*, raconte dans un ouvrage consacré à Bill Casey[1] que le très controversé directeur de la CIA dans les années 80 fut le premier à bénéficier de la querelle entre les deux agences qui culmina durant l'administration Carter.

« A l'époque, la NSA et la CIA étaient encore relativement indépendantes, explique Bob Woodward, et leurs opérations d'espionnage électronique à l'étranger se chevauchaient souvent. La CIA avait mis au point un petit groupe, une élite appelée "Division D", qui comptait au moins cent employés. D'une manière générale, la NSA interceptait toutes les communications qui passaient par la voie des airs et les gens de la "Division D" piégeaient les téléphones ou installaient des micros. Sau-

1. Veil, *The Secret Wars of the CIA (1981-1987)*, Simon & Chuster, 1987.

tant de pays en pays, d'ambassade américaine en ambassade américaine, la "Division D" prit le risque d'entrer par effraction dans des bureaux de gouvernements étrangers pour installer des équipements d'écoute.

« En 1978, la rivalité entre la CIA et la NSA dans le domaine de l'espionnage électronique n'était plus contrôlable. En réponse, la commission de surveillance du Congrès coupa les fonds destinés à l'espionnage électronique de la CIA, entraînant une fusion des efforts de la CIA et de la NSA au niveau des ambassades.

« Vers la fin 1983, des groupes communs CIA-NSA travaillaient dans un tiers des ambassades américaines à l'étranger. Généralement formées de deux ou trois personnes, ces équipes étaient des plus secrètes, très compartimentées, alliant le savoir-faire technique du personnel de la NSA et l'habileté de la CIA. Baptisées Special Collection Elements ou Special Collection Sites, ces équipes fournissaient de très bons renseignements, tout spécialement quand l'ambassade était bien située, c'est-à-dire près des ministères des Affaires étrangères ou de la Défense, ou des résidences officielles des pays hôtes[1]. Ces Special Collection Sites étaient particulièrement efficaces dans les pays de l'Est. Le secret de leurs succès : la technologie de pointe.

« La CIA et la NSA ont développé des techniques difficilement imaginables. L'espionnage électronique n'a rien à voir avec les films ou les livres d'espionnage ; les lignes téléphoniques ou les bureaux peuvent être écoutés ou piégés sans intrusion physique ni branchement.

1. Ce qui est le cas à Paris, où l'ambassade américaine est voisine de la présidence de la République et du ministère de l'Intérieur. *(N.d.A.)*

Les conversations peuvent parfois être captées à partir des fenêtres grâce à la mesure électromagnétique des vibrations sur les vitres à l'aide d'un petit rayon invisible. Envoyé par un émetteur à 300 mètres de la fenêtre, le faisceau rebondit en faisant un angle très aigu, avant d'être amplifié par un récepteur à plusieurs centaines de mètres de là. A la fin des années 70, les services de renseignements américains ont découvert qu'une banale pastille-micro d'un téléphone raccroché transmettait néanmoins de petites impulsions convertibles en sons. Il suffit d'avoir accès aux lignes téléphoniques et de posséder l'équipement perfectionné indispensable pour que le téléphone de chaque pièce se transforme en micro-espion potentiel.

« Les sites spéciaux CIA-NSA au cœur de dizaines d'ambassades fournissaient des informations de plus en plus valables, non seulement en raison des progrès de la miniaturisation mais aussi à cause des demandes répétées de Bill Casey. "Pourquoi ne surveillons-nous pas ce type ?" demandait-il. Il voulait une réponse et n'oubliait généralement pas qu'il avait posé une question. Au fil des ans, il devint évident que la seule réponse acceptable était : l'espionnage électronique. »

Début juillet 1993 – La roseraie de la Maison-Blanche est enchanteresse. Les diverses variétés rivalisent d'éclat en cette lumineuse journée. Un chœur entonne un air classique pour le plaisir des invités qui se pressent sur le balcon Truman, au-dessus des parterres de fleurs. Hillary Clinton reçoit. Bien que la température n'ait rien d'excessif, de grands verres de thé glacé, couronnés d'une rondelle de citron et d'une feuille de menthe, encombrent les plateaux. La First Lady suit d'un œil inquiet un homme en costume à fines rayures qui se déplace de groupe en groupe, saluant l'un, écoutant l'autre, souriant par-ci, tapant sur une épaule par-là. Et pourtant, Hillary Clinton lui trouve l'air absent, préoccupé. Serait-ce parce que sa famille a quitté Little Rock (Arkansas) pour le rejoindre à Washington, mettant ainsi un terme à la vie de célibataire qu'il menait depuis le début de l'année ? Hillary en doute. Elle se souvient que lors de l'anniversaire de Laura, sa fille, Vince Foster semblait si détendu... Les Clinton avaient invité Vince et son épouse Lisa, ainsi que leurs trois enfants – Vincent, Laura et Brugh – à une séance de cinéma à la Maison-Blanche et tous paraissaient heureux de s'être retrouvés. Sans doute doit-elle attribuer aux lourds dossiers qui lui incombent le côté somnambule dont fait montre aujourd'hui ce vieux compagnon de la famille présidentielle.

Vince Foster est en effet, à quarante-sept ans, l'un des personnages les plus puissants de l'entourage présidentiel. Amis d'enfance, le Président et lui étaient voisins et se connaissent depuis toujours. Ensemble, ils ont construit la carrière politique de Bill, assuré son élection comme procureur général de l'Arkansas en 1976, gouverneur en 1980, enfin président des Etats-Unis en 1992. Vince Foster a su, en outre, tisser des liens étroits avec Hillary. Ils travaillèrent naguère ensemble au cabinet d'avocats Rose Law Firm de Little Rock. Foster, tout naturellement, s'est chargé de gérer les affaires du couple. C'est lui qui a supervisé la vente des titres de la société Whitewater Development Corp. que les Clinton possédaient. Cette firme immobilière créée en 1979 par James et Susan McDoual et Bill et Hillary Clinton, dotée d'un capital de 200 000 dollars, possédait un terrain de 230 acres le long de la rivière White. Apparemment, l'investissement était absurde, le premier commerce est à plus de cent kilomètres et aucune route ne conduit au lotissement. Plusieurs prêts étranges autour de cette parcelle donnent naissance au scandale dit du Whitewater. A partir de cette opération commerciale déficitaire pour les époux Clinton, toute une série d'affaires est exhumée : financements illégaux des campagnes électorales, fraudes fiscales, banqueroute frauduleuse dans le cadre du vaste scandale des caisses d'épargne S & L, trafics d'armes et de drogue en relation avec la CIA, le tout pimenté d'une impressionnante série de « morts mystérieuses ».

Depuis que les Clinton se sont installés à la Maison-Blanche, Vince Foster est l'avocat adjoint de la présidence et, à ce titre, il consacre une bonne partie de son temps à tenter de limiter les conséquences du fiasco Whitewater.

En ce début juillet, Vince Foster a de gros soucis. Son assistante, Deborah Gorham, s'inquiète. Elle le trouve déprimé, peu ardent au travail, lui qui, d'ordinaire, ne semblait vivre que pour ses dossiers. Le 1er juillet, il lui a fait prendre un billet Washington-Genève sur la TWA avec correspondance sur la Swissair, mais le 8 il annulait. Foster est un habitué des transports aériens. Les cartes de fidélité qu'il possède auprès de diverses compagnies prouvent qu'en une dizaine d'années, ses vols lui ont valu d'accumuler un nombre impressionnant de bonifications. Il effectue la navette entre les Etats-Unis et la Suisse avec une apparente régularité. Déjà, le 1er novembre 1991, durant la phase préliminaire de la campagne présidentielle de

Bill Clinton, il avait emprunté un vol American Airlines de Little Rock à Paris, puis la Swissair entre la capitale française et Genève avec un retour dès le 3 novembre, ce qui ne lui avait laissé guère plus d'une journée sur le territoire helvétique. Un an plus tard, même saut de puce Little Rock-Paris-Genève et retour entre le 7 et le 9 décembre 1992, c'est-à-dire durant la période de transition précédant l'entrée en fonctions du nouveau Président. Enfin, ce début juillet aurait dû être l'occasion d'un nouveau voyage éclair vers la Suisse mais il a été annulé.

15 juillet 1993 – Vince Foster a embarqué toute sa tribu pour un week-end sur les rives est du Maryland. Cela fait des années qu'ils ne se sont pas offert un moment de détente en famille. Pour autant, l'avocat adjoint de la Maison-Blanche n'oublie pas les soucis qui le hantent. Il a demandé à sa sœur, haut fonctionnaire au ministère de la Justice, de lui trouver un « psy » fiable. Il sent la dépression le guetter et a besoin d'aide, mais compte tenu de la nature des préoccupations qui le rongent, il ne tient pas à ce que ses confidences aboutissent dans les colonnes des journaux, voire devant un tribunal.

16 juillet 1993 – La sœur de Foster a trouvé l'oiseau rare. Le « psy » qu'elle a sélectionné accepte de recevoir Vince. « Il attend ton appel », précise-t-elle à son frère. L'avocat ne se manifestera pas.

19 juillet 1993 – Vince Foster est rentré dîner chez lui, un geste si rare qu'il prend des allures d'événement. A

19 h 45, tout le monde est autour de la table, prêt à attaquer les escalopes, lorsque le téléphone sonne. Le président des Etats-Unis souhaite parler à son ami. En réalité, Bill Clinton invite simplement Vince à revenir à la Maison-Blanche pour assister à une projection du dernier film de Clint Eastwood, *Dans la ligne de mire*, qui met en scène une tentative d'assassinat du... président américain. Vince préfère rester en famille. La conversation se prolonge toutefois et les deux hommes conviennent de se rencontrer dans quarante-huit heures.

20 juillet 1993 – Foster n'a pas quitté la maison aux aurores. A l'inverse de ses habitudes, il prend son temps, attend que son fils, Vincent Junior, et sa fille Laura soient prêts afin de les déposer avec sa voiture, le premier à une station de métro, la seconde à son travail. Vince semble d'excellente humeur. Laura a rarement vu son père aussi enjoué, décontracté. Ils parlent de l'arrivée, le jour même, de Sharon Bowman et de sa fille Mary. L'avocat a prévu de leur faire visiter Washington avant de les inviter à déjeuner au mess de la Maison-Blanche.

A 18 h 03, un appel anonyme parvient à la police locale de Washington : il y a un cadavre dans un parc à la périphérie de la ville. Dix minutes plus tard l'inspectrice Cheryl Braun, de la police des parcs, est dépêchée sur place et constate que la victime a eu le crâne fracassé par une balle, probablement de calibre 38. Elle identifie le cadavre comme étant celui de Vincent W. Foster, White House Deputy Counsel. Son véhicule, une Honda Accor, est repéré à proximité. Sur le siège avant se trouve un laissez-passer délivré par la Maison-Blanche aux environs de 18 heures.

A partir de cette découverte, deux versions se contredisent.

Un agent de la police d'Etat de l'Arkansas, Roger Perry, en service au domicile du gouverneur, déclare qu'aux environs de 18 h 15, heure de Washington DC, une employée de la Maison-Blanche, Helen Dickey, a téléphoné au gouverneur pour l'informer du décès de Vince Foster. « Elle avait l'air hystérique, a-t-il précisé. Elle pleurait. Elle était bouleversée. Elle m'a dit que Foster était sorti de son bureau pour aller au parking prendre sa voiture et qu'il s'était tiré une balle dans la tête. » La nouvelle fait immédiatement tache d'huile dans le fief de la victime comme du Président. Perry prévient un de ses collègues, Larry Patterson, ainsi qu'un ancien chef de la police de l'Arkansas, Lynn Davis.

Pourtant, ce témoignage ne correspond pas à la version officielle selon laquelle la Maison-Blanche n'aurait été prévenue qu'à 20 h 30 de la découverte du cadavre de l'avocat. Cc délai de plus de deux heures résulterait d'un dysfonctionnement. Cheryl Braun aurait demandé à un de ses collègues, non identifié, d'alerter le Secret Service qui a en charge la sécurité de la présidence. Ce collègue aurait oublié et c'est l'inspectrice qui aurait elle-même passé l'appel avec retard, aux environs de 19 h 30.

Comment, même dans ce cas, expliquer que le Secret Service estime, lui, n'avoir été prévenu qu'à 20 h 30 ?

Comment expliquer également que le premier rapport rédigé par le Secret Service mentionne que le cadavre a été découvert « dans sa voiture » ?

21 juillet 1993 – Depuis quarante-huit heures, le FBI est doté d'un nouveau directeur : Flo Clarke, un haut responsable du Bureau chargé d'expédier les affaires courantes dans l'attente d'un nouveau patron. William Sessions, son prédécesseur, a été remercié à la demande de la Maison-Blanche pour n'avoir pas su tenir ses enquêteurs dans les différents scandales qui éclaboussent le président Clinton, son épouse et leur entourage. Le FBI aurait pu se saisir du dossier Vince Foster, mais Flo Clarke, prudent, préfère adopter un profil bas et ne pas revendiquer cette affaire.

Déjà, des enquêteurs du FBI, accourus sur les lieux peu après la découverte du cadavre, ont recueilli des témoignages qui posent problème. Un témoin affirme avoir vu un homme « torse nu » au volant de la voiture de Foster peu avant la découverte du corps. Un autre parle d'un barbu aux longs cheveux blonds qui attendait près du véhicule. Il semble urgent que le FBI se tire des flûtes.

L'équipe paramédicale qui a été chargée d'évacuer le cadavre s'est déclarée surprise par l'absence de sang sur place, surtout compte tenu de la nature des blessures crâniennes. Corey Ashford, qui a participé à la mise en sac, en témoigne, ainsi que son collègue Roger Harrison qui souligne ne se souvenir d'aucune trace de sang ni sur Foster ni sur ceux qui manipulèrent le corps.

Richard Arthur, « technicien médical » à l'hôpital de Fairfax, présent sur les lieux lors de la découverte du corps, précise qu'il a relevé une blessure sur le côté droit du cou de Foster, juste sous la mâchoire, à mi-chemin de l'oreille et de la pointe du menton. Le trou s'apparentait à celui que peut provoquer une balle de petit calibre.

Les enquêteurs n'ignorent pas que les tueurs à gages utilisent volontiers des calibres 22 pour abattre leurs victimes à bout portant, car il s'agit d'armes silencieuses et d'un maniement aisé. Ces calibres provoquent de petites perforations.

Le corps de Vince Foster est confié, en vue de son embaumement, à une entreprise d'Arlington (Virginie), dirigée par Robert J. Murphy. Il s'agit d'une société très liée au ministère de la Défense puisqu'elle a été notamment chargée de fournir des « couvertures » pour les cadavres de certains agents secrets tués en mission.

Une fois traité, le corps de l'avocat est transféré à Little Rock où il est réceptionné par la société de pompes funèbres Reubel Funeral Home. Le directeur de cette entreprise, Tom Wittenberg, remarque qu'aucune blessure correspondant à la sortie de la balle n'est apparente sur le cadavre. La même constatation avait été faite, à Washington, par Richard Arthur et par le Dr Julian Orenstein, qui travaille lui aussi à l'hôpital de Fairfax et qui a pourtant cherché cette trace en soulevant le cadavre par les épaules.

Ces témoignages contredisent formellement le rapport officiel d'autopsie qui affirme qu'en ressortant du crâne, la balle a creusé un trou d'environ un centimètre carré. Le fragment du crâne correspondant n'a jamais été retrouvé sur les lieux.

L'enquête officielle, authentifiée par la police de Washington et approuvée par la Maison-Blanche, conclut au suicide de Vince Foster. Outre l'absence de traces de lutte sur les lieux et le fait que le corps de l'avocat ne portait pas d'autres blessures que celle provoquée par le coup de feu, les enquêteurs se fondent sur un billet retrouvé dans le bureau de Foster sur lequel était écrit : « Je n'étais pas fait pour ce travail ni pour être sous le feu des projecteurs de la vie publique à Washington. Ici, ruiner la vie des gens est considéré comme un sport. »

Il convient de remarquer d'une part que ce billet était déchiré en vingt-deux morceaux, d'autre part qu'il n'est apparu que plusieurs jours après une première fouille du bureau de l'avocat. Les premières investigations n'avaient rien donné. Enfin, aucune empreinte n'a été relevée sur le papier.

Avril 1995 – Lors d'une garden-party, Nancy et Bill Hamilton sont présentés par une de leurs amies à une femme qui travaille au service informatique de la CIA. Constatant leur gêne, cette dernière les rassure aussitôt : « Vous êtes les propriétaires d'Inslaw ? Je connais bien votre logiciel, Promis. Je travaille régulièrement avec. Depuis un an, on peut même dire que vous m'avez fait voyager. »

Face à l'incompréhension manifeste des Hamilton, l'officier de la CIA explique qu'elle est chargée d'adapter le logiciel aux ordinateurs disséminés dans les ambassades américaines à travers le monde et protégés des indiscrets par des enceintes anti-radiations baptisées SCIF (Sensitive Computer Information Facilities). Naguère de type Wang VS, ce parc d'ordinateurs, utilisés non seulement par le Département d'Etat mais encore par les autres agences et services fédéraux comme le Pentagone, la NSA et la CIA, est progressivement remplacé par des PC compatibles IBM. Cette mutation constitue un véritable casse-tête pour les informaticiens puisqu'ils doivent transférer les programmes et les données stockées dans les disques durs des Wang VS sur les PC.

« Vous savez, raconte l'informaticienne de la CIA, lorsque nous chargeons votre logiciel, le sigle d'Inslaw apparaît.

– Celui-ci ? demande Nancy en présentant à leur interlocutrice une carte de visite ornée d'une silhouette humaine fondue dans la balance de la Justice.

– Tout à fait. D'ailleurs, j'ai dit que votre sigle apparaît, j'aurais dû dire : apparaissait. Depuis quelques mois, les mentions Promis qui figuraient sur les ordinateurs du quartier général de Langley ont été supprimées. Y aurait-il du nouveau dans votre affaire ?

– La bataille juridique se poursuit. Un nouveau procès va s'ouvrir. »

Mai 1995 – Comme Bill Hamilton ne cesse de recevoir ainsi, de la part d'employés ou d'anciens employés des agences fédérales, la confirmation que son logiciel est devenu la coqueluche du monde du renseignement américain, il décide d'engager comme consultant un ancien officier de renseignement de l'US Air force. Pour parvenir à pister Promis, la principale difficulté consiste à trouver des acteurs acceptant de témoigner. Comme la plupart des applications du logiciel sont classées top secret ou, pire, SCI (Sensitive Compartmented Information), les fonctionnaires qui accepteraient de parler prendraient le risque de perdre leur accréditation auprès des services secrets, voire leur travail.

Le consultant d'Inslaw est sur la trace d'un nouvel usage illégal de Promis. Selon un de ses informateurs, le logiciel serait utilisé par Lockheed, la firme d'aéronautique qui construit notamment les bombardiers furtifs. Informé, Bill Hamilton imagine d'abord que Promis sert à la gestion des stocks.

16 juin 1995 – L'administration Clinton est toujours minée par les scandales. Complétant une première contre-enquête sur la mort de Vince Foster réalisée pour le *New York Post*, le journaliste Christopher Rudd publie dans le *Pittsburgh Tribune Review* une synthèse des incohérences de la version officielle. En travaillant avec des experts, il a même découvert une nouvelle aberration. Pour se suicider, l'ami de Clinton aurait dû faire feu en tenant l'arme à deux mains, ce qui se révèle pratiquement impossible compte tenu de l'angle d'entrée de la balle. De surcroît, le Colt produit un recul important. Si l'avocat avait tiré après avoir placé le canon dans sa bouche, ce mouvement aurait dû provoquer des lésions sur les dents et les gencives, or rien de tel n'a été constaté.

Christopher Rudd souligne également que le laboratoire de police scientifique n'a trouvé aucune trace de terre sous les chaussures de Vince Foster, alors qu'il est censé avoir parcouru plusieurs centaines de mètres dans le parc avant de parvenir à l'endroit où il se serait suicidé. En revanche, le laboratoire, en analysant les traces de sang sur le visage du cadavre, en déduit qu'après la mort, la tête a pris quatre positions différentes. Enfin, le laboratoire a identifié sur les vêtements de Foster des fibres provenant d'un tapis que personne ne s'est donné la peine de chercher à identifier.

26 juillet 1995 – L'assistante personnelle de Vince Foster, Deborah Gorham, est entendue par la commission sénatoriale d'enquête créée en raison du trouble suscité par le décès suspect de son patron. Elle raconte que, peu avant sa mort, l'avocat de la Maison-Blanche lui avait demandé de placer dans le coffre-fort de son bureau deux volumineux classeurs provenant de la NSA. A trois reprises, Deborah Gorham confirme qu'il s'agit bien de dossiers de la NSA ; car elle se souvient d'autant mieux de la scène que jamais auparavant Vince Foster ne lui avait demandé de mettre quelque chose au coffre.

De par ses fonctions officielles, Vince Foster recevait, de temps à autre, des dossiers confidentiels émanant du FBI ou d'autres services de police. En revanche, les questions d'espionnage ne relevaient pas de sa compétence.

Sans relever le propos, les sénateurs passent à la suite de la déposition. Jamais plus Deborah Gorham ne parlera des dossiers de la NSA.

28 juillet 1995 – Quand Bill Hamilton apprend par des amis communs à son épouse et à Deborah Gorham que Vince Foster s'intéressait à la NSA, il cherche à en savoir davantage. Quelle n'est pas sa surprise de découvrir que ce qui préoccupait l'avocat de la Maison-Blanche, c'était la dissémination à travers le monde de la version piégée du logiciel Promis !

Bill Hamilton contacte donc Deborah Gorham afin de savoir si Vince Foster s'intéressait surtout à la diffusion de Promis ou à sa firme, Inslaw. Deborah Gorham raconte qu'un jour, un coursier a déposé un rapport concernant Inslaw. Comme d'habitude, elle en a lu les premiers feuillets afin de pouvoir l'identifier et le classer lorsque son patron n'en aurait plus l'usage.

L'assistante se refuse à en dévoiler le contenu mais a accepté d'en nommer l'auteur. Il s'agit de Webster Hubble, avocat à Little Rock, dans la même firme que Vince Foster et Hillary Clinton.

Bill Hamilton, stupéfait, se demande si Dany Casolaro n'avait finalement pas raison : et si tous ces événements s'expliquaient par un gigantesque complot ?

Novembre 1995 – L'ancien officier de renseignement de l'US Air force qui travaille pour Inslaw revient à la charge auprès de Bill Hamilton. Il a découvert sur Internet des annonces demandant des programmeurs spécialistes du logiciel Promis. L'offre émane de la base de Wright Paterson, quartier général des forces aériennes.

14 février 1996 – Charles S. Hayes, l'une des sources les plus controversées du dossier Promis, effectue une déposition sous serment devant notaire. Le marchand de surplus informatiques se déclare en liaison avec les différents services fédéraux de police et de renseignements : FBI, DEA, DIA, NSA... Il affirme que Promis est utilisé par le FBI sous l'appellation Foims, par les douanes sous le sigle Tecs et par la DEA sous le nom Cast. Il ajoute que, bien qu'ayant proposé des preuves de ses allégations, la justice a refusé de procéder à son audition.

Mars 1996 – Ancien directeur adjoint de la division planning de la DEA, Carl L. Jackson confirme en partie les déclarations de Charles Hayes. Il se souvient d'avoir rencontré, en 1985, Lowell Jensen dans le cadre d'un programme d'unification des banques de données des agences fédérales et de leur mise en réseau. Jackson affirme que le logiciel utilisé s'appelait Promis.

Déposant sous serment, Joe N. Pate, ancien fonctionnaire du ministère de la Justice reconverti dans la promotion immobilière, raconte comment, en novembre 1991, il a fait visiter un logement situé à Gaithersburg (Maryland) à un informaticien du fisc nommé Gerlad Schultz. Les deux hommes en viennent à parler ordinateurs et Joe Pate raconte qu'il s'est naguère occupé des contrats LEAA (Law Enforcement Assistance Administration) et notamment de celui qui donna naissance à Promis. « Notre unité d'enquête se sert régulièrement de ce logiciel », réplique l'agent fédéral du fisc.

Septembre 1996 – Un ami d'enfance de Bill Hamilton reprend contact après trente ans de silence. Docteur en physique et colonel de l'US Air force, à la retraite, il s'occupe de l'amicale des anciens élèves du collège religieux Chaminade de Saint Louis (Missouri). Il cherche des financements pour son association. Au cours de la conversation, l'affaire Promis est évoquée :

« Je crois, explique le colonel qui a suivi le dossier à travers des articles du *Saint Louis Post*, que l'US Air force utilise ton logiciel. L'année dernière, je me suis rendu sur la base McClelland pour un problème lié à l'emploi des fibres optiques sur les bombardiers furtifs F-117. Lors d'une réunion dans un secteur réservé de la base, accessible seulement aux porteurs de badges électroniques, j'ai remarqué dans la salle où nous étions une documentation sur Promis. J'ai demandé aux gars s'ils savaient d'où provenait ce logiciel mais c'était, à l'évidence, le cadet de leurs soucis. »

Presque simultanément, Inslaw est sollicité par l'US Air force pour acheter une page de publicité dans un ouvrage à la gloire de cette arme qui doit paraître pour son cinquantième anniversaire. L'officier qui démarche Bill Hamilton est explicite : « Quinze de nos plus importants fournisseurs ont déjà accepté ! Cela va de Microsoft à Oracle. Inslaw n'est certes pas aussi important mais vous êtes néanmoins l'un de nos plus gros fournisseurs. »

Abasourdi, Bill Hamilton demande – et obtient – une confirmation écrite de la demande.

Le patron d'Inslaw se décide alors à creuser la piste de l'US Air force et des bombardiers F-117 Stealth sur laquelle, pour la seconde fois, son attention est attirée. Il apprend que, comme pour les sous-marins nucléaires de la classe Trident, ces engins bourrés de technologie ont besoin de son logiciel pour traiter la multitude des paramètres qu'ils ont à gérer. Durant quatre mois, deux informaticiens de l'US Air force ont donc travaillé sur Promis pour l'adapter aux besoins des pilotes de F-117. L'opération est revenue à 2,5 millions de dollars mais le résultat a permis d'informatiser entièrement les phases de décollage, d'atterrissage et d'attaque des bombardiers furtifs. Deux ordinateurs, raccordés aux satellites militaires, déterminent les routes en évitant stations de radars et batteries de missiles, fixent la vitesse et l'altitude et peuvent même imprimer certains angles de vol. Comme les informations nécessaires proviennent de sources différentes, Promis se charge de leur interconnexion.

Dans un premier temps, les pilotes se sont entraînés sur des cibles fictives : des appartements situés sur les hauteurs de Cleveland ou des navires évoluant sur le lac Wisconsin. Le système aurait dû être inauguré en phase opérationnelle lors du bombardement de Tripoli (Libye) en avril 1986. Le secrétaire à la Défense, Caspar Weinberger, avait refusé, par crainte de révéler aux Soviétiques l'existence de ces bombardiers furtifs et de leur système de guidage informatique révolutionnaire. Nombre d'experts estiment même que c'est cette décision qui a sauvé la vie de Kadhafi en rendant plus aléatoire la frappe de l'aviation américaine. De fait, ce n'est que deux ans après l'opération contre la Libye que l'existence des F-117 a été rendue publique.

Promis ayant fait ses preuves, l'US Air force a équipé du logiciel ses autres appareils de combat, à commencer par le nouveau type d'avion furtif, le F-22, dont l'existence n'a commencé à être éventée qu'au début de 1997.

Octobre 1996 – Le centre de commandement et de contrôle de la base militaire Fort Richey (Maryland) est doté d'un nouvel outil informatique, le WHODB (White House Office Data Base System) qui est alimenté par les banques de données des diverses agences fédérales chargées du renseignement et de la répression. Cette innovation est partiellement décrite dans une des publications du GAO (Government Accounting Office). A la lecture des données rendues publiques, Bill Hamilton en déduit que le logiciel utilisé n'a pas été spécialement créé pour les besoins de la Maison-Blanche mais qu'il ne peut s'agir que de l'adaptation d'un programme déjà rodé. Or, lés caractéristiques techniques du WHODB s'apparentent à celles de la dernière version de Promis développée pour les ordinateurs IBM de type AS 400 et acquise par Jackson Stevens, un milliardaire de l'Arkansas lié à la fois à Earl Brian et à Bill Clinton.

Conclusions partielles

L'existence de la puce Smart Petrie a été confirmée en novembre 1993, lorsque les services français de la DST ont pu en récupérer une, grâce à la police tunisienne. L'histoire mérite d'être contée car elle illustre non seulement la puissance de l'outil électronique mis au point par les services de renseignements américains, mais encore la multiplicité des usages qu'ils en ont faits.

Un des permanents de l'OLP nommé Yassin était chargé, au début des années 90, de l'organisation logistique des escortes des dirigeants de la centrale palestinienne encore, à l'époque, basée à Tunis. Yassin travaillait sous les ordres d'Abu Mazem. Compte tenu de la nature de ses tâches, cet employé de l'OLP constituait une cible de choix pour les services secrets israéliens qui le suivaient à la trace.

En 1991, Yassin obtient de l'OLP que sa femme, qui souffre d'un cancer, soit soignée à Paris aux frais de l'Organisation. Dans l'hôtel où Yassin est descendu, le Méridien-Montparnasse, il se lie avec un Egyptien, Alim al-Savi, qui se dit homme d'affaires. En mars 1992, Yassin révèle à son nouvel ami qu'il travaille pour l'OLP et lui indique aussi qu'il cherche un emploi pour son fils. L'Egyptien lui propose un poste à Cologne et suggère au père de venir sur place se rendre compte. Yassin demeure douze jours en Allemagne où il fait l'objet d'un important travail de « persuasion psychologique ». Son ami égyptien lui présente Michel Memour. Se disant d'origine libanaise et travaillant pour un service de renseignements de l'OTAN, celui-ci désire se documenter sur l'organisation palestinienne. Yassin se laisse faire et entre en relation avec un « chef de réseau », Abu Steif, qui lui remet des numéros de téléphone à Paris et à Rome. Bref, Yassin a accepté de trahir et ne tarde pas à découvrir qu'il travaille en réalité pour le Mossad, les services secrets israéliens.

Comme son chef, Abu Mazem, souffre de douleurs dans les reins, Yassin propose de lui faire réaliser un fauteuil spécial. En septembre 1993, le fils de Yassin se rend à Paris pour prendre livraison du fauteuil orthopédique, ainsi que d'une lampe identique à celle déjà installée dans le bureau d'Abu Mazem. Au retour, la police tunisienne intercepte le fils et désosse fauteuil et lampe. Le premier contient un micro-émetteur. La seconde une puce Smart. A chaque fois que la lampe s'allumait, la puce entrait en activité, prenait une photographie à intervalles réguliers et transmettait le cliché vers un satellite à destination de la NSA et, par ricochet, du Mossad !

En réalité, la lampe devait être substituée à celle qu'utilisait déjà Abu Mazem et qui avait été aussi piégée grâce à la puce Smart, laquelle était tombée en panne.

En ce qui concerne le décès de Vince Foster, si l'enquête officielle a conclu au suicide de l'ami d'enfance de Bill Clinton, force est de remarquer qu'alors que les morts violentes dans les lieux publics sont, en règle générale, traitées comme des homicides, dans ce cas il n'en est pas allé de même. Dès les premiers pas de l'enquête, le ministère de la Justice et les enquêteurs du Secret Service de la Maison-Blanche se sont orientés vers le suicide, et ce « avant même d'avoir vu le cadavre », s'est étonnée Cheryl Braun, l'inspectrice de la police des parcs chargée des premières constatations. Cette thèse arrangeait tout le monde, à commencer par la famille de l'avocat soucieuse qu'on la laisse en paix.

Pourtant, des faits troublants demeurent. C'est ainsi que la chaîne de télévision ABC a présenté à la personne ayant découvert le corps de Foster une photo du cadavre prise par les enquêteurs. Sur ce cliché, le pouce droit de l'avocat est posé sur la gâchette d'un Colt. Or, le témoin – désigné sous le terme « Confidential Witness » afin de préserver son anonymat – affirme que cette scène ne correspond pas à ce qu'il a vu. Il précise même que les enquêteurs lui ont fortement suggéré de dire que, s'il n'avait pas vu d'arme, c'est que celle-ci était dissimulée par le feuillage. Sous serment, il avait déjà juré avoir vu les deux mains de Foster et qu'elles ne tenaient rien.

La police déclare avoir trouvé un Colt calibre 38 dans la main droite de Foster. Le problème de l'arme est crucial dans ce suicide. En effet, aucune balle n'a été retrouvée sur les lieux, aucune empreinte de Foster n'a été relevée sur l'arme et, enfin, sa provenance n'a pu être établie. Il s'agit d'un Colt datant de 1913 et résultant de l'assemblage de deux armes distinctes. Elle est trop ancienne pour avoir pu être identifiée. Au domicile de l'avocat, aucune munition correspondante n'a été retrouvée. Aucun de ses proches, à commencer par son épouse Lisa, ne reconnaît l'arme. Du moins dans un premier temps.

Le billet présenté comme annonçant en quelque sorte le suicide a été expertisé, à la demande de James Davidson, éditeur de la lettre financière *Strategic Investment*, par trois graphologues : Vincent Scalice, ancien expert auprès de la police de New York, Reginald Alton, de l'université d'Oxford, et Ronald Rice, détective privé à Boston et spécialisé depuis dix-huit ans en graphologie criminelle. Les trois experts ont confronté le texte reconstitué par la police avec douze exemplaires de l'écriture de Vince Foster. Leur conclusion est à la fois unanime et formelle : ce texte n'a pas été écrit par Vince Foster, il est l'œuvre d'un faussaire moyennement doué.

Sur les blessures du cadavre, les observations contradictoires ne peuvent malheureusement être arbitrées par les documents photographiques des enquêteurs. En effet, la police locale a pris des clichés avec un appareil 35 mm, mais, dit-elle, les photos ont été sous-exposées au laboratoire. Le FBI, de son côté, a pris treize photos Polaroïd de la scène mais, pour une raison inexpliquée, ces documents ont été rephotographiés avec un appareil 35 mm et seule une troisième génération de clichés a été transmise à la commission d'enquête.

Comme le remarque Fred Santucci, expert auprès de la police criminelle de New York, « à chaque fois que l'on procède à une copie, on perd en qualité de définition, d'autant que les clichés au Polaroïd ne sont déjà pas des plus précis ». La procédure normale, explique-t-il, aurait consisté à prendre directement des photos 35 mm des Polaroïd originaux ou, mieux, de les numériser à l'aide d'un scanner afin d'obtenir la meilleure résolution possible. Et l'expert d'ajouter : « La seule chose que je puisse dire à propos de cette troisième génération de photos, c'est qu'elle s'explique parce que quelqu'un avait quelque chose à cacher. »

Quant aux dossiers concernant la NSA que Vince Foster avait fait placer dans son coffre, il n'en a jamais été question. Ils ont disparu, de même que le rapport de Webster Hubble concernant Inslaw. Ce qui est certain, en revanche, c'est que durant les deux heures de battement entre la découverte du corps de l'avocat par la police et le moment où la Maison-Blanche admet avoir été officiellement prévenue, le ménage a été fait dans le bureau de l'ami du Président par divers personnages, à commencer par Patsy Thomasson, directeur de l'administration de la Maison-Blanche, et Bruce Lindsey, proche conseiller de Clinton. Certains des documents de Foster sont – curieusement ? – réapparus... dans les appartements privés des Clinton. Dans son rapport, le président de la commission sénatoriale d'enquête sur l'affaire Whitewater, le républicain de l'Etat de New York Alfonse d'Amato, par ailleurs responsable de la campagne du candidat Bob Dole à la Maison-Blanche, écrit : « Les éléments que nous avons rassemblés suggèrent fortement que, aussitôt informée de la mort de Foster, Mme Clinton a donné l'ordre à ses fidèles lieutenants de contenir tout dérapage politique. »

Enfin, en ce qui concerne la récupération de la version AS 400 de Promis par la NSA, par l'intermédiaire des firmes Beverly Entreprise et Systematics, on peut se demander pourquoi l'agence fédérale n'a pas, elle-même, développé les potentialités d'un logiciel dont elle contrôlait déjà une version. Bill Hamilton pense que, comme pour la version Vax VMS de Promis, la NSA a préféré laisser les programmeurs d'Inslaw effectuer le travail. Ils n'ont mis que six mois à adapter les cinq cent mille lignes du logiciel là où d'autres techniciens auraient eu besoin du double pour un résultat plus aléatoire. Il est convaincu que le WHODB mis en place par la Maison-Blanche n'est qu'une des utilisations dérivées illégales de Promis.

VIII

L'impossible médiatisation

Automne 1991 – Bill Hamilton aurait pu n'avoir que la rue à traverser pour se rendre à un rendez-vous capital : rencontrer le plus célèbre des journalistes américains, Bob Woodward, celui qui révéla l'ampleur du scandale du Watergate, l'homme qui fit tomber Richard Nixon. Le siège du *Washington Post* est, en effet, voisin des bureaux d'Inslaw. Mais le rendez-vous a été fixé à quelques blocs de là, dans Eye Street, au bureau de l'intransigeant Elliot Richardson, l'avocat conseil de la firme informatique.

Le patron d'Inslaw est venu les bras chargés de documents qu'il compulse avec fièvre. Durant deux après-midi entiers, le glorieux enquêteur l'écoute en prenant quelques notes de temps à autre. Hamilton accumule les digressions, se laisse emporter par les thèses « conspirationnistes » si chères à Casolaro. Il produit des coupures de presse, parfois vieilles de dix ans, extraites de journaux locaux (en ce qui concerne les événements au sein de la réserve Cabazon notamment) ou de revues d'informatique. Patiemment, Bob Woodward subit le flot. Au terme de la seconde séance d'explication de ce méandreux dossier, la star du journalisme d'investigation s'étire et conclut : « Votre histoire concerne la sécurité nationale. Un journal comme le *Post* ne peut en traiter. Clinton téléphonerait aussitôt à Cathy Graham. » Accablé, Bill Hamilton se retire.

Hiver 1993 – Sans une mobilisation des médias, Bill Hamilton sait qu'il n'a désormais plus aucune chance de tirer au clair les événements auxquels son entreprise s'est trouvée mêlée et qui le hantent. Or, si le *Washington Post* lui a opposé une fin de non-recevoir, voici qu'un autre journaliste d'investigation connu, Seymour Hersh, demande à le rencontrer.

Hersh, désormais free-lance après avoir travaillé pour le *New York Times*, s'est signalé par la révélation du massacre par les troupes américaines des cinq cents habitants du village vietnamien de My lai, le 16 mars 1968, ainsi que par une grande enquête sur la destruction d'un Boeing coréen de ligne par la chasse soviétique faisant apparaître l'utilisation de cet appareil à des fins d'espionnage, ou encore par des informations complètes sur les équipements nucléaires militaires de l'Inde et du Pakistan et le risque de conflit entre ces deux pays au début des années 80.

Hersh ne cache pas les raisons qui l'ont conduit à interviewer le patron d'Inslaw : « Mes sources au sein de la CIA me disent que ton histoire est bonne. Elle irait même au-delà de ce que tu racontes. Et pourtant, je ne trouve pas preneur dans les médias. » En conséquence, lui aussi se voit contraint de renoncer.

Janvier 1995 – Bob Woodward et Seymour Hersh ayant jeté l'éponge, voici qu'un nouveau journaliste se présente pour prendre le relais. Il se nomme James Norman et a derrière lui vingt années de carrière dont dix au sein de *Business Week*. Depuis 1990, il travaille comme grand reporter pour l'une des plus prestigieuses revues économiques américaines, *Forbes*, dont il a repris la devise à son compte : « No guts, no story[1]. »

James Norman, avec l'accord de sa direction, se mobilise sur le dossier Inslaw à partir du caractère suspect de la mort de Vince Foster. Durant des mois, il rencontre des centaines de témoins. Dans cette quête, il tombe à son tour sur Charles S. Hayes, l'entrepreneur du Kentucky propriétaire d'une société de transport et d'un motel, mais aussi d'une firme faisant commerce de matériel informatique d'occasion. C'est lui qui a affirmé avoir vu des versions illégales de Promis sur des ordinateurs semble-t-il inaptes à les utiliser.

Alors que Bill Hamilton se méfie du personnage qu'il soupçonne même de désinformation, James Norman est intrigué par cet homme aux cheveux blancs, à la voix cassée et qui fume cigarette sur cigarette. Il cherche à explorer sa personnalité et se convainc rapidement que Charles S. Hayes est un agent contractuel de la CIA, à la fois « dangereux, imprévisible et efficace ». Il établit en effet que Hayes a travaillé pour la centrale de renseignements dès le début des années 50 et qu'il faisait équipe avec un autre agent répondant au nom de code « Running Fox ». Ils avaient, entre autres, comme mission d'assurer l'approvisionnement en armes de Fidel Castro lorsque celui-ci n'était qu'un jeune bourgeois en lutte contre la dictature corrompue, et pour tout dire mafieuse, de Batista. Au fond de son maquis de la Sierra

1. Pas de tripes, pas d'histoire.

Madre, Castro ne s'était pas encore converti au marxisme. Hayes travaillait à partir du Brésil.

Hormis cette opération, Hayes aurait appartenu à la fameuse « Division D », cette unité d'élite de la CIA, rivale à bien des égards de la NSA car chargée de pénétrer les systèmes informatiques, et notamment ceux des services secrets étrangers. Une mission particulièrement délicate et dangereuse car elle exige parfois d'accéder physiquement aux ordinateurs visés.

James Norman est d'autant plus persuadé d'avoir tiré le bon numéro que tous les journalistes et enquêteurs qui, jusqu'alors, avaient approché Hayes étaient repartis convaincus qu'ils perdaient leur temps. L'homme, en effet, n'a pas son pareil pour jouer au chat et à la souris, en noyant ses interlocuteurs sous une loghorrée tout en refusant de fournir le moindre document à l'appui de ses dires.

Le journaliste de *Forbes*, lui, ne se laisse pas rebuter, ni lorsque Charles Hayes entonne à haute voix sa prière avant d'engloutir en un éclair d'énormes steaks à moitié crus, ni lorsque, en caleçon et en train de préparer quelque plat typique du Sud, il téléphone longuement à tel représentant ou tel sénateur, en laissant percer d'inquiétantes informations, ni par les après-midi durant lesquels ils demeurent tous deux attablés tandis que l'entrepreneur raconte ses aventures érotico-sentimentales avec des mannequins, refait le monde, explique qu'en réalité il « pèse plusieurs millions de dollars » ou évoque l'époque où il faisait du droit à La Haye.

Au-delà du pittoresque de Hayes, James Norman est persuadé que l'homme dispose de sources d'informations capitales, au sein de l'équipe gouvernementale, comme dans les milieux financiers et médiatiques. Tout ce qu'il peut vérifier se révèle en effet exact, y compris ce que Hayes apprend au journaliste sur son employeur Malcolm Forbes Jr. !

Au fil de ces longues conversations, le journaliste brosse un nouveau portrait de l'ami de Bill Clinton, Vince Foster. Il en ressort qu'une enquête pour espionnage avait été ouverte par la CIA concernant Foster avant son suicide. L'avocat de la Maison-Blanche était soupçonné d'avoir vendu des codes à l'Etat d'Israël, y compris ceux qui permettent au Président de s'identifier auprès du Pentagone quand il ordonne des actions militaires. Juste avant sa mort, Foster aurait cédé le code opérationnel d'un nouvel ordinateur développé par E-Systems, un sous-traitant impliqué dans des opérations clandestines. Les dossiers concernant la NSA dont il disposait lui auraient été confiés par l'épouse du Président. Ayant appris, un mois plus tard, que cet ordinateur était entre les mains des Israéliens, la CIA se serait lancée sur la piste.

Le compte bancaire dont l'avocat disposait en Suisse, alimenté par cet argent israélien, totalisait 2,73 millions de dollars au moment de son décès, affirme même le journaliste. Et James Norman se déclare convaincu que Foster n'était pas le seul bénéficiaire de ces fonds.

Sur cette première série de « révélations » fracassantes, Norman greffe un second récit : l'opération « suivez l'argent » lancée sous la présidence de Reagan.

Vince Foster, explique le journaliste, a travaillé durant des années pour une compagnie de Little Rock appelée Systematics (aujourd'hui Alltel), spécialisée dans le traitement des banques de données. Systematics était impliquée dans la gigantesque opération de surveillance des banques, voulue par l'ancien directeur de la CIA William

Casey et considérée par lui comme le couronnement de sa longue carrière. Des « pirates informatiques », rassemblés dans une équipe d'intervention commune à la CIA et à la NSA baptisée la cinquième colonne, armée d'au moins un super-ordinateur Cray, se sont attachés à traquer et à identifier de hauts fonctionnaires américains disposant, à la manière de Vince Foster, de comptes bancaires dans des paradis fiscaux.

Agissant, semble-t-il, sans autorisation gouvernementale, certains de ces pirates officiels auraient ordonné le transfert de l'argent de ces comptes bancaires, au sein desquels se trouvait, bien sûr, l'argent suisse de Foster, vers un fonds du Trésor américain réservé à la CIA. La prise aurait dépassé les 2 milliards de dollars ! C'est cette perte qui aurait alerté l'avocat. Seulement, comme les autres « victimes », comment porter plainte sans révéler d'où vient l'argent et pourquoi il a échappé aux impôts ?

Les conclusions de l'enquête de James Norman pèchent malheureusement par leur légèreté. La référence à des faits véridiques, comme l'existence de l'opération « suivez l'argent » ou la sulfureuse réputation de la firme Systematics, ne permet pas de démêler le vrai du faux dans ses sources. S'il est exact que la CIA et la NSA surveillent les mouvements de certains comptes bancaires et disposent des moyens d'intervenir, donc de détourner des sommes, de telles pratiques sont rarissimes et appliquées ponctuellement, uniquement dans le cadre d'opérations de déstabilisation comme cela s'est produit contre un cartel colombien de la drogue. Un service américain avait piraté une banque afin d'intercepter un pot-de-vin de trafiquants destiné à un homme politique latino-américain. Le paiement tardant à lui parvenir, le politicien s'est plaint et le cartel a assassiné son comptable sans attendre que la banque enquête sur l'affaire. L'argent retrouvé, il disparaît une seconde fois. C'est le politicien véreux qui est alors exécuté ! Comme l'explique Norman, il est techniquement possible pour les services américains de détourner électroniquement de l'argent. Seulement, chaque transfert de capitaux s'accompagne d'un minimum de paperasserie et nécessite la signature de plusieurs responsables bancaires. Une fois l'erreur constatée, c'est à la banque que des réparations sont réclamées et non aux autorités américaines, contrairement à ce qu'explique l'article de Norman.

17 avril 1995 – S'estimant à présent suffisamment armé, le journaliste rédige un long article pour *Forbes* dans lequel il expose ses conclusions et porte ses accusations. Il le titre « Fostergate » et le signe James R. Norman. Le texte doit paraître dans le numéro de mai. Auparavant, et en accord avec sa direction, Norman adresse une lettre à Michael D. McCurry, le responsable du bureau de presse de la Maison-Blanche, afin de solliciter une réaction aux affirmations qu'il se prépare à publier. A savoir :

1) Vincent Foster possédait un compte en Suisse alors qu'il travaillait à la Maison-Blanche.

2) Des fonds étaient versés sur ce compte par un gouvernement étranger et tout particulièrement par l'Etat d'Israël.

3) Peu avant sa mort et simultanément à une grave dépression, Vincent Foster apprit que la CIA enquêtait sur lui pour espionnage.

4) Cette information lui a été communiquée par Hillary Rodham Clinton.

5) Alors qu'il était à la Maison-Blanche et bien des années avant, Vincent Foster s'occupait, au nom de la National Security Agency, de contrôler en coulisse Systematics, une compagnie de gestion de banques de données impliquée dans des opérations secrètes de renseignements afin de contrôler les transactions bancaires au niveau mondial.

6) Systematics était aussi impliqué dans du blanchiment d'argent dans le cadre d'opérations clandestines : vente de drogue et d'armes dans la région de Mena (Arkansas).

7) Au travers des relations entre Systematics et E Systems, Vincent Foster aurait pu avoir accès à des codes de sécurité extrêmement sensibles et à des informations d'importance stratégique.

8) Avant et après sa mort, des documents ayant trait à Systematics ont disparu du bureau de Foster à la Maison-Blanche.

9) Lors de la rencontre à la résidence de Cardozo (Landau), sur la côte est du Maryland, le week-end précédant la mort de Vincent Foster, George Stephanopoulos [1] était présent.

10) Hillary Rodham Clinton était aussi l'une des bénéficiaires des fonds provenant du compte suisse de Foster.

25 avril 1995 – Bien que James Norman ait demandé une réponse avant la fin de la semaine, le responsable du bureau de presse de la Maison-Blanche ne réagit officiellement que huit jours plus tard. En réalité, dès le 20 avril, l'avocat de la présidence des Etats-Unis, Mark

1. Un des plus proches conseillers de Bill Clinton.

H. Tuokhey III, a transmis une copie de la lettre destinée à *Forbes* à un des assistants de Kenneth Starr, le magistrat en charge du dossier Whitewater, cette opération immobilière dans l'Arkansas dans laquelle les époux Clinton se trouvent impliqués.

Le texte de la lettre signée Michael D. McCurry, adressée à James Norman avec copie à toute sa hiérarchie [1], qualifie les allégations du journaliste d'« outrageantes » et de nature à discréditer *Forbes*. Toutefois, si le magazine persistait dans sa volonté de publication, McCurry demande qu'une réunion préalable se tienne avec James W. Michaels, l'éditeur de *Forbes*, Jane Sherburne, membre de l'équipe d'avocats de la Maison-Blanche, et David E. Kendall, du cabinet Williams & Connolly, représentant personnel de la First Lady.

Mai 1995 – La réunion de « prépublication » avec les avocats de la Maison-Blanche n'aura même pas été nécessaire. *Forbes* a renoncé. C'est le patron lui-même, Steve Forbes, qui a pris la décision. Il ne veut pas de procès. James Norman, bien évidemment furieux, consacre le plus clair de son temps à chercher des éléments pour étayer son propos et confirmer les sources de Charles Hayes. Suivant la pente sur laquelle il a commencé à glisser, il s'enferme, à son tour, dans la théorie du complot en voulant expliquer son échec par une vaste conjuration.

C'est ainsi qu'il relève qu'au sein même du magazine qui l'emploie, l'une de ses collègues, elle aussi grand

1. James W. Michaels, editor, Lawrence Minard, managing editor, et William Baldwin, executive editor.

reporter, Dana Wechsler Linden, avait, durant des années, dirigé une société d'informatique elle aussi appelée Systematics mais basée à Boston et qui n'aurait, à première vue, aucun lien avec la société homonyme de Little Rock (Arkansas). Elle avait succédé à son père, Harry Wechsler, un ancien de la CIA, et cette société est en relations épisodiques avec son homologue dans l'Arkansas, l'Etat des Clinton. Il se trouve que Boston Systematics, au moins sous le règne d'Harry Wechsler, avait noué des liens étroits à la fois avec les services secrets israéliens et avec captain Bob, Robert Maxwell.

Certes, Dana Wechsler Linden affirme tout ignorer des péripéties du logiciel Promis. Seulement, elle est l'épouse d'un informaticien de haut niveau travaillant pour Goldman Sachs, la célèbre maison de courtage qui participa, en 1990, à une tentative de sauvetage lorsque Maxwell fut confronté à un trou d'un demi-milliard de dollars creusé dans la caisse de retraite de ses sociétés de presse.

Le monde est trop petit et James Norman pris de vertige. Seule une revue confidentielle, *Media Bypass*, accepte de suivre le journaliste dans sa dénonciation d'une conspiration. Il lance son texte, telle une bouteille à la mer, sur le réseau Internet où il est pieusement recueilli par plusieurs sites animés par des groupes « conspirationnistes ». Quelques dizaines de milliers de personnes en prennent connaissance, parmi lesquels un économiste américain, Orlin J. Grabbe, qui, depuis, s'est consacré à faire éclater l'affaire « étouffée » par *Forbes*. Gagné par la fièvre du complot international, Grabbe en est à présent à attribuer l'assassinat du Premier ministre israélien Rabin à l'action de ses propres services secrets qui auraient craint que le dossier Promis ne soit mis sur la place publique...

Janvier 1996 – Bill Hamilton consulte ses notes depuis des heures. Il est atterré. En se penchant sur le dossier Systematics, il vient de découvrir un nouvel élément qui semblerait donner raison à la thèse du grand complot chère à Dany Casolaro.

Peu avant sa mort, Casolaro était venu voir Hamilton. Le patron d'Inslaw avait reçu le journaliste dans son bureau et, comme il lui faisait confiance, il ne prenait pas la peine de dissimuler ses papiers. Ce jour-là, Bill Hamilton venait de recevoir une lettre d'un nouveau client, une firme nommée Beverly Entreprise. En apercevant l'en-tête, Dany Casolaro bondit :

« Ne me dis pas que tu fais des affaires avec Beverly Entreprise ? »

Bill Hamilton s'était figé.

« Ils sont liés à Earl Brian. Ils sont en affaires avec lui. C'est le même groupe qui a volé ton logiciel. »

A l'époque, Bill Hamilton n'avait pas été convaincu par les arguments du journaliste et avait oublié l'incident. Or, voici qu'en consultant ses notes, il s'aperçoit que le propriétaire de Beverly Entreprise n'est autre que le milliardaire de l'Arkansas Jackson Stevens, qui possède Systematics ! Y aurait-il une piste arkansienne dans l'affaire Promis ?

Intervenant dans le domaine de la santé, Beverly Entreprise a été impliquée dans un détournement de subventions publiques en Californie, à l'époque où Earl Brian était aux affaires. Plus inquiétant, une commission sénatoriale qui s'est penchée sur les malversations de

Beverly Entreprise fait figurer le nom d'Earl Brian dans son rapport final. Quand Dany Casolaro a consulté le document à la bibliothèque du Sénat, les deux pages concernant Brian avaient disparu !

Bill Hamilton commence enfin à comprendre ce qui lui est arrivé. Tout débute en 1986, lorsque Inslaw est au bord de la faillite. IBM prête 2,5 millions de dollars à la firme pour la renflouer et, en échange, demande à Inslaw d'adapter Promis aux IBM AS 400, une nouvelle génération d'ordinateurs, très puissants mais moins volumineux que les plates-formes. Les modifications sont effectuées par les programmeurs d'Inslaw.

En juillet 1990, la division IBM de Fort Smith (Arkansas) contacte Bill Hamilton car elle a un client pour la version AS 400 de Promis. Il s'agit de Beverly Entreprise.

Bill Hamilton a vendu la version AS 400 de Promis à Beverly Entreprise pour la modique somme de 155 000 dollars. Peu après, Beverly Entreprise cède tous ses programmes informatiques à Systematics, firme souvent présentée comme un « sous-contractant » de la NSA.

De son côté, sans connaître cet aspect de l'histoire, Michael Riconosciuto parle de la dissémination de la version AS 400 de Promis au Proche-Orient au début des années 90.

Avril 1996 – Bill Hamilton continue de chercher du côté de Systematics dans l'espoir d'établir que Jackson Stevens a bien utilisé Promis pour réaliser le WHODB utilisé par la présidence des Etats-Unis. La firme de l'Arkansas a changé de nom pour devenir Alltel mais en conservant les mêmes clients aux premiers rangs desquels figure la NSA. Les contrats entre l'agence de renseignements et l'entreprise de Jackson Stevens transitaient par deux avocats anciens collègues d'Hillary Clinton et, comme elle, affiliés au cabinet Rose Law Firme. Ces deux proches du couple présidentiel se nomment Vince Foster, suicidé dans un parc de Washington, et Webster Hubble, devenu l'un des piliers du ministère de la Justice.

Alerté par les démêlés du journaliste James Norman avec le magazine *Forbes*, Bill Hamilton se renseigne également sur la Boston Systematics située à Worcester dans le Massachusetts. Elle semble effectivement n'avoir aucun lien avec la société homonyme de Little Rock bien que toutes deux se soient intéressées à Promis et travaillent pour la NSA. Boston Systematics est dirigée par un ancien de la CIA ayant souvent été en affaires avec les Israéliens. Sa firme dispose d'ailleurs de filiales dans l'Etat hébreu qui sont dirigées par deux frères, Oded et Yoav Leventer. En fouillant dans ses fichiers, Bill Hamilton retrouve la trace de Oded Leventer. En 1987, il avait, à deux reprises, réclamé de la documentation sur Promis.

Selon l'enquête de Bill Hamilton, le patron de la Boston Systematics a, pour le compte de la Maison-Blanche, participé à la mise au point du programme WHODB. Il se serait notamment chargé des transcriptions à partir du Cobol, en utilisant deux outils informatiques appartenant à la Software AG, une firme installée à Reston (Virginie) : ADABAS Data Base Management System (DBMS) et Natural.

Mai 1996 – Le patron d'Inslaw raconte ses nouvelles découvertes à l'un de ses correspondants en Europe, le journaliste Egmont Koch qui travaille pour la télévision allemande ZDF. Software AG dispose en effet d'une filiale à Darmstadt. Egmont Koch demande donc à l'antenne allemande de la société américaine si elle a eu l'occasion de travailler sur un logiciel appelé Promis.

Le 22 mai, la réponse de Software AG s'inscrit sur la messagerie électronique du journaliste. Elle provient de la maison mère et confirme que la firme d'informatique achève, pour le compte du gouvernement fédéral américain, la conversion du logiciel Promis. Pour plus de précisions, Egmont Koch est invité à s'adresser directement au Secret Service américain.

Au sein des institutions des Etats-Unis, le Secret Service a une double protection à assurer : celle du Président et celle de la monnaie. Bill Hamilton sait déjà que, pour lutter contre les trafics financiers et le blanchiment d'argent sale, son logiciel est utilisé par plusieurs institutions fédérales. Norman Bailey – l'instigateur, durant les années Reagan, de la doctrine « suivez l'argent » destinée à pister les mouvements de fonds pour démasquer les filières de trafics de drogue – le lui a quasiment avoué un jour. La très sérieuse revue *Thomson's International Banking Regulator* a même révélé, dans son numéro du 17 janvier 1994, que, depuis juin 1983, une version 32 bits piégée de Promis est installée dans les ordinateurs Vax de la Banque mondiale. Au nom de la sécurité des Etats-Unis, la CIA s'est ainsi donné le moyen de surveiller le système bancaire latino-américain dont les défaillances pourraient avoir d'importantes conséquences sur les institutions financières du puissant voisin du nord.

Au lendemain de la publication du numéro de *Thom-*

son's International Banking Regulator, un enquêteur du Congrès a, de manière anonyme, confirmé l'article et affirmé que la commission Brooks avait, dès 1992, établi que la NSA et les autres services américains avaient inondé de versions piégées de Promis les principales institutions financières internationales.

Réagissant également à l'article de la revue américaine, un journaliste travaillant pour *Die Weltwoche* interroge le Crédit suisse et souhaite savoir si Promis est utilisé dans ses ordinateurs. La réponse du service de presse de la banque est innocente : « De quelle version de Promis voulez-vous parler ? Nous en utilisons onze différentes. » Dès le lendemain, le propos du service de presse est rectifié. L'employé du Crédit suisse s'est trompé... il avait mal compris le nom du logiciel !

Conclusions partielles

Pourquoi le dossier Inslaw, en dépit de l'ampleur de la manipulation qu'il révèle, n'a-t-il jamais fait la une des médias ? Il se borne à cheminer cahin-caha au détour de revues spécialisées, se glissant parfois dans une rubrique consacrée à l'informatique, affleurant à d'autres moments dans les comptes rendus de procès et parfois dans les pages économiques. La chaîne télévisée d'informations continues CNN l'a suivi un temps avant de jeter l'éponge. On peut également relever sa trace sur Internet où quelques dizaines de sites se passionnent pour l'affaire, mais souvent avec des arrière-pensées politiques qui ôtent à leur démarche l'essentiel de son crédit.

Trois procès devant les juridictions civiles, une procédure interne au sein du ministère de la Justice et deux commissions d'enquête parlementaires n'ont pu faire éclater le scandale : trop complexe, trop étiré dans le temps, multiforme et avec un nombre de personnages rendant aléatoire toute mémorisation, bref l'inverse du produit journalistique que les médias recherchent. L'argument le plus souvent avancé pour justifier cette frilosité se résume ainsi : manque de crédibilité des principaux témoins, et en premier lieu de Michael Riconosciuto, condamné à trente-cinq ans de prison pour trafic de drogue.

De fait, même en admettant que le dossier qui a entraîné sa condamnation ait pu être monté de manière artificielle, Riconosciuto ne brille pas par ses scrupules moraux. Les enquêteurs du Congrès qui l'ont interrogé ne cachent pas leur perplexité et la difficulté de démêler, dans un discours volontairement confus, le vrai du faux, l'information de la désinformation voire de l'affabulation. Riconosciuto pourtant, nul ne le met en doute, a été au cœur de l'affaire Inslaw dont il continue de suivre la moindre péripétie.

Lorsque Fabrizio Calvi lui a rendu visite dans sa prison de Caroline du Nord, il s'est vu aussitôt chargé d'un message pour Bill Hamilton. Le patron d'Inslaw devait fournir 40 000 dollars pour faire rouvrir son dossier et obtenir son élargissement, moyennant quoi Riconosciuto produirait les documents indispensables au triomphe de la firme informatique ! Tel est le personnage. Depuis des années maintenant, il promet des preuves irréfutables qu'il ne livre jamais.

Avant de faire confiance à Riconosciuto, le patron de la firme informatique a fouillé dans toutes les directions. Il contacte, par exemple, un journaliste de Tacoma, la ville natale de Riconosciuto, pour vérifier les prodiges électroniques que ce dernier s'était vanté d'avoir réalisés lorsqu'il n'était encore qu'un enfant. Bill Hamilton rencontre aussi Steve Pizzo et Mary Fricker qui se sont fait connaître grâce à un livre, *Inside job*, consacré à la faillite frauduleuse des caisses d'épargne S & L et aux implications politiques d'un dossier qui met en cause aussi bien les services spéciaux que la Maison-Blanche. Pizzo et Fricker confirment qu'à leurs yeux Riconosciuto constitue une source fiable. Ils se souviennent de l'avoir interviewé en décembre 1987. Riconosciuto avait été intarissable sur les opérations financières montées par la CIA et sur le détournement d'une partie des fonds des caisses d'épargne S & L. Déjà à l'époque, il avait insisté sur les liens entre l'Agence et la Wackenhut et les avait alertés sur le rôle de John Paul Nichols, l'administrateur de la réserve des Indiens Cabazons. Selon Riconosciuto, John Paul Nichols serait tout aussi lié à la mafia qu'à la CIA et il aurait d'ailleurs, dans les années 60, dirigé une équipe de gros bras fournis par le milieu à la CIA pour assassiner Fidel Castro. Si Riconosciuto est remonté à l'égard de Nichols, c'est parce qu'il est persuadé que l'homme fort des Cabazons a passé un contrat sur sa tête avec Fat Tony Accardo, le parrain de la mafia de Chicago. Ce serait seulement après s'être convaincu que la commande ne correspondait qu'à une dispute entre les deux hommes que le chef mafieux aurait annulé le contrat.

Si les journalistes se souviennent de toutes ces histoires c'est qu'ils avaient été impressionnés par les précisions que Michael Riconosciuto leur fournissait, qu'il s'agisse de lieux, dates... En cherchant à recouper l'une des affaires évoquées par Riconosciuto – une vente d'avions radars Awacs à l'Arabie Saoudite en dépit d'une interdiction votée par le Sénat –, ils s'étaient rendu compte de la fiabilité du personnage.

Un autre journaliste rencontré par Bill Hamilton, Douglas Vaughn Jr., avait, quant à lui, interrogé Riconosciuto trois jours durant à propos d'une opération montée par le FBI contre Kilpatrick, un homme d'affaires du Colorado, dans le cadre d'une évasion fiscale portant sur 300 millions de dollars. Un collègue de Riconosciuto, travaillant comme lui à la Wackenhut, s'était fait embaucher par Kilpatrick, à la demande du FBI, afin de lui subtiliser ses disquettes informatiques. L'épisode fut confirmé à Hamilton par les avocats de l'homme d'affaires.

De plus en plus troublé, le patron d'Inslaw s'efforce de ne rien laisser dans l'ombre. Il prend contact avec la NASA pour vérifier qu'à l'époque où les blanchiments d'argent révélés par Riconosciuto se seraient déroulés, le responsable de la section chargée de distribuer les bourses de recherche et développement se nommait bien Charles Carter. Il apprend que Carter et un de ses collègues, Rickey, sont impliqués dans des opérations montées par les services secrets et qu'ils auraient utilisé une partie des fonds prévus pour des bourses afin de mener des transactions financières discutables. L'affaire avait toutefois été étouffée au nom de la sauvegarde de l'image de la NASA.

Au terme de son patient travail de recoupement, Bill Hamilton est convaincu de tenir, avec Michael Riconosciuto, un témoin de premier ordre.

De même, les propos de Charles Hayes doivent, eux aussi, être maniés avec circonspection car cet ancien agent secret évolue aux marges de l'escroquerie. Il utilise les aspects du dossier qu'il connaît dans l'unique souci de son profit personnel.

Enfin, l'Israélien Ari Ben-Menashe a lui aussi un penchant marqué pour l'embrouille, y compris financière, et une fâcheuse tendance à réécrire l'histoire. Belton, l'homme d'affaires canadien qui a témoigné contre Earl Brian, prétend s'être fait escroquer de plusieurs dizaines de milliers de dollars par l'ancien agent israélien en échange de fantomatiques documents. La chaîne américaine de télévision ABC l'a soumis, avec son accord, au détecteur de mensonge, et l'épreuve a tourné à la confusion de Ben-Menashe.

Cela étant, qui pouvait imaginer rencontrer, au fil de l'enquête, des enfants de chœur ? Dans toute affaire criminelle, les informateurs sont mus par des raisons complexes, souvent peu reluisantes, et où l'appât du gain tient une large part. L'important n'est pas leur moralité personnelle mais d'analyser leurs propos pour tenter de séparer le bon grain de l'ivraie. Et dans cette quête, les affirmations vertueuses des autorités officielles ne peuvent être acceptées pour argent comptant.

Pour ne prendre qu'un exemple, lors de l'arrestation aux Etats-Unis d'Ari Ben-Menashe, le gouvernement israélien a aussitôt affirmé n'avoir aucun lien avec lui, avant de céder face aux évidences... et aux références. Les autorités de l'Etat hébreu ont donc, dans un second temps, tenté de réduire le rôle de Ben-Menashe à celui d'un simple analyste sans importance. L'ancien agent israélien a produit, en réponse, des documents qui établissent que, durant plus de dix ans, il a vendu clandestinement des armes à l'Iran. Au grand embarras du gouvernement de Jérusalem, le journaliste Robert Parry a, dans *Newsweek*, confirmé une partie des affirmations de

Ben-Menashe, en particulier concernant ses séjours en Pologne pour s'approvisionner en armes soviétiques. Nous sommes bien loin des activités d'un « analyste » de base.

Sans doute faut-il admettre que si les acteurs qui ont accepté de parler ne sont guère présentables, c'est d'abord parce que les faits eux-mêmes ne le sont pas.

IX

L'abus de pouvoir

« Mais toute puissance sur terre
Meurt quand l'abus en est trop grand... »

Alfred de Musset
A mademoiselle ***

Il n'est de pouvoir qui n'aille à ses limites, puis au-delà. Les Etats-Unis d'Amérique n'échappent pas à la règle. Leur domination, désormais sans réel partage, de la planète, fruit de leur puissance financière et de leur avance technologique dans la plupart des secteurs de pointe, les rend de plus en plus avides. Ils font régner la loi du plus fort sans grand souci des usages ou des conventions internationales. Ennemis ou amis qu'importe, seul le résultat compte : ils avaient les moyens de pénétrer dans l'informatique des principales institutions, ils n'ont pas résisté à la tentation. Canadiens et Français, Russes et Egyptiens, tous ont reçu sans le savoir l'indiscrète visite de pirates officiels mandatés par le gouvernement des Etats-Unis. L'œil de Washington s'est penché sur leurs banques de données, est allé vérifier le contenu des mémoires de leurs ordinateurs. La dernière décennie a vu se dérouler au cœur des circuits ce qui restera sans doute comme la plus gigantesque opération d'espionnage de cette fin de siècle.

Cette opération serait sans doute demeurée secrète encore de longues années si un grain de sable n'était venu perturber la machine : Inslaw et l'entêtement de son patron, Bill Hamilton.

Au départ, le conflit sur la propriété de Promis peut relever du simple malentendu entre partenaires de bonne foi. Il n'est pas rare, dans le monde de l'informatique, de voir des industriels s'emparer de logiciels du domaine public, les améliorer et les commercialiser. Il est même devenu fréquent d'appâter le client avec un logiciel dont la version de base est gratuite mais dont chaque adaptation est facturée.

Dès le mois de mai 1981, Inslaw a commencé à faire payer les mises à jour de son produit vedette, autres que celles réalisées à la demande du ministère de la Justice. La firme de Bill Hamilton change alors la structure de Promis en déclinant le concept de base. Elle lance Jailtrac, un logiciel destiné aux prisons, Docketrac pour les tribunaux, Modulaw pour les compagnies d'assurances et les cabinets d'avocats, CJIS pour les comtés. Chacune des applications est réalisée en fonction des usagers. Les informaticiens d'Inslaw se servent du même langage, le Cobol, pour coder leur logiciel. De nouveaux clients et des apports de capitaux privés permettent, fin 1982, de lancer « Promis 82 », un logiciel qui n'a déjà plus grand-chose de commun avec son ancêtre installé dans les ordinateurs du ministère de la Justice. Deux types de modifications ont été effectuées : un changement de « coutures intérieures » dans le code de l'ancienne version, afin de rendre l'emploi du logiciel plus facile et agréable ; une évolution en profondeur du code pour ajouter de nouvelles fonctions au logiciel.

Le nouveau Promis, plus sophistiqué, comprend désormais un nombre substantiel de programmes ou modules incluant de multiples sous-systèmes. Le système qui permet à Promis de gérer ses propres banques de données, le Data Base Adjustment, compte neuf programmes. Le but de l'opération consiste à modifier la structure des banques de données récupérées par le logiciel sans effacer d'informations, alors que généralement ces changements de structures entraînent des pertes importantes. Grâce à Promis, il est devenu possible de jouer avec les informations de l'annuaire téléphonique ; à la base de données de départ (nom, adresse et téléphone de chacun des abonnés), on peut ajouter d'autres informations, comme par exemple le code postal de chaque usager. La structure de base de l'annuaire se trouve ainsi modifiée sans perte d'informations. L'opération est terriblement complexe et seul Promis peut l'effectuer.

Cette exceptionnelle souplesse du logiciel permet à Inslaw de faire évoluer les banques de données de ses clients à la demande et d'en créer à volonté. Le travail de codage des programmeurs est limité. « Sans ces modifications, a noté le juge Bason dans ses attendus, les usagers qui désirent améliorer la structure de leurs banques de données auraient besoin pour chaque modification de semaines voire de mois de lourd travail de codage, de test et de corrections (debugging) d'un programme afin de changer la structure des bases de données existantes. » Le juge insiste aussi sur le fait que cette modification, essentielle pour la carrière commerciale de Promis, a été développée en dehors du contrat signé avec le ministère de la Justice.

Un nouveau bouleversement intervient avec l'arrivée sur le marché d'une génération d'ordinateurs dotés d'une architecture de 32 bits. Digital Equipment Corporation remplace ses ordinateurs PDP dotés d'une architecture 16 bits par une nouvelle gamme baptisée Vax équipée d'une architecture 32 bits. Concrètement, cela signifie plus de puissance et une plus grande capacité de stockage. « Une différence comparable à celle qui sépare un avion à propulsion traditionnelle d'un jet », a noté le juge Bason. En conséquence, l'administration américaine renouvelle son parc et se dote petit à petit d'ordinateurs 32 bits.

En levant des fonds privés, Inslaw modifie son logiciel afin qu'il puisse fonctionner sous architecture 32 bits. Les premières versions de Promis ne tournaient en effet que sur des ordinateurs 16 bits de Digital (DPD 11/70) ainsi que sur des ordinateurs IBM, Wang, Honeywell et Burroughs. Pour cette opération, la firme de Bill Hamilton se dote d'ordinateurs Vax 32 bits et autorise dix parquets à s'en servir moyennant un dédommagement financier.

Dès lors, tous les développements et améliorations de Promis ont lieu à partir de cette version. De mai 1981 à mars 1985, Inslaw dépense 8,3 millions de dollars pour faire évoluer son logiciel. La firme d'informatique a remis au ministère de la Justice vingt-deux versions différentes de Promis qui, toutes, ne contiennent que les modifications ou améliorations destinées aux ordinateurs 16 bits. La version 32 bits ne concerne que des ordinateurs Vax et non les ordinateurs PRIME dont se sert alors le ministère de la Justice.

En conséquence, le gouvernement fédéral ne peut se prévaloir de la possession légale de cette version 32 bits du logiciel pour justifier les multiples usages qu'il en a faits par la suite. Reste à savoir si cette version 32 bits s'inscrit dans la logique du programme initial ou non. Pour justifier ses droits sur les versions « améliorées » du logiciel, Bill Hamilton met en avant les années durant lesquelles il a travaillé sans profit – mais sans perte – à la mise au point du concept Promis. L'administration réplique que, durant cette période, Inslaw a bénéficié de financements publics. Ari Ben-Menashe croit même pouvoir ajouter que Bill Hamilton avait commencé à élaborer son logiciel à l'époque où il travaillait pour la NSA, ce que le patron d'Inslaw nie farouchement.

A ce stade, le conflit aurait encore pu se régler par une transaction financière. Le dossier a dégénéré dès lors que, parmi les applications du logiciel, l'ambition est née au sein de la communauté du renseignement de transformer Promis en « cheval de Troie » informatique d'une part, en outil de fichage clandestin des citoyens américains d'autre part. Il convenait, dans ce cas, d'écarter Inslaw, de l'éliminer de circuits que Bill Hamilton et les siens n'avaient pas à connaître. D'où les manœuvres en vue de provoquer la faillite de l'entreprise.

Sur la spoliation dont Bill Hamilton a été victime, la Justice américaine s'est prononcée en première instance et en appel et, par deux fois, elle a condamné sur le fond l'administration fédérale. Cette dernière n'est parvenue, à ce jour, à se tirer du guêpier que par des astuces de procédure. Si le gouvernement des Etats-Unis s'arcboute ainsi, c'est qu'il ne peut avouer la vérité et, en ouvrant la boîte de Pandore, révéler la manière dont Promis a été utilisé par ses services de renseignements comme par ceux de l'Etat d'Israël.

Toute opération clandestine, qu'il s'agisse d'espionnage ou de lutte contre les trafics internationaux, contraint en effet au mensonge. D'où la nécessité d'abriter une partie importante de ces activités dans les zones de non-droit que sont trop souvent devenues les réserves indiennes et où la face cachée de l'action gouvernementale voisine avec les trafics mafieux. Cette nouvelle forme d'exploitation livre, à travers l'exaltation fallacieuse d'un droit à la différence, les survivants des nations indiennes aux pires exploitations. D'où aussi les accusations lancées contre la Libye à propos de l'attentat de Lockerbie dont a été victime un Boeing 747 de la Panam. En orientant les soupçons vers le colonel Kadhafi, les autorités américaines ont surtout cherché à protéger le secret qui doit entourer les manœuvres, souvent illégales, de la police antidrogue en Méditerranée et, plus précisément, dans la plaine de la Bekaa.

Quand l'actualité risque d'éclairer les zones d'ombre de leurs activités, les autorités de tous les pays réagissent de la même manière : elles s'enferrent. Les Français en ont eu une belle illustration avec les palinodies du président François Mitterrand et du Premier ministre Laurent Fabius après le sabotage du navire de Greenpeace, le *Rainbow Warrior*, par leurs services secrets. Face au grain de sable Inslaw, les autorités de Washington ne se sont pas comportées différemment. En dépit des changements de locataires à la Maison-Blanche, de Reagan à Clinton, en passant par Bush, en dépit de l'alternance entre républicains et démocrates, l'omerta demeure.

Comme des millions de ses compatriotes, Bill Hamilton était rivé à son écran de télévision le soir du 3 novembre 1992. C'est avec fièvre qu'il a entendu le Président sortant George Bush admettre, vers 22 heures, que « les choses ne vont pas très bien ». Et quand, peu après, en direct de Little Rock, il a entendu le jeune gouverneur de l'Arkansas déclarer : « Je suis le nouveau président des Etats-Unis, et voici votre nouvelle First Lady, Hillary », le patron d'Inslaw ne cachait pas sa joie. Avec les démocrates, ses couleurs avaient triomphé.

Comment n'aurait-il pas cru que, dès lors, une ère nouvelle s'ouvrait pour lui ? Le nouveau maître de la Maison-Blanche connaissait en effet l'existence du dossier. Lors d'une réception offerte en l'honneur des animateurs de sa campagne, il a serré la main du frère de Bill Hamilton qui militait pour les démocrates à Saint Louis. Apercevant un badge « Justice pour Inslaw » au revers de son veston, Bill Clinton interroge son hôte :

« Vous connaissez l'affaire Inslaw ?

– Je suis le frère de Bill Hamilton.

– Je connais bien le dossier. On a fait grand tort à vos proches. Dites à votre frère que justice lui sera rendue. Je vais m'y employer personnellement. »

Le nouveau maître des Etats-Unis parlait encore en candidat. Dans la pratique, l'alternance politique n'a rien changé. Les agences et services fédéraux ont poursuivi la diffusion du logiciel et de ses dérivés en se souciant d'Inslaw comme d'une guigne. La seule modification sensible a consisté à récupérer les flux financiers. A l'homme d'affaires californien Earl Brian, proche de Reagan, a succédé l'homme d'affaires de l'Arkansas, Jackson Stevens, proche de Clinton. Les titulaires ne sont plus les mêmes, mais le triptyque pouvoir politique-commerçants bien en cour-services de renseignements a continué de fonctionner pour le plus grand profit des initiés. Le circuit emprunté est des plus courts puisqu'il va de la Maison-Blanche à un homme d'affaires directement lié au ministère de la Justice dont la tutelle s'exerce sur la NSA.

Point n'est besoin, comme le journaliste Dany Casolaro, de mobiliser la vieille thèse du complot pour expliquer l'ordre – ou plutôt le désordre – du monde. L'intérêt constitue un moteur bien suffisant. Car derrière l'opération d'espionnage se dissimule aussi une sordide histoire de gros sous. Ronald Reagan d'abord, Bill Clinton ensuite ont laissé s'enrichir à travers la commercialisation du logiciel, piégé ou non, des proches qui, en d'autres temps, avaient su leur rendre service. En leur concédant ces juteux trafics, ils les ont récompensés de leur fidélité.

Le cas Earl Brian est, à cet égard, édifiant. Sa commercialisation de Promis a coïncidé avec la présence d'Ed Meese à la tête du ministère de la Justice. Or, une enquête officielle sur la fortune du ministre, menée en 1984, a fait apparaître un entrelacs de prêts entre les Meese et les Brian. Autre exemple, Ursula Meese, l'épouse du ministre, a investi, en 1980, 15 000 dollars au nom de ses enfants dans l'achat de deux mille titres de Biotech, une société d'investissements spécialisée dans les secteurs médicaux et biologiques créée par Earl Brian.

Derrière ces personnages publics, se mettent en place, au sein des administrations fédérales, de véritables commandos qui ont pour seule règle la solidarité qui les lie. Lowell Jensen, qui avait remplacé comme procureur en charge de la division criminelle le futur maire de New York Rudolf Giulani, appartenait, selon le jargon du ministère de la Justice, à « la bande du comté d'Alameda », c'est-à-dire un groupe de six anciens de ce parquet qui, tous, occupaient des fonctions importantes au sein de l'administration fédérale de la Justice.

Ces solidarités financières et de carrière administrative contribuent à expliquer l'opacité du système et sa capacité de résistance, surtout si l'opinion n'est pas mobilisée. Elliot Richardson ne s'est pas borné à dénoncer dans le *New York Times* le « Watergate high-tech », il a également transmis au successeur d'Ed Meese à la tête de la Justice, Dick Thornburgh, les témoignages qui accablent cette administration et Earl Brian. Sans résultat. Il a récidivé avec le successeur de Thornburgh, William P. Barr, pour n'obtenir que de bonnes paroles. Jamais un enquêteur indépendant n'a été désigné.

L'affaire Inslaw est intervenue alors que l'opinion américaine, lassée par les scandales à répétition, témoignait de son agacement face à ce qu'elle estimait être les excès du journalisme d'investigation. Les grands médias des Etats-Unis ont compris le message et font montre d'une retenue certaine. Comme l'affaire Inslaw se trouve saucissonnée en une multitude de sous-affaires – les démêlés des Nichols et des Cabazons ; Riconosciuto et le trafic de drogue ; Casolaro et son suicide ; Coleman et l'attentat de Lockerbie ; Vince Foster lui aussi suicidé... – et que les molles enquêtes engagées n'aboutissent pas, l'attention se disperse et l'essentiel, c'est-à-dire une opération d'espionnage à la fois interne et planétaire, est perdu de vue. Il s'agit là d'une méthode aussi classique qu'efficace pour désamorcer les dossiers gênants. Tout au plus peut-on remarquer la fâcheuse répétition qui voit les autorités fédérales de police – qu'il s'agisse du FBI pour l'un et de la DEA pour l'autre – dépouiller de leurs archives aussi bien William Turner, l'ami de Casolaro, que Riconosciuto et devenir dès lors juge et partie.

Du côté des victimes, au premier rang desquelles figurent bien sûr les pays européens, la situation n'est pas moins confuse. Compte tenu de la diversité des formes de commercialisation de Promis et des changements de sigle du logiciel, il est souvent ardu de remonter chaque filière. Pour ce qui concerne la France, Bill Hamilton pense avoir établi qu'à l'image des plus grands établissements bancaires mondiaux, une version piégée de Promis a été utilisée par quatre banques dont la BNP et le Crédit lyonnais. Plus grave encore, le « cheval de Troie » a été introduit en France par le SDECE. Selon l'homme d'affaires canadien John Belton, cette copie piégée de Promis provenait de Los Alamos et a transité par ITT Industries of Canada Ltd sous l'appellation « matériel nucléaire ».

L'histoire ne manque pas de sel et illustre les difficultés rencontrées pour pister Promis. Bill Hamilton a cru – et croit sans doute encore –, sur la foi d'informations qui lui furent communiquées en 1985, que Robert Maxwell a tenté de vendre une version piégée de son logiciel aux laboratoires de physique nucléaire de Los Alamos. Il a pensé trouver une confirmation de ce fait dans les pièces – sévèrement censurées[1] – qui lui furent transmises par le FBI dans le cadre de la législation sur le libre accès aux documents administratifs et qui rendent compte d'une enquête du bureau d'Albuquerque (Nouveau-Mexique) sur un trafic de logiciels organisé par captain Bob. Le patron d'Inslaw a immédiatement imaginé qu'une opération avait été menée par les Israéliens, sans doute dans le cadre de la trahison de Jonathan Pollard, pour avoir accès, grâce à une version piégée de

1. Parmi les phrases non censurées, on peut lire : « Computerized data base on behalf to the Soviets » (banque de données informatiques au nom des Soviets).

Promis, aux informations sur la dissémination des armements nucléaires dans le monde et notamment vérifier ce que les Américains connaissent exactement de l'armement nucléaire israélien.

D'après les recoupements que nous avons opérés, et notamment en fonction des déclarations d'Ari Ben-Menashe, il semble que l'interprétation du patron d'Inslaw soit erronée. Robert Maxwell n'était pas vendeur mais acheteur. Il aurait acquis la version piégée du logiciel auprès des laboratoires de Los Alamos parce que les Américains se sont appliqués à brouiller les pistes au maximum. Il aura, là encore, fallu un imprévisible incident de parcours pour que le mécanisme soit éventé. En effet, le logiciel voyageait sous l'appellation « matériel nucléaire » ce qui, compte tenu de son origine, était naturel. Seulement, un employé canadien d'ITT a ouvert le paquet, constaté que le contenu ne correspondait pas à l'intitulé et alerté la police montée. Celle-ci a immédiatement ouvert une enquête mais les investigations ont vite été bloquées après l'intervention du CIS, les services secrets canadiens. Le pseudo-« matériel nucléaire » a donc repris sa route, en transitant par le Allan Memorial Institute de Montréal – relais connu de la CIA – avant d'être expédié en Grande-Bretagne, où il a été placé sous la protection du MI 5, puis livré au SDECE français qui n'était peut-être pas, au demeurant, l'ultime destinataire. En effet, plusieurs sources américaines indiquent que, pour remonter les pistes du logiciel piégé en France, il convient de passer par le Commissariat à l'énergie atomique (CEA). Cette indication mérite d'autant plus de retenir l'attention que Michael Riconosciuto a déclaré avoir piégé la copie de Promis destinée aux tests nucléaires en laboratoire effectués par les Soviétiques.

De même que le contentieux juridique entre Inslaw et l'Etat fédéral n'est pas clos, l'œil de Washington reste ouvert, surtout dès lors qu'un pays ambitionne d'échapper à sa tutelle.

Que sont-ils devenus ?

Ari Ben-Menashe : Travaille dans l'import-export.

Madison Brewer : Bien qu'étant toujours payé par le ministère de la Justice, il est sans affectation.

Earl Brian : Inculpé en juillet 1996 de dix chefs d'accusation pour fraude bancaire.

Lester Coleman : Après des années de fuite, s'est livré aux autorités américaines et attend d'être jugé pour détention de faux passeport.

Rafi Eitan : A la retraite.

Robert Gates : A quitté la CIA pour le commerce après avoir publié ses Mémoires où l'on chercherait en vain une référence à Promis ou Ari Ben-Menashe.

Bill Hamilton : Continue à remuer ciel et terre afin d'être entendu ; en avril 1997, il attendait avec impatience les résultats de son troisième procès contre le ministre de la Justice devant une cour fédérale.

Charles Hayes : Inculpé pour avoir demandé à un agent du FBI, agissant sous couverture, d'assassiner son fils pour une question d'héritage.

Lowell Jensen : Juge fédéral à San Francisco.

Robert McFarlane : Vient de publier ses Mémoires dans lesquelles il n'est pas question de Promis.

John Phillip Nichols : Accusé d'assassinat, il a été libéré après dix-huit mois de prison et vit toujours dans la réserve des Cabazons dirigée par ses enfants.

Robert Booth Nichols : Continue ses activités à partir d'Hawaii.

Michael Riconosciuto : Condamné à trente-cinq ans de prison pour trafic de drogue, il est constamment changé de pénitencier.

Peter Videnieks : A la retraite.

Sources

Deux ans d'enquête aux Etats-Unis et en Europe ont été nécessaires à l'élaboration de cet ouvrage. Sans l'aide de Bill Hamilton, de sa femme Nancy et des employés d'Inslaw (dont Tom Nolasco), nous ne serions jamais venus à bout de notre tâche.

Notre reconstitution des faits se fonde sur de longues heures d'entretien avec ceux des protagonistes de cette histoire qui ont bien voulu répondre à nos questions. Entre autres, Bill et Nancy Hamilton, Elliot Richardson, Michael Riconosciuto, Ted Gunderson, Ari Ben-Menashe, John Belton, Charles Hayes, Lester Coleman, Leo E. Wanta, ainsi que des enquêteurs du Congrès qui ont demandé à ne pas être cités.

Les conseils de Richard Fricker, journaliste indépendant, auteur d'un remarquable article sur Inslaw publié par la revue *Wired* en 1995, nous ont été plus que précieux. Merci à Bob Parry pour ses conseils éclairés et à Véronique Stefanelli pour son aide.

De nombreux sites Internet sont consacrés à l'affaire Inslaw ; le lecteur les trouvera en se servant de n'importe quel instrument de recherche disponible. Parmi les plus intéressants, citons « The Alliance » et « Pink Noise ».

Nous avons établi notre reconstitution des événements dans la réserve des Cabazons à partir de nos entretiens avec Michael Riconosciuto, Ted Gunderson et des séries d'articles publiées par la presse locale (*San Francisco Examiner, San Francisco Chronicle, Los Angeles Time, Sacramento Bee*).

Nous avons eu accès à des dizaines de milliers de pages de documentation. Tous les documents consultés ne sont pas publics. Parmi la documentation publique citons :

Enquêtes parlementaires

Inslaw Affair. Rapport du comité sur les affaires gouvernementales du Sénat américain, septembre 1989.

Inslaw Affair. Rapport de la commission Brooks, 10 septembre 1992.

Inslaw Summary, 1993.

Dépositions devant le Congrès ou devant les tribunaux

Michael Riconosciuto : entretien avec Ted Gunderson (300 pages), 25 mars 1983.

Déclaration de James Hughes Jr., 25 août 1984.

Déposition écrite sous serment de Ben-Menashe, 17 février 1991.

Déposition écrite sous serment de Patricia Hamilton, lettres du Canada, 18 février 1991.

Déposition écrite sous serment de Ben-Menashe, 21 mars 1991.

Déposition écrite sous serment de Michael Riconosciuto, 21 mars 1991.

Déposition écrite sous serment de Ben-Menashe, 23 mars 1991.

Déposition écrite sous serment de Richard Babayan, 22 mars 1991.

Déposition écrite sous serment de Ben-Menashe, 4 avril 1991.

Déposition écrite sous serment de Michael Riconosciuto, 8 pages, octobre 1991.

Déposition écrite sous serment de Lester Coleman, octobre 1991.

The Inslaw Case, mémo, 14 janvier 1992.

Déclaration de Michael Riconosciuto devant le tribunal de l'Illinois, 4 octobre 1992.

Déposition écrite sous serment de John Belton, mai 1992, 200 pages dont 100 de documentation.

Déclaration de Michael Riconosciuto devant le tribunal de l'Illinois, 12 novembre 1992.

Déclaration de Charles Hayes devant le tribunal de l'Illinois, 30 novembre 1992.

Dossier du FBI sur Robert Maxwell (32 pages + 24 pages), 28 mai 1993.

Déclaration manuscrite de William Turner faite devant notaire, 15 avril 1994.

Position Papers of John Belton (300 pages), avril 1996.

Déposition écrite sous serment de Charles Hayes, 16 février 1996.

Déposition écrite sous serment de Joe Pate, 21 mars 1996.

Déposition écrite sous serment de Carl L. Jackson, 21 mars 1996.

Jugements divers

United States Bankruptcy Court for DC. Conclusions du juge James Bason (216 pages), 25 janvier 1991.

Conclusions du juge Bua, mars 1993.

Réfutations des conclusions du juge Bua par Inslaw Inc., juillet 1993.

Addendum to Inslaw's Analysis and Rebuttal of the Bua Report, février 1994.

United States District Court for the DC Inslaw vs DOJ.

Memorandum & Order by William Bryant (44 + 2 pages), 27 septembre 1990.

United States District Court for the DC. Inslaw vs Thornburgh.

Memorandum, 27 septembre 1990.

Civil Complaint File against FNN, 28 juin 1993.

United States vs Earl Brian, Indictment, 25 septembre 1995.

Articles divers

« Spy Agency Buys I.P. Sharp Software », *Globe & Mail*, 28 mai 1986.

« Flash Report on FNN Barron's », *National Business and Financial Weekly*, 29 février 1988.

« Federal Corruption », *Napa Sentinel*, mars 1991.

« The Inslaw Case : Software Pirates », *In These Times*, 29 mai 1991.

« Software to Die for Inslaw Lawyer Elliot Richardson Talks about Murder and the CIA », *Village Voice*, 24 septembre 1991.

« The Casolaro Murder and the FED'S Theft of Inslaw Software », transcription de l'émission de radio de WBAI-FM 99.5 (New York), 20 septembre 1991.

« Inslaw Scandal Gates », *In These Times*, 18 septembre 1991.

« Inslaw. Murder in the Martinsburg Sheraton », *In These Times*, 4 octobre 1991.

« Casolaro. Last Days », *Village Voice*, 15 octobre 1991.

Elliot L. Richardson, « A High-Tech Watergate », *New York Times*, 21 octobre 1991.

« The Strange Death of Dany Casolaro », *Vanity Fair*, décembre 1991.

« Bush's Watergate », *In These Times*, 20 février 1992.

« Inslaw Promis and the Canadian Connection », *Franck Magazine*, 20 février 1992.

« Ottawa Denies Possessing Copies of Stolen Software », *Globe & Mail*, 3 mars 1992.

« Badlands », *Spy*, mars 1992.

« Inslaw DC Diet Drugs and Gun », *In These Times*, 29 avril 1992.

« Doing the Right Thing », *In These Times*, 20 mai 1992.

« Elliot Richardson's Last Crusade », *Washington Post Magazine*, 14 juin 1992.

File 7 : « Brooks Statement on Inslaw Report. » File 8 : « Special Investigator Requested for Inslaw (Press Release). » File 9 : « Summary of NBC's Coverage of Danny Casolaro/Inslaw in Computer Underground Digest », in alt.society.cu- (internet), 16 mai 1992.

« Inside the Shadow of the CIA », *Spy*, septembre 1992.

Interview de Bobbie Riconosciuto Forum, Louden Nelson Center, Santa Cruz (Californie), 12 décembre 1992.

« The Inslaw Affair continued », *In These Times*, 14 décembre 1992.

« Dead Right », *Spy Magazine*, janvier 1993.

« Shreded Justice », *Mother Jones*, janvier 1993.

« Meet Bobbie Riconosciuto », interview, *The Whole Earth Electronic Link*, mars 1993.

« Last Grasp of FBI H'Wood Probe », *The Hollywood Reporter*, 17 mars 1993.

« Trials Offers Murky Peak into World of Intrigue », *Los Angeles Time*, 21 mars 1993.

« Inslaw Breaker », *In These Times*, 9 août 1993.

« US Spy Agency May be Taping Foreign Bank's Computer Data », *Thomson's International Banking Regulator*, 17 janvier 1994.

« Congress Backs Claims that Spy Agencies Bugged Bank Software », *Thomson's International Banking Regulator*, 24 janvier 1994.

« Does Tennessean Know too much ? », *The Atlanta Constitution*, 4 août 1994.

« Israel Accused of Meddling in Canada », *Globe & Mail*, 25 octobre 1994.

« Brooks vs the DOJ », *The Texas Observer*, 11 novembre 1994.

« Spione benuzen die Virtuel Hintertur », *Die Weltwoche*, 16 mars 1995.

« The Inslaw Octopus », *Wired*, avril 1995.

« Panam 103 and Lester Coleman Story », *Intelligence*, n° 268, 3 juillet 1995.

« America's Fortress of Spies », *Baltimore Morning Sun*, 3 décembre 1995.

« Code Warriors and High Tech Wizzards », *Baltimore Morning Sun*, 5 décembre 1995.

« Espionnage from the Front Line », *Baltimore Morning Sun*, 8 décembre 1995.

« Spy Sting », *Baltimore Morning Sun*, 10 décembre 1995.

« NSA'S Net », *Baltimore Morning Sun*, 12 décembre 1995.

« High Tech warriors », *Baltimore Morning Sun*, 15 décembre 1995.

« Busy Signals at NSA », *Baltimore Morning Sun*, 24 décembre 1995.

« CIA Hackers vs Vince Foster », *NameBase NewsLine*, décembre 1995.

Ouvrages consultés

Adams, James, *Bull's Eye*, New York, Time Books, 1992.

Ben-Menashe, Ari, *Profits of War*, New York, Sheridan Square Press, 1992.

Bower, Tom, *Maxwell*, Londres, Aurum Press, 1991.

Brewton, Pete, *The Mafia, CIA and George Bush*, New York, SPI Books, 1992.

Calvi, Fabrizio et Schmidt, Olivier, *Intelligences secrètes*, Paris, Hachette, 1988.

Clancy, Tom, *Sous-marins*, Paris, Albin Michel, 1985.

Coleman, Lester et Godard, Don, *Trail of the Octopus*, Londres, Bloomsbury, 1993.

Dan, Uri, *Mossad*, Paris, Presses de la Cité, 1995.

Davies, Russell, *Foreign Body*, Londres, Bloomsbury, 1996.

Draper, Theodor, *A Very Thin Line*, New York, Touchstone Books, 1991.

Emery, Fred, *Watergate*, New York, Touchstone Books, 1994.

Forst, Mike et Gratton, Michel, *Spyworld*, Toronto, Doubleday, 1994.

Frantz, Douglas et McKean, David, *Friends in High Places*, New York, Little Brown and Company, 1995.

Friedman, Alan, *La madre di tutti gli affari*, Milan, Longanesi, 1993.

Gates, Robert, *From the Shadows*, New York, Simon & Schuster, 1996.

Hersh, Seymour, *The Samson Option*, New York, Random House, 1991.

Kwitny, Jonathan, *Crimes of Patriots*, New York, Norton, 1987.

McClintick, David, *Indecent Exposure*, New York, Quill, 1982.

McFarlane, Robert, *Special Trust*, New York, Caddel & Davies, 1994.

National Security Archives, *White House e-mail*, New York, The New Press, 1995.

National Security Archives, *The Chronology*, New York, Warner Books, 1987.

Ostrovsky, Victor et Hoy, Clair, *By Way of Deception*, New York, St. Martin Press, 1990.

Parry, Robert, *Trick or Treason*, New York, Sheridan Square Press, 1993.

Parry, Robert, *The October Surprise, X-Files*, Arlington, Media Consortium, 1996.

Persico, Joe, *Casey*, New York, Viking, 1990.

Raviv, Dan et Melman, Yossi, *Every Spy a Prince*, Boston, Houghton, 1990.

Reeds, Terry et Cummings, John, *Compromised*, New York, SPI Books, 1994.

Rich, Ben et Janos, Leo, *Skunk Work*, New York, Little Brown, 1994.

Riebling, Mark, *Wedge*, New York, Knopf, 1994.

Sick, Gary, *October Surprise*, New York, Time Books, 1991.

Stewart, James, *Blood Sport*, New York, Simon & Schuster, 1996.

Timmerman, Kenneth, *The Death Lobby*, Londres, Fourth Estate, 1991.

Touches, Nick, *Trinities*, New York, Doubleday, 1994.

Table

Introduction 9
Prologue. La « surprise d'octobre » 11
I. Les Cabazons 25
II. Inslaw 77
III. Captain Bob 117
IV. L'heure des avocats 161
V. Commission d'enquête 195
VI. « La pieuvre » 245
VII. La NSA 285
VIII. L'impossible médiatisation 321
IX. L'abus de pouvoir 343
Que sont-ils devenus ? 357
Sources 359

OUVRAGES DE FABRIZIO CALVI

Italie 77, Le Seuil, 1977.
Camarade P. 38, Grasset, 1982.
La Vie quotidienne de la Mafia de 1950 à nos jours, Hachette, 1986.
Intelligences secrètes, les annales de l'espionnage (avec Olivier Schmidt), Hachette, 1988.
OSS, la guerre secrète en France, Hachette, 1990.
RG, 20 ans de police politique (avec Jacques Harstrich), Calmann-Lévy, 1991.
L'Europe des parrains, Grasset, 1982.
Les Nouveaux Réseaux de la corruption, Albin Michel, 1994.

OUVRAGES DE THIERRY PFISTER

AUX ÉDITIONS ALBIN MICHEL

Les Socialistes, 1977.
Dans les coulisses du pouvoir, 1986.
La République des Fonctionnaires, 1988 ; Points-Seuil, 1990.
Lettre ouverte à la génération Mitterrand qui marche à côté de ses pompes, 1988 ; Livre de poche, 1989.
Le Cadavre de Bercy, 1991.
Le Nègre du Palais, 1994 ; Livre de poche, 1995.
Le mort qui parle, 1995.

CHEZ D'AUTRES ÉDITEURS

Le Gauchisme, Filipacchi, 1972.
Les Nouveaux Communistes (en collaboration), Stock, 1973 et 1977.
La Vie quotidienne à Matignon au temps de l'union de la gauche (prix Gutenberg), Hachette 1985 ; Folio-Gallimard, 1986.

La composition de cet ouvrage
a été réalisée par I.G.S.- Charente Photogravure
l'impression et le brochage ont été effectués
sur presse Cameron dans les ateliers de
Bussière Camedan Imprimeries
à Saint-Amand-Montrond (Cher),
pour le compte des Éditions Albin Michel.

Achevé d'imprimer en avril 1997.
N° d'édition : 16416. N° d'impression : 4/413.
Dépôt légal : avril 1997.